Justus Bender / Jan Philipp Burgard

Glauben Sie noch an die Liebe?

W0039437

Das Buch

Glauben Sie noch an die Liebe? Diese Frage haben Justus Bender und Jan Philipp Burgard Prominenten gestellt, die eine Geschichte zu erzählen haben. Manchmal handelt diese Geschichte vom Suchen und Finden der Liebe, manchmal vom Fehlen der Liebe und der Einsamkeit.

Die Schauspielerin Hannelore Elsner verrät, warum sie auch nach mehreren Ehen noch an die Liebe glaubt. Claudia Roth, die Politikerin, erzählt von ihrer Einsamkeit in der Hauptstadt. Rolf Eden, Deutschlands letzter Playboy, spricht über sein rastlose Suche nach Freude. Der ehemalige Vizekanzler Franz Müntefering sagt offen, was er von seiner vierzig Jahre jüngeren Frau lernt. Roger Willemsen spricht über käufliche Liebe. Eckart von Hirschhausen erläutert die medizinische Seite der Liebe. Und Fürstin Gloria von Thurn und Taxis sagt, dass man an die Liebe glaube muss, so wie man an Gott glaubt.

Die beiden Autoren lassen sich mit ihren Gesprächspartnern bewusst auf ein Spiel mit Tabus ein. Vom gepflegten Salongespräch wechseln sie in die Reportage. So entstehen überraschende Antworten auf die Frage, ob das Ewige an der Liebe vielleicht doch mehr ist als nur das Gespräch über sie.

Die Autoren

Justus Bender schrieb für DIE ZEIT, die FAS und den Boston Globe. Heute ist Bender Politikredakteur der FAZ. Er lebt mit seiner Familie in Frankfurt.

Jan Philipp Burgard arbeitete im ARD-Studio in Washington, für die ARD-Tagesthemen sowie als Reporter für NDR und ZDF. Heute ist er persönlicher Referent des WDR-Intendanten Tom Buhrow. Er lebt mit seiner Partnerin in Köln.

Justus Bender / Jan Philipp Burgard

Glauben Sie noch an die Liebe?

Unerwartete Antworten von
Eckart von Hirschhausen, Franz Müntefering,
Hannelore Elsner, Roger Willemsen,
Guido Knopp, Sonya Kraus,
und vielen anderen

HERDER

FREIBURG · BASEL · WIEN

HERDER spektrum Band 6729

MIX
Papier aus verantwor-
tungsvollen Quellen
FSC
www.fsc.org   FSC® C083411

© 2012 by Bertelsmann Verlag, München,
in der Verlagsgruppe Random House GmbH

© Verlag Herder GmbH, Freiburg im Breisgau 2014
Alle Rechte vorbehalten
www.herder.de

Umschlagmotiv: Nina Geisler
Umschlaggestaltung: Verlag Herder

Satz: Uhl + Massopust, Aalen
Herstellung: CPI books GmbH, Leck

Printed in Germany

ISBN 978-3-451-06729-7

Für Tameka
Für Carolin

Inhalt

Herr Mahmoud und die Liebe

Es war ein Taxifahrer in Hamburg, ein Mann mit Bierbauch, dem Foto einer Frau am Armaturenbrett und einer Koransure, die an einem Bindfaden am Rückspiegel baumelte, der uns zu diesem Buch inspiriert hat.

An einem Novembertag, an dem graue Wolken über Hamburg hingen und Nieselregen fiel, stiegen wir in sein Taxi. Während der Fahrt führte der Mann ein Telefonat. Wie wir später erfuhren, war seine Frau am Apparat, jene Dame, deren Foto er neben seinen Fahrerausweis geklemmt hatte. Sie war eine dunkelhaarige, etwas fülligere Nordafrikanerin mit einem kleinen Leberfleck unterhalb des rechten Auges. Wir merkten schnell, dass es sich bei dem Gespräch um einen Ehekrach handelte. Die Sätze des Taxifahrers klangen wie die Antworten eines Beschuldigten, er kam kaum zu Wort. »Nein! Ich fahre Taxi, nein, ich bin nicht in der Kneipe, nein, hier sind keine Frauen, verdammt noch mal!«

Wir gaben uns Mühe, das Gespräch zu überhören, und führten eine belanglose Unterhaltung. Als das Telefonat mitten in einem Satz abbrach, offenbar, weil die Frau aufgelegt hatte, schüttelte der Fahrer den Kopf und sagte: »Eins sage ich Ihnen: Heiraten Sie niemals! Nie!«

Vorsichtig fragte Jan Philipp Burgard: »Ihre Frau?«

Der Taxifahrer nickte nur und murmelte: »Diese Hexe.«

Justus Bender hielt seinen Verlobungsring in Sichtweite des Rückspiegels und sagte: »Herr…« Auf dem Fahrerausweis am Armaturenbrett stand der Familienname Mahmoud. »Herr Mahmoud, dann müsste das Ihrer Ansicht nach ja ein Fehler sein. Das ist ein Verlobungsring.«

Herr Mahmoud sprach jetzt ganz ruhig, fast leise. »Tun Sie das nicht. Ich weiß, was Sie denken …«

»Was denke ich denn?«

»Sie denken, Sie seien verliebt, aber glauben Sie mir, das geht vorbei. Ich bin schon fremdgegangen, als meine Frau mir noch treu war.«

Der Satz hing bleischwer in der Luft. Er klang wie das traurige Ende einer einst schönen Liebesgeschichte. Herr Mahmoud, so erfuhren wir, hatte seine Frau in Marokko kennengelernt, ein schönes, schlankes Mädchen, gerade siebzehn Jahre alt, aus Marrakesch, derselben Stadt, in der er Ingenieurwesen studierte.

»Meine Frau liebt mich nicht mehr«, fuhr er fort, »ich liebe meine Frau nicht mehr, unsere Kinder sind nach Marokko gezogen, ich bin hier, und es regnet. Heiraten Sie nicht, glauben Sie mir! Suchen Sie sich etwas Nettes hier und da, ein süßes Mädchen, das reicht. Die Liebe hält nicht bis ins Alter, sie wird so …« Herr Mahmoud zeigte auf den Himmel über Hamburg und sagte: »So grau, blass, so bäh. Verstehen Sie? Bäh!«

Im Rückspiegel konnte man sehen, dass er interessante Augen hatte, hell, fast grau, wie die Wolken. »Sie glauben wohl nicht an die Liebe?«, fragte Jan Philipp.

Herr Mahmoud lachte kurz, machte mit seinen Lippen ein zischendes Geräusch und schaltete das Radio ein. Es lief Musik, die, wie fast alle Musik, von der Liebe handelte, die unerfüllt bleibt und enttäuscht.

Einen Moment lang lauschten wir alle still den Takten, dann fragte Justus: »Kennen Sie Franz Müntefering?«

»Franz wer?«

»Müntefering, er war Vizekanzler. Und er ist mit siebenundsechzig Jahren von seinem Amt zurückgetreten, weil er bei seiner Frau sein wollte, die sterbenskrank war.«

»Ein Glückspilz! Ein Glücklicher!«, sagte Herr Mahmoud und lachte mit einem hässlichen Sarkasmus in der Stimme über die Geschmacklosigkeit seiner Antwort.

»Sagen Sie das nicht. Die Liebe kann ein Leben lang halten,

Herr Mahmoud, sie hält, solange man miteinander sprechen kann, so wie Sie mit Ihrer Frau.«

Die Unterhaltung mit dem Taxifahrer war von einer Offenheit, wie es sie nur unter Fremden geben kann, die einander nicht mehr schulden als die Wahrheit. Herr Mahmoud klagte, seine Frau verzeihe ihm einen Seitensprung nicht, den er vor einem Jahr unternommen habe, in einer Seitenstraße der Reeperbahn. »Wenn einmal der Wurm drin ist, kriegst du ihn nie wieder raus!«

Die verbleibende Fahrt entwickelte sich zu dem ehrgeizigen Versuch, dem unglücklichen Taxifahrer mit immer neuen Geschichten von Prominenten etwas Mut zu machen. Das Gespräch gipfelte in einem Vergleich seiner Ehe mit der von Bärbel Schäfer und Michel Friedman. Dieser hatte bezahlte Liebesdienste in Anspruch genommen, war in aller Öffentlichkeit beschimpft worden und schließlich von allen Ämtern und Posten zurückgetreten. Seine Lebensgefährtin Bärbel Schäfer hatte diesem Mann, der vor den Scherben seines Lebens stand und der ihr wohl nicht viel mehr zu bieten hatte außer seiner Reue und einem ramponierten Namen, verziehen – vielleicht aus keinem anderen denkbaren Grund als der Liebe in ihrer reinsten, weil aufopferungsvollsten Form. Ob das Herrn Mahmoud nicht Hoffnung mache?

Der lachte und fragte: »Was sind Sie beide von Beruf? Psychiater?«

»Nein, Journalisten.«

Er überlegte kurz. »Fragen Sie doch diese Leute, von denen Sie gerade erzählt haben. Die werden Ihnen schon sagen, wie es wirklich ist! Glauben Sie, die sind wirklich glücklich, und ich bin der Einzige, dem es anders geht?«

So gesehen, entstand die Idee aus einem Gefühl heraus, das alle Liebenden zuweilen befällt. Es ist die Sehnsucht, im Leben anderer Menschen etwas zu entdecken, das ihnen selbst längst allzu bekannt ist: den Schmerz, das Glück, die Hoffnung und die Pirouetten des Liebeslebens.

All die Menschen, mit denen wir für dieses Buch sprachen, haben, was die Liebe anbelangt, eine Geschichte zu erzählen.

Manchmal handelt sie nicht vom Glück, sondern vom Fehlen der Liebe und von der Einsamkeit. Manchmal handelt sie vom Tod eines geliebten Menschen und von eigenen Fehlern, durch die Partnerschaften zerbrochen sind. Jede Person, der wir Fragen zur Liebe gestellt haben, wurde sorgfältig ausgewählt. Nicht nach Rang und Namen, sondern nach den Antworten, die wir uns von ihnen erhofft haben. Nach einem Gespräch mit einem Intellektuellen trafen wir eine ehemalige Erotikdarstellerin. Nach einem Gespräch über Einsamkeit redeten wir mit jemandem, der in seinem Leben mehr Partner hatte, als er zählen kann.

So unterschiedlich die Biografien der Interviewpartner, so gegensätzlich waren ihre Meinungen. Der eine schimpfte auf die Ehe, die andere schwelgte in Sehnsucht danach. Gemeinsam ist all diesen Menschen, den Treuherzigen und den Filous, den Heißblütigen und den Realisten, den Mahmouds und den Münteferings, aber das Streben nach der Liebe, ganz gleich in welcher Form.

Dieses Buch ist von zwei Freunden geschrieben, die miteinander über die Liebe sprechen, wie es nur Freunde tun. Mit einer schroffen Ehrlichkeit, die befreiend wirken kann, einem nachdenklichen Humor, der die Untiefen der Liebe erträglicher macht, und mit dem sanften Spott über das Glück des anderen, der nur in Freundschaften seinen Platz hat. So haben wir über die Taxifahrt mit Herrn Mahmoud gesprochen und uns gegen seinen Pessimismus gewehrt, weil wir glauben, die Frauen unseres Lebens schon gefunden zu haben.

Herr Mahmoud hatte behauptet, die Menschen hätten den Glauben an die Liebe verloren. Dieses Buch ist unsere Antwort an ihn.

Wir wünschen Ihnen eine gute Lektüre.

Justus Bender und Jan Philipp Burgard

FRANZ MÜNTEFERING

»Ich kann gut alleine sein«

Es ist nicht lange her, da hätte eine Vorhut von Personenschützern den Treffpunkt schon vor dem Eintreffen unseres Interviewpartners gesichert. An diesem Morgen im Mai, um neun Uhr, laufen noch Rinnsale von Regenwasser über die Straßen von Herne. Gemächlich spaziert Franz Müntefering den Hügel zum Parkhotel Herne hoch, alleine, in einer Regenjacke, deren Reißverschluss geöffnet ist, und mit einem Regenschirm unter den Arm geklemmt. Unter der Regenjacke, ganz schlicht, ein blauer Wollpullover und ein kariertes Hemd. Der ehemalige SPD-Chef hat einen Büroraum des Hotels für unser Gespräch vorgeschlagen, weil die Anlage seinem Vermieter gehört und er nicht weit von hier wohnt.

Auf den ersten Blick scheint es müßig, mit einem wie Franz Müntefering, der sich gerne als »Alleiner« bezeichnet — jemand, der keine Freunde kennt und keine Verbündeten —, über die Liebe sprechen zu wollen. Aber es war dieser Franz Müntefering, der im Jahr 2007 sein Amt als Vizekanzler der Bundesrepublik aufgab, um seine todkranke Frau zu pflegen. Hinter der kühlen Fassade des Machtpolitikers schien »Münte« plötzlich ein anderer zu sein, der nicht zögerte, aus Liebe zu seiner Frau eine über Jahrzehnte gewachsene Karriere aufzugeben.

Müntefering sieht ausgeruht aus, die vertikalen Falten, an denen die Karikaturisten der Hauptstadt lange Jahre ihre Freude hatten, sind aus seinem Gesicht verschwunden. Er hat wieder geheiratet, die vierzig Jahre jüngere Michelle, eine Nachwuchspolitikerin der SPD. Deshalb ist er hier, in Herne, weil Michelle aus Herne kommt. Eine Flucht nach dem Tod seiner Frau? Ein neues Leben nach der Politik? Müntefering kennt diese Fragen, sie sind ihm zu privat. Im Vorgespräch hatte er angekündigt, nicht über Persönliches sprechen zu wollen. Weder über den Tod von Ankepetra noch über seine dritte Frau Michelle. Dass unser Gespräch über anderthalb Stunden von nahezu nichts anderem handeln würde, hätten wir deshalb nicht erwartet.

Müntefering setzt sich ans Kopfende des Tisches, wie es lange Jahre seiner Rolle entsprach. Er trinkt grünen Tee.

Herr Müntefering, Sie waren lange Zeit einer der mächtigsten Männer in Deutschland. Haben Sie die Macht damals geliebt?

»Liebe« ist wohl doch ein zu großes Wort, »Macht« auch. Aber es machte schon Spaß. Du bist in der Rolle des Regisseurs, du hältst hundert Fäden in den Händen und steuerst viel. Ab und zu gewinnst du, manchmal verlierst du. Das ist oft vor allem Liebe zum eigenen Leben, die dich antreibt. Du hast die einmalige Chance, einige Jahrzehnte zu leben und Gutes daraus zu machen.

Diese Liebe zum eigenen Leben, ist das auch ein Stück weit Selbstverliebtheit?

Ich sage nicht Nein. Aber Hannah Arendt hat das besser formuliert: Politik ist angewandte Liebe zum Leben.

Was Arendt meinte, war vermutlich aber nicht die Parteipolitik unserer Tage.

Ja, klar. Überhaupt ist Parteipolitik nur ein Unterthema der Politik. Es geht um die Frage, wie Menschen gleichberechtigt und gut leben können. Und das in einer sich schnell verändernden Welt. Das erfordert auch Parteinahme, Parteipolitik.

Aber was hat diese Politik mit Liebe zu tun?

Demokratische Politik meint das Leben jedes einzelnen Menschen und will, dass es gelingen kann. Dass Glück möglich ist. Das geht nicht in Diktaturen und in Not. Das geht mit Freiheit und Gerechtigkeit.

Sie halten Politik wirklich für eine Form von Liebe?

Ja. Politiker haben durch Wahl die ausdrückliche Aufgabe, dafür Pfadfinder und Lenker zu sein.

Und Nichtpolitiker sollen dann wie Schäfchen folgen?

Natürlich nicht. Auch die sind doch gesellschaftspolitisch engagiert, in Initiativen, NGOs, Gewerkschaften, Kirchen, Verbänden. Auch da wird Politik gemacht, und auch da gilt die Liebe zum Leben. Meine eigene Erfahrung ist die des Politikers.

Wenn Sie die Politik mit einer Form des Liebens vergleichen, klingt das – mit Verlaub – sehr schwärmerisch. Die meisten Politiker arbeiten aber so viel, dass die wirkliche Liebe im Privatleben eher leidet.

Das kann passieren. Aber das ist kein spezifisches Politikerproblem.

Und wie war es bei Ihnen?

Es hat sich gegenseitig ergänzt, manchmal erschwert, manchmal beflügelt. Meine erste Ehe ist kaputtgegangen. Ich hatte früh geheiratet, mit einundzwanzig. Irgendwann war der Tank bei mir leer. Und die politischen Termine dominierten immer mehr.

Wann hatten Sie denn Zeit für die Familie? An den Wochenenden?

Oft nicht einmal dann. Je tiefer man drinsteckt, desto mehr Zeit verschlingt der Beruf. Im Nachhinein denke ich: Vielleicht wäre es besser gewesen, damals die Familie nach Bonn mitzunehmen. Aber das habe ich damals nicht erkannt.

Ihre zweite Frau, Ankepetra, war Mitarbeiterin der SPD-Fraktion. Hat es das leichter gemacht?

Ja, der Hauptarbeitsplatz war für uns beide in Bonn, und wir wohnten in einer Stadt. Zeitweise war ich in Düsseldorf im Kabinett. Aber das war ja nebenan. Es war ein gutes Leben. Dann ist sie schwer erkrankt und 2008 gestorben. Es war eine schwierige, aber auch schöne Zeit bis zu ihrem Tod.

Eine schöne Zeit?

Es war schwierig, anstrengend und auch schön, ja. Ich war extrem angestrengt, oft übermüdet. Aber es gab immer Stunden, Zeiten, die sehr gut waren. Wir waren einander nahe. Manchmal waren wir tieftraurig. Aber im Grunde ist das eine ganz besondere Sache, wenn man das Leben so miteinander und beieinander bis zum Schluss erlebt. Auch schwierige Lebensphasen können schön sein, doch.

Wie konnten Sie Berufspolitiker sein und sich gleichzeitig um Ihre Frau kümmern?

Eigentlich gar nicht. Ich war immer unter Zeitdruck. Ich war ja teils gleichzeitig Fraktions- und Parteivorsitzender. Tagsüber in der Fraktion, abends im Willy-Brandt-Haus, so war das oft. Und manche Nacht verbrachte ich im Krankenhaus, wenn Ankepetra dort war. Das half uns.

Sie sind einmal während einer Rede im Wahlkampf vor laufenden Kameras ohnmächtig geworden. War das eine Folge dieser Belastung?

Ja, das war in Homburg. Da deutete sich ein Herzproblem an, und ich war ziemlich platt. Ich war bis spätabends im Büro, die Nacht im Krankenhaus, ging morgens früh joggen und gleich wieder zu einem Termin. Meine biologische Uhr raste. Das hat mich an Grenzen geführt. Aber: Das war auch Adrenalin. Es hat Freude gemacht. Ich beklage mich nicht. Es war gut.

Irgendwann haben Sie sich in diesem Zwiespalt entschieden: für die Liebe zu Ankepetra, gegen die Liebe zur Macht.

Sie meinen den Herbst 2007. Auf dem Parteitag in Hamburg bekam ich den Anruf, dass Ankepetra in die Klinik musste. Sie wurde wieder operiert. Da ging nicht mehr beides gleichzeitig. Das Wichtigste für uns beide war, zusammen zu sein. Also bin ich aus dem Kabinett ausgeschieden. Wir waren dann zusammen in Bonn, zu Hause. Die Kinder waren oft dabei, auch ihre Brüder. Es war eine intensive, private Zeit.

Franz Müntefering ist ganz ruhig, wenn er über den Tod seiner Frau spricht. Er hat die Hände in den Schoß gelegt, hält den Blick gesenkt, kontrolliert, ähnlich wie an jenem 13. November 2007. Der Knoten seiner Krawatte war damals schief gebunden. Gekrümmt und mit den Händen im Schoß saß er, der Vizekanzler, in der Bundespressekonferenz, so krumm, dass sein Jackett am Nacken eine Falte warf. Mit der ihm eigenen Monotonie in der Stimme und müden Augen sprach Müntefering frei zu den anwesenden Journalisten. »Man spricht darüber nicht leicht und nicht gerne, aber meine Frau ist seit geraumer Zeit erheblich erkrankt. Es wird eine lange Phase der Reha geben, und ich möchte dabei sein. Diese beiden Aufgaben lassen sich nicht vereinbaren, dort eng dabei zu sein bei meiner Frau und gleichzeitig das Ministerium zu leiten und zu lenken. Die Entscheidung ist deshalb, dass ich das Amt des Ministers aufgebe und mich der Aufgabe zuwende, die jetzt meine wichtigste ist.«

Es war die Selbstverständlichkeit, mit der einer der mächtigsten Politiker des Landes seine Karriere beendete, um am Sterbebett seiner Frau zu sein, mit der Müntefering seine Zuhörer beeindruckte. So wichtig seine Stellung in der Politik war, sowohl für die Bundesregie-

rung als auch für die Sozialdemokratische Partei, so viel größer schien in diesem Moment seine Zuneigung zu Ankepetra.

Ihr Rücktritt war ein Paukenschlag. Sie waren Vizekanzler und Bundesminister für Arbeit und Soziales und legten alles nieder. Viele Menschen fanden es sehr respektabel, dass Sie für Ihre Frau ein so großes Opfer brachten.

Es war kein Opfer.

Nein?

Nein. Ich habe das für uns gemacht, für sie, aber auch für mich selbst. So etwas hilft einem, mit der Situation fertigzuwerden und nicht völlig darin zu versinken. Wir hatten dann immer Zeit, gemeinsam zu frühstücken oder im Garten zu sitzen, in der Sonne, bei den Blumen. Die Blumen waren uns sehr wichtig.

Haben Sie in solchen Momenten im Garten manchmal bereut, dass Sie in Ihrem Leben nicht öfter Zeit für solche Dinge hatten?

Ehrlich gesagt: Nein.

Wieso nicht?

Mein Beruf hat mir Spaß gemacht. Warum sollte ich ihn bereuen? Wenn einem der andere ganz besonders viel wert ist, kann man trotzdem etwas verändern, ohne an ein Opfer zu denken.

In der Öffentlichkeit wirkte es, als würden Sie Ihre gesamte Karriere hinschmeißen.

Ich habe nicht hingeschmissen. Ich bin ja Abgeordneter geblieben, habe mich bald wieder in die Politik eingemischt.

Ist Ihr Leben heute noch politischer, weil Ihre heutige Frau auch Politikerin ist?

Nein. Politik ist uns wichtig, dominiert uns aber nicht. Es bleibt Luft für ein Privatleben.

Wenn Sie nicht über Politik reden mit Ihrer Frau, worüber dann?

Über »Dark Shadows« zum Beispiel, den Film von Tim Burton. Den haben wir uns angesehen.

Tim Burton macht oft sehr düstere Filme.

Nicht nur. Denken Sie an »Edward mit den Scherenhänden« oder »Charlie und die Schokoladenfabrik«, solche Filme haben auch etwas Märchenhaftes, sie sind poetisch. Wir sehen auch viele Serien. »Dr. House« und »Westwing« kenne ich inzwischen ein bisschen. Die sind nett, ein bisschen amerikanisch und verrückt. Die »Simpsons« sind total prima.

Wir müssten wahrscheinlich schmunzeln, wenn wir Franz Müntefering im Kino mit einer Tüte Popcorn treffen würden.

Das mag sein, aber das ist meine Realität.

Was ist das Wichtigste, was Sie von Ihrer Frau lernen können?

Dass ein anderer Lebensstil auch interessant sein kann. Michelle bringt mich zum Reisen. Das ist neu für mich, denn ich bin ein ausgewiesener Provinzler. Inzwischen weiß ich, wo es in Amsterdam das beste Bagelfrühstück gibt, kenne Bad Gastein im Winter und den Comer See im Sommer und war in Manhattan. Und sie lebt mit den neuen Medien. Ich beherrsche die Medien nicht, aber lerne sie schätzen. Im Übrigen heißt lernen ja nicht, alles nachzumachen. Aber es ist schon spannend, hält lebendig.

Ihre Frau ist auch SPD-Politikerin. Wir stellen uns das interessant vor, wenn Franz Müntefering zu Hause in der Küche sitzt und an der politischen Strategie seiner Frau mittüftelt.

Ich helfe, wo ich kann, aber ich bin dabei nicht der, der die Dinge lenkt. Sie muss, was sie für sich als Aufgabe sieht, selbst wissen. Weiß sie auch. Michelle hat Kontakte und einen viel größeren Freundeskreis als ich.

Kann man in der Spitzenpolitik überhaupt Freunde haben?

Doch. Ich selbst war da aber immer zurückhaltend. In jungen Jahren verunglückte mein bester Freund Berthold tödlich. Seit damals hat es immer lange gedauert, bis ich neue Freundschaften schloss. Es gibt ein Interview mit Gerhard Schröder und mir, in dem er gefragt wird, was er sich wünscht. Er sagte: »Dass Müntefering und ich befreundet sind.« Und ich sagte zurückhaltend: »Nee, nee.« Gerd war wahrscheinlich nicht glücklich darüber. Manchmal ist man ungeschickt, das war ich auch in dem Moment, gelinde gesagt.

Reden Sie manchmal noch mit Gerhard Schröder?

Nicht oft. Manchmal, gerne. Er war ein guter Kanzler!

Also leben Sie recht zurückgezogen?

Privat ja. Ich vermisse nichts. Ich kann gut alleine sein. Und als Abgeordneter bin ich ja immer noch viel unterwegs. Ich brauche auch keine Bühne.

Ist es nicht seltsam, unter den Freunden Ihrer Frau der Älteste zu sein?

Überhaupt nicht. Was ist schon Alter? Bei solchen Gelegenheiten sitze ich dann manchmal zwischen Jungsozialisten aus Herne, die sind zwischen zwanzig und dreißig, erzähle ein bisschen oder höre einfach zu und finde das ganz gut. Jugend macht neugierig und lässt hoffen. Meistens ist das Durchschnittsalter in politischen Runden allerdings deutlich höher. Auch da bin ich gerne dazwischen. Ich habe gerade mein gefühlt fünfhundertstes SPD-Sommerfest besucht.

Kein Gefühl von Einsamkeit oder Sprachlosigkeit?

Kein Stück, ich lebe gut so. Ich habe meine Frau, meine Familie, einige Bekannte, Bücher und genug zu tun. Vielleicht bin ich zu wirklicher Langeweile gar nicht fähig.

Gibt es ein Alter, von dem an man an das Lebensende denkt?

Ein Freund aus Sundern hat mir kürzlich geschrieben, dass ein Schulkamerad gestorben ist, den ich geschätzt habe. Das sind dann so Augenblicke, in denen man denkt: Schitte.

Die Einschläge kommen näher.

Ja, die Einschläge kommen näher. Aber noch geht es weiter.

Wie müssen wir uns Sie als Ehemann vorstellen? Einem Machtmenschen wie Ihnen muss es leichtfallen, die Kompromisse einer Ehe zu seinen Gunsten auszulegen.

Es geht doch bei der Macht nicht darum, dass man etwas auszulegen hat, sondern dass man Verantwortung hat, dass man überzeugt ist und überzeugend.

Immer öfter schaut Franz Müntefering beim Sprechen auf seine Arm-
banduhr. Er wolle nicht unhöflich sein, aber er müsse einen Zug er-
wischen.

Herr Müntefering, etwas vermissen wir in diesem Ge-
spräch: den berühmten Münte-Sprech. Liest man Inter-
views mit Ihnen von früher, dann bestehen viele Antworten
aus höchstens zwei kurzen Sätzen.

Da sehen Sie mal, ich kann auch längere Sätze.

Ist das ein neuer Stil?

Ich habe früher selbst gezielt zu dieser Marke beigetragen und
musste manchmal dabei auch grinsen. Aber im Ernst: Es hat mich
immer geärgert, dass manche Leute lange Reden halten, weil sie
entweder nicht wissen, was sie reden, oder weil sie mit vielen Worten vertuschen wollen, was sie eigentlich meinen. Ich bin für Wahrheit und Klartext, aber sicher gelingt das nicht immer. Weder im
Langen noch im Kurzen.

Eines würde uns noch interessieren: Jemand, der eine so
pointierte Art zu sprechen hat wie Sie – wie macht der
einen Heiratsantrag?

Es gibt einen tollen Aphorismus von Stanisław Jerzy Lec: »Ein ge-
nialer Gedanke braucht keine Worte.« Das finde ich auch.

GLORIA VON THURN UND TAXIS

»Wenn der Glaube fehlt, erlischt auch die Liebe«

Staunend wie kleine Jungs stehen wir im Hof des Schlosses St. Emmeram in Regensburg. Wir staunen nicht nur über die Schönheit dieses ehemaligen Klosters aus dem achten Jahrhundert, das ab 1812 für die Familie Thurn und Taxis zu einer riesigen Residenz umgebaut wurde, sondern auch über die schiere Größe. Mit über 500 Zimmern und 21 500 Quadratmetern Wohnfläche ist St. Emmeram größer als der Buckingham Palace.

Wir sind hierhergekommen, um eine Frau zu treffen, die uns vielleicht beweisen kann, dass es sie doch gibt, die wahrhaft märchenhafte Liebe. Eine Liebe, wie es sie eigentlich nur in Kinofilmen oder Popsongs gibt, eine Liebe zwischen Aschenputtel und Edelmann, zwischen dem braven Mädchen aus guter Familie und dem polyglotten Multimillionär.

Mariae Gloria Ferdinanda Joachima Josephine Wilhelmine Huberta Gräfin von Schönburg-Glauchau hatte zwar schon qua Geburt einen klangvollen Namen, doch von ihm konnte sie sich nichts kaufen. Ihrem Vater Joachim, Graf von Schönburg-Glauchau in Sachsen, hatten die Kommunisten seinen Besitz samt dreier Schlösser genommen. Sein Studium musste er sich als Leichenwäscher verdienen, und so wuchs auch die Tochter nicht im Überfluss auf. Nach der mittleren Reife jobbt sie in München in einer Galerie und feiert Partys, als sie im Café Reitschule den begehrtesten Junggesellen der Bundesrepublik kennenlernt: Fürst Johannes von Thurn und Taxis. Er ist ein globaler Jetsetter und verfügt über ein Milliardenvermögen. Sie ist damals neunzehn, er fünfzig, und er wünscht sich einen Erben.

1980 heiraten sie. Gloria, deren ganzes Hab und Gut in einen kleinen Koffer passte, zieht im Schloss ein. Hier zieht sie nicht nur zwei Töchter und den ersehnten Sohn groß, sondern avanciert auch zur schillernden Popprinzessin. Sie trägt Frisuren, die heute noch das Zeug hätten, Lady Gaga zu inspirieren, und Kleider der bekanntesten Designer der Welt. Künstler und Kardinäle gehen in St. Emmeram ein und aus. Keith Haring bemalt mit den Kindern deren Zimmer, Michael Jackson zählt zu den Freunden der Familie, und auch Joseph Ratzinger ist schon den prunkvollen Treppenaufgang im Ostflügel des Schlosses emporgestiegen, der in die Privatgemächer der Familie führt. Zwischen den der römischen Antike nachempfundenen Säulen hängen Bilder, Skulpturen und Fotografien von zeitgenössischen Künstlern wie Jeff Koons oder Thomas Ruff.

Strammen Schrittes nimmt Fürstin Gloria die Marmorstufen, später am Nachmittag muss sie noch in die Schweiz fliegen. Sie führt uns durch einen Flur in die Küche. Sofort sticht uns die bunte Jukebox in der Ecke ins Auge, und auch hier hängt allerlei moderne Kunst an den Wänden, daneben selbst gemalte Bilder der inzwischen erwachsenen Kinder. Auf Familienfotos erkennen wir den 1990 verstorbenen Fürsten Johannes.

Die Liebe zu einem neuen Mann hat Gloria von Thurn und Taxis nicht gefunden, dafür ist ihre Liebe zu Gott größer denn je. Auch darüber werden wir mit ihr sprechen. Beim Pförtner haben wir uns noch schnell nach der standesgemäßen Anrede erkundigt.

Durchlaucht, Sie predigen das Prinzip »Wahre Liebe wartet«. Mit Verlaub, aber ist das nicht sehr altmodisch?

Nennen Sie es von mir aus altmodisch, aber in meinem Fall war es genau das Richtige.

Inwiefern?

Als junges Mädchen habe ich mich aufgespart. Ich habe daran geglaubt, dass mir die große Liebe begegnen würde, dass mich der Märchenprinz abholen und ins Märchenschloss führen würde. Und siehe da, genauso ist es passiert. Ich habe an etwas geglaubt, und es hat sich tatsächlich erfüllt.

Sie hatten noch nie einen Freund, bevor Sie Ihren späteren Gemahl kennenlernten?

Nein, ich hatte vor Johannes keinen Freund. Das war eine lange Durststrecke, denn es ist nicht schön, wenn Sie sechzehn, siebzehn, achtzehn sind, all Ihre Freundinnen haben einen Partner, und Sie haben keinen. Natürlich könnte man da sagen: »Ich gehe lieber einen Kompromiss ein, Hauptsache, ich habe auch einen Freund.« Aber die Stimme meiner Mutter hat mich von diesem Kompromiss abgehalten, sie hat verhindert, dass ich mich in die Arme des Nächstbesten warf, nur, damit auch ich einen Partner hatte. Verstehen Sie mich nicht falsch: Diese Zeit der Enthaltsamkeit war schwierig für mich, und ich war wirklich traurig. Aber es hat sich gelohnt. Im Nachhinein kann ich sagen: Gott sei Dank habe ich das so gemacht. Hätte ich einen Freund gehabt, dann hätte ich meinen Mann wohl nie kennengelernt.

Man könnte nun den Eindruck gewinnen, Sie seien mit achtzehn eine brave Betschwester gewesen. Dabei sind Sie durch die Discos gezogen, haben getrunken und sogar Drogen genommen. Wie haben Sie es geschafft, trotzdem »enthaltsam« zu bleiben?

Ich habe nie so viel genommen, dass ich die Kontrolle über mich verloren hätte. Damit habe ich die Möglichkeit, in sexuelle Abenteuer abzugleiten, ziemlich ausgeschlossen. Und, wie gesagt, hatte meine Mutter großen Einfluss auf mich.

Was hat Ihre Mutter Ihnen denn geraten?

Sie hat mir erklärt, dass es etwas ganz Besonderes ist, eine Beziehung zu einem Mann sexuell zu entfalten. Diese Nähe muss etwas Wertvolles bleiben, ein großer Schatz, den man hüten muss. Wenn ein Mann dich wirklich schätzt, dich in der Fülle deiner Persönlichkeit annimmt, kann er auch zu dir Ja sagen.

Als Sie Ihren Mann zum ersten Mal sahen – wussten Sie da sofort, dass Sie einander das Jawort geben würden?

Nein. Mich traf nicht der »Coup de foudre«, der »Liebesblitz«, wie der Franzose sagt. Aber ich war dennoch von Anfang an fasziniert von diesem sehr viel älteren Herrn.

Was hat Sie denn so fasziniert an ihm?

Er konnte unglaubliche Geschichten über sein Leben erzählen, über seine Reisen, über alles, was er schon erlebt hatte. Ich war fasziniert von seiner Intelligenz, er war geistreich und witzig. Aber am Anfang habe ich noch keine Liebe verspürt.

Und Ihr Mann, hatte ihn denn der »Coup de foudre« getroffen?

Er hat mir später gestanden, dass er in mir schon sehr früh eine potenzielle Ehefrau sah. Er lud mich immer wieder ein, und nach einer gewissen Zeit haben wir uns jeden Tag gesehen.

Wie lange hat es gedauert, bis Sie sich in ihn verliebt haben?

Nach ungefähr zwei Monaten fing es bei mir an. Ich bemerkte, dass mir etwas fehlte, wenn er mich nicht anrief. Daran spürte ich, dass ich mich in ihn verliebt hatte. Ich fasste Vertrauen zu ihm, wir gewöhnten uns einfach immer mehr aneinander. Heute weiß ich, was es bedeutet, wenn man sagt, dass man lernt, jemanden zu lieben. So war es bei meinem Mann. Ich habe ihn lieben gelernt und bin Schritt für Schritt hineingekommen in diese Beziehung, wurde immer abhängiger von seiner Zuneigung.

Welche Bedeutung hatte Ihr Gottvertrauen bei der Frage, ob er »der Richtige« sei?

Ich habe tatsächlich intensiv gebetet, denn ich hatte wirklich lange auf den »Richtigen« gewartet. Jetzt kam plötzlich ein sehr viel älterer Herr aus einem ganz anderen Umfeld, das ich nicht gewohnt war. Da konnte ich natürlich nicht sofort wissen, ob er der Richtige war und ob ich dem gewachsen sein würde. Neben dem Gebet und der göttlichen Vorsehung habe ich viel Unterstützung durch seine jüngere Schwester erfahren.

Worin bestand diese Unterstützung?

Seine Schwester sagte damals zu mir: »Du kannst dich auf mich verlassen, wenn irgendetwas schiefgeht. Ich bin immer für dich da. Wenn mein Bruder dich irgendwie enttäuscht, kannst du immer zu mir kommen.«

Nicht ohne Grund zieht die Schwester in Betracht, dass der Fürst seiner Frau manchmal das Leben schwermachen könnte. Jahrzehntelang hat er sein Leben als Junggeselle ausgekostet. Im Winter feiert er in Rio und St. Moritz, im Sommer lässt er es auf seiner Achtunddreißig-Meter-Jacht im Mittelmeer krachen, im Herbst in New York. Seine Familie sorgt sich ernsthaft um seine Gesundheit – und um seine Nachfolge.

Stimmt es, dass die Schwester Ihres Mannes sagte, ihre Gebete seien erhört worden, als Sie sich in St. Emmeram vorstellten?

Das stimmt. Mein Mann war ein klassischer Junggeselle, ein echter Playboy, wie man es damals nannte. Natürlich hat man sich hier im Haus gewünscht, dass er endlich heiraten würde, er war ja schon fünfzig. Sein Vater wurde immer ungeduldiger und verzweifelter, hier auf St. Emmeram wurde gebetet noch und nöcher. Als ich dann meinem späteren Schwiegervater und den Geschwistern vorgestellt wurde und sie mich nett fanden, hieß es gleich: »Du bist der Beweis, dass unsere Gebete erhört wurden!« Das fand ich natürlich sehr nett, und diese Worte haben mir auch später sehr geholfen.

Würden Sie sagen, dass es für Sie vielleicht sogar ein Akt der Nächstenliebe war, diesem rastlosen Mann endlich einen ruhigen Hafen zu bieten?

Das ist richtig. Er hatte mir sehr bald sein Herz geöffnet und sein Dilemma gezeigt. Er suchte Hilfe, um aus diesem Dilemma herauszukommen. Nachdem ich wusste, was da auf mich zukommen würde, stellte sich mir selbstverständlich die Frage, ob er der richtige Mann für mich sei.

Und warum genau konnten Sie diese Frage mit »Ja« beantworten?

Ich habe mich gefragt: »Will ich mit diesem Mann Kinder haben?« Die Antwort war Ja. Und wenn die Antwort Ja ist im Herzen, wenn man das spürt, dann ist es der richtige Partner. Wenn die Antwort lautet: »Mmm, ich weiß nicht so richtig«, dann würde ich die Finger von dieser Beziehung lassen. Aber genau das ist die Crux. Viele Menschen wollen eben nicht die Finger von einem möglichen Partner lassen, weil sie nicht allein sein wollen. Sie reden sich ein: »Vielleicht ändert sich ja noch was«, oder: »Heute kann ich mir nicht vorstellen, Kinder mit ihm zu haben, aber vielleicht ist es morgen anders.«

Was passiert denn, wenn man diese Frage so unklar beantwortet?

Dann schlittert man in eine Gewohnheit, und wenn das Leben irgendwann von den Banalitäten des Alltags beeinflusst wird und die erste Verliebtheit vorbei ist, kommt meistens die Katastrophe. Dem kann man nur entgehen, wenn man mit sich selbst ehrlich und bereit ist, die Konsequenz zu ziehen.

Sie haben vorhin anklingen lassen, wie schwer es ist, jemanden zu ändern. Haben Sie das bei Ihrem Mann versucht? Haben Sie zum Beispiel mit ihm über Glaubensfragen gesprochen, oder war er dafür nicht empfänglich?

Mein Mann kam aus einem extrem konservativ-katholischen Milieu, sein Lebensstil stellte dazu einen krassen Gegenentwurf dar. Er brach offen mit dem Schema der Familie Thurn und Taxis. Doch sein Playboy-Leben passte überhaupt nicht zu dem, was sein Vater ihm vorlebte. Dieser Spagat hat meinem Mann anfangs sehr zugesetzt, weil er von Haus aus ein gläubiger Mensch war, aber mit der Zeit waren ihm die Glaubensfragen sehr lästig geworden. Das habe ich erkannt und wollte ihm zeigen: »Du kannst sehr wohl lebensbejahend sein und Spaß haben am Leben, aber du kannst gleichzeitig an dir arbeiten und zurück auf den Pfad der Tugend finden. Das geht!«

Ist es Ihnen gelungen, Ihren Mann auf den »Pfad der Tugend« zurückzuführen?

Zunächst ja. Wir wollten ja heiraten, und da muss man als Katholik vorher beichten. Es war nicht so einfach, ihn dazu zu bringen. Er wollte nicht, dass ein Priester, den er kannte, ins Haus kam, sondern er wollte ganz anonym beichten. Ich schlug ihm vor, ins Karmelitenkloster zu gehen, denn dort gibt es den ganzen Tag über Beichtgelegenheit. Als wir ankamen, warteten schon mindestens dreißig Menschen. Mein Mann sah die vielen Leute und wollte auf der Stelle umdrehen. In diesem Moment stand eine Frau ganz vorne in der Reihe auf und bot ihm ihren Platz an. So kam mein Mann zur Beichte. Das nenne ich göttliche Vorsehung.

Hat Ihr Mann denn mit der Hilfe Gottes und mit Ihrer Unterstützung seine innere Mitte gefunden?

Als unsere Kinder geboren wurden, gab ihm die eigene Familie ein starkes Gefühl der Geborgenheit. Er hat wohl zum ersten Mal in seinem Leben viel Halt gespürt. Auch ich fühlte mich anfangs wirklich gut aufgehoben. Mein Mann war sehr lieb zu mir und sehr glücklich mit mir. Es ging erst einmal ständig bergauf. Die ersten drei Jahre unserer Ehe waren ein Geschenk.

Ging es denn irgendwann auch bergab?

Ja. Die ersten Jahre waren für meinen Mann eine große Abwechslung in seinem Leben und eine große Freude, unsere Flitterwochen dauerten im Grunde genommen drei Jahre. Aber irgendwann holt einen der Alltag ja auch wieder ein. Irgendwann musste er in die Banalitäten seines normalen Lebens hinabsteigen, und da kamen seine alten Angewohnheiten zurück: die Rastlosigkeit, die Unruhe, die Unzufriedenheit. Ich hatte die Kinder, um die ich mich kümmern musste, und war natürlich nicht mehr nur auf ihn konzentriert. Er spürte, dass ich nicht mehr ständig um ihn herum war, und das fehlte ihm.

Worin bestanden denn seine »alten Angewohnheiten«?

Er scharte viele Menschen um sich, auch viele Fremde, die es nicht immer gut mit ihm meinten. Er war häufig weg von zu Hause, um sich abzulenken. All das schadete ihm sehr, auch gesundheitlich. Ich versuchte, mich so intensiv wie möglich um ihn zu kümmern, aber er war doch wesentlich älter. Ich konnte nicht viel tun.

Hat Ihre Ehe darunter gelitten?

Natürlich hat unsere Ehre ihre ersten kleinen Täler bekommen. Es geht in einer Ehe ja immer herauf und herunter. Aber mein

Mann liebte mich sehr und war sehr abhängig von meiner Liebe. Um diese Liebe zu bekommen, musste er auch liebevoll sein. So kämpften wir beide, um das Niveau unseres Glücks zu halten.

Welche Bedeutung hatte Ihr Glaube für dieses Glück, für Ihre Liebe?

Es gibt Momente im Leben, in denen das Urvertrauen mal weg sein kann. Das kann schleichend passieren, das kann aber auch abrupt sein. Dann kommt der Glaube ins Spiel. Denn man glaubt ja an die Liebe des Partners, und die kann nicht wirklich bewiesen werden. Mit anderen Worten: Wenn der Glaube fehlt, erlischt auch die Liebe. Am Glauben kann man jedoch arbeiten, das heißt, man kann das Feuer des Glaubens wieder zum Brennen bringen. Man muss nur darauf achten, dass es nie ganz ausgeht, es reicht schon ein kleines bisschen Glut. Und ich habe erfahren, dass es mit der Liebe sehr ähnlich ist: Die Liebe zwischen den Menschen ist ja nicht etwas, das immer gleich bleibt. Auch die Liebe kommt in Wellen, und man muss an ihr arbeiten. Man muss sie hüten wie ein ganz sensibles Blümchen: Wenn man es zu stark gießt, zerstört man es. Bekommt es zu wenig Wasser, verdorrt es.

In dem Wort »Leidenschaft« steckt »Leiden«. Mussten Sie dieses Leiden manchmal in Kauf nehmen?

Die Liebe ist so schön, dass sich jedes Leiden dafür lohnt.

Sie sprachen vorhin den großen Altersunterschied zu Ihrem Mann an. Haben Sie in ihm ein Stück weit eine Vaterfigur gesehen?

Ich würde schon sagen, dass ich in meinem Mann eine Vaterfigur gefunden habe. Mein Mann und mein Vater waren fast gleich alt. Allerdings habe ich mich für meinen Vater nicht so zuständig gefühlt wie für meinen Mann. Ich wollte dafür sorgen, dass mein

Mann die nötige Geborgenheit und Liebe bekam und sich wieder mit der Kirche und dem religiösen Leben versöhnte, das mit seinem bisherigen Lebensentwurf nicht zu vereinbaren war.

Ihr Vater hatte mit einer ähnlichen inneren Zerrissenheit zu kämpfen. Obwohl er praktizierender Katholik war, lebte er nicht die Werte, die er der Familie predigte. Er hat Ihre Mutter lange Zeit mit einer anderen Frau betrogen und sie am Ende verlassen. Hat Sie das an Ihrem Glauben zweifeln lassen?

Zweifel hatte ich vor allem an der Urteilsfähigkeit meines Vaters. Natürlich war ich auch tief enttäuscht von ihm, aber diese Erfahrung hat in mir keine Glaubenskrise ausgelöst. Daraus habe ich fürs Leben gelernt, dass auch die schönsten Grundsätze, die hehrsten Ziele einen Menschen nicht davor bewahren, in Versuchung zu geraten und einen Fehler zu machen. Das ganze Leben besteht ja aus Fehlern. Man fällt hin, man steht wieder auf, man fällt wieder hin, und man steht wieder auf. Was ich auch gelernt habe, ist, dass dieses Hinfallen oder das Sündigen ein Teil des katholischen Glaubens ist, Teil des Menschen selbst. Dadurch habe ich gelernt, meinem Vater zu verzeihen.

Wie ist Ihnen das genau gelungen?

Er hat uns sehr orthodox erzogen. Dass er den größten Teil seines Lebens versucht hat, gemäß diesen Werten und gemäß den Geboten der Kirche zu leben, ist etwas Positives. Dass es ihm nicht gelungen ist, dies bis zum Schluss durchzuziehen, ist bedauerlich, aber Teil des Lebens. Wichtig ist nur, dass man sich des Unrechts bewusst ist. Und das hat mein Vater geschafft. Er wusste, dass er etwas Unrechtes tat. Deshalb ging er sonntags zwar immer in die Messe, aber durfte als geschiedener Mann nicht mehr zur Kommunion. Meine Schwester aus der zweiten Ehe meines Vaters hat mir erzählt, dass er häufig, wenn er mit ihr in die Kirche ging, ganz hinten stand und weinte. Das hat sie traumatisiert. Ich habe versucht, ihr zu erklären, dass gerade dieses Unrechtsbewusstsein das Tolle war an unserem Vater. Denn wirklich schlimm ist es erst, wenn man aus einem Laster eine Tugend macht. Das hat mein Vater eben nicht getan. Er hat gesehen: »Das habe ich falsch gemacht, aber ich kann nicht anders. Die Umstände haben mich dazu gezwungen, die neue Frau anzunehmen und mit ihr zu leben. Das ist so, doch ich weiß, es ist verkehrt.« Mich hat das mit ihm versöhnt.

Hat Ihnen diese Erfahrung auch geholfen, sich mit Ihrem Mann zu versöhnen?

Ja, ich denke schon. Auch mein Mann war im Kern ein gläubiger Mensch, und er wusste, dass sein Lebensentwurf nicht richtig war. Er war nur nicht stark genug, dies zu ändern.

1990 stirbt Johannes von Thurn und Taxis bei einer Herztransplantation. Er hinterlässt nur auf den ersten Blick ein gut bestelltes Haus, St. Emmeram und 27 000 Hektar Wald. Doch in den letzten Jahren vor seinem Tod hat der Fürst versucht, seinen Betrieb zu modernisieren. Dafür hat er eine Reihe von smarten Jungmanagern mit Harvard-Diplom eingestellt, die dafür sorgen sollen, dass der Name Thurn und Taxis nicht nur für Land- und Forstwirtschaft steht, sondern für internationale Finanz- und Immobiliengeschäfte. Die Manager raten dem Fürsten zur Scheidung, seinen Besitz soll er in ein Stiftungsmodell umwandeln. Gloria von Thurn und Taxis verhindert ihre Entmachtung, indem sie Nicolas Hayek als Berater nach Regensburg holt. Dem Gründer der Uhrenmarke Swatch gelingt es, nachzuweisen, dass die Manager einen Schuldenberg in Höhe von zweihundertfünfzig Millionen Euro angehäuft haben. Der Fürst feuert die Harvard-Boys und ernennt Gloria zur Generalbevollmächtigten. Fünf Monate später stirbt er.

Um die Erbschaftsteuer begleichen zu können, lässt die Fürstin einen Großteil des Mobiliars von St. Emmeram versteigern. Ihr Satz

»Wer hundertfünfzig Tische besitzt, kann bestimmt auch mit hundert überleben« wird legendär. In gut zehn Jahren saniert sie das marode Familienunternehmen. 2002 wird Gloria von Thurn und Taxis vom US-Wirtschaftsmagazin Business Week zur zehntbesten Finanzmanagerin der Welt gekürt. Sie poliert die Marke Thurn und Taxis auf. Heute hängen am Schlosseingang Plakate, auf denen die Fürstin mit Tasse in der Hand für die »Gloria Tea-Time-Collection« wirbt. Und ein Baukran hievt gerade Teile für eine Bühne in den Schlosshof, auf der Stars wie Katie Melua, Roger Cicero und Peter Kraus bei den Schlossfestspielen tausende Touristen nach St. Emmeram locken werden.

Neben den Kran schiebt sich ein dunkelgrüner Bentley, ein Automobil, das auch die Queen als Fortbewegungsmittel schätzt und das so viel kostet wie ein Einfamilienhaus. Ein bulliger Chauffeur in Livree hält der Fürstin die Tür auf. Es geht zum Flughafen nach München. Wir setzen unser Gespräch auf der Rückbank fort.

Als Ihr Mann starb, mussten Sie sich in kürzester Zeit betriebswirtschaftliche Kenntnisse aneignen und richtungsweisende Entscheidungen treffen, um das Familienvermögen zu retten. Hatten Sie damals Angst, zu versagen?

Natürlich. Ich hatte häufig Angst, dass ich das alles nicht schaffen würde, dass alles zu groß sei, dass ich selber viel zu unwissend sei, um das alles zu kapieren und die richtigen Entscheidungen zu treffen. Das Gebet hat mir da sehr geholfen.

Gibt es ein bestimmtes Gebet, dass Ihnen in solchen Situationen hilft?

Der Rosenkranz ist mein Lieblingsgebet, weil er so meditativ ist. Sie können Ihre Gedanken schweifen lassen. Mit dem Rosenkranz kann ich die größte Nervosität, die größte innere Unruhe und Schlaflosigkeit neutralisieren. Und Gebete haben noch eine andere Wirkung: Plötzlich passiert etwas. Jemand ruft an und gibt einem

Rat, sodass man weiterkommt. Solche scheinbaren Zufälle führen schlussendlich dazu, dass man es doch schafft, das Richtige zu tun.

Sie sind also durchaus stolz auf das, was Sie seit dem Tod Ihres Mannes erreicht haben?

Lassen Sie es mich mal so sagen: Natürlich habe ich auch Fehler gemacht, aber ich habe nicht das Gefühl, versagt zu haben.

Warum haben Sie nicht noch einmal geheiratet?

Mein Mann war ein absolutes Alphatier, und wenn Sie Alphamänner mögen, dann können Sie sich nicht mit einem Prinzgemahl zufriedengeben. Nach seinem Tod musste ich in die Rolle meines Mannes schlüpfen, also auch ein Alphatier werden. Ich muss mich um die Geschäfte kümmern, um das Schloss, um alles, worum er sich vorher gekümmert hat. Und welcher Alphamann setzt sich bitte schön in ein Schloss in Regensburg, um mir dabei zuzuschauen, wie ich das mache? Keiner. Ich hätte also Regensburg und alles, was dazugehört, verlassen müssen, um einem Alphamann zu folgen. Aber das geht nicht.

Das heißt, um St. Emmeram zu halten, zahlen Sie den Preis der Einsamkeit. Beschleichen Sie manchmal Zweifel, ob es dieses Opfer wirklich wert ist?

Moment! Ich habe ja nie bewusst auf einen Partner verzichtet. Angenommen, der Partner meines Lebens, der mich genauso fasziniert hätte wie mein Mann, wäre irgendwann aufgetaucht und hätte mich gebeten, mit ihm zu kommen – dann hätte ich mir tatsächlich überlegen können, ob ich das mache oder nicht. Aber ich war nie in dieser Situation. Präsentiert haben sich nur Prinzgemahle, die mir nicht interessant genug waren.

Man darf also bei der Partnerwahl keine Kompromisse eingehen?

So kann man das auch nicht sagen, denn eine Liebe kann ja mit der Zeit wachsen. Und erst irgendwann macht es »zack«, und sie ist da. Was machen Sie dann? Dann können Sie dieses Gefühl entweder bekämpfen oder sich darauf einlassen. Nach meinem Mann habe ich einfach niemanden mehr kennengelernt, bei dem ich auch nur im Ansatz gesagt hätte: »Oh, jetzt bin ich hin- und hergerissen zwischen meinem Leben in Regensburg und dem Leben eines Mannes in Texas oder Tadschikistan.« Es ist einfach nicht passiert. Außerdem hatte ich zehn wunderschöne Jahre mit ihm. Die habe ich schon im Sack, und das muss erst mal einer schaffen.

Es reicht Ihnen, von der Erinnerung zu zehren, wenn Sie ganz allein in Ihrem Schloss sitzen?

Ich hatte einen wahnsinnig starken Mann, der es geschafft hat, dass ich mich in der ganzen Welt zu Hause fühle. Er hatte überall Freunde und war beliebt, von Honolulu über Los Angeles und New York bis Bombay. Er war einfach ein Weltbürger. Viele haben vierzig langweilige Jahre, ich hatte zehn tolle Jahre, die kann mir keiner mehr nehmen. Deswegen ist für mich die Notwendigkeit oder der innere Hunger, noch einmal so eine große Liebesbeziehung zu erleben, gar nicht da. Ich glaube, so etwas kann es nicht zweimal im Leben geben. Es gibt natürlich Frauen, die davon erzählen, dass sie zwei bis drei großartige Männer in ihrem Leben hatten, aber ich hatte halt nur einen und zehn wunderbare Jahre. Damit will ich mich auch gerne zufriedengeben.

Fühlen Sie sich denn nie einsam?

Die Einsamkeit gehört zum Leben dazu, man muss sie auch ganz bewusst umarmen. Nur durch die Einsamkeit weiß man ja, wie schön die Zeit war, als man noch zu zweit war. Und man kann das

Leben eben nicht am Computer oder am Reißbrett planen und organisieren. Das große Glück des Lebens liegt auch darin, die Negativseiten zu akzeptieren und mit ihnen umzugehen. Und wenn ich die negativen Seiten des Lebens bejahe, also die Einsamkeit, das Traurigsein, die Krankheit, das Unglück, dann habe ich schon wieder ein halb volles Glas.

Wie »bejahen« Sie denn die Einsamkeit ganz konkret?

In Momenten der Einsamkeit muss ich mich fragen: »Was mache ich jetzt? Sitze ich jetzt hier und blase Trübsal, oder erledige ich etwas, das ich schon lange tun wollte?« Dann lese ich zum Beispiel ein Buch, das schon eine Weile daliegt, oder führe ein Telefonat, das ich vor mir hergeschoben habe. Es gibt immer noch welche, denen es schlechter geht als mir selber.

Sind Sie »unter dem Strich« denn glücklich?

Ich finde mein Leben spannend und bin nicht unglücklich.

Auch wenn Sie in den letzten Jahren nur auf »Prinzgemahle« getroffen sind – glauben Sie noch an die Liebe?

Natürlich glaube ich noch an die Liebe. Die Liebe ist ja ein uns von Gott eingeprägtes Urvertrauen, ein Band, das uns an Gott knüpft. Gott hat uns die Liebe geschenkt, damit wir niemals ohne ihn sein müssen. Die Liebe ist der Kern, das Wesenselement. Hätten wir keine Liebe, könnte der Mensch nicht überleben.

Ans Überleben denken wir auch noch in einem anderen Zusammenhang, wenn wir aus dem Augenwinkel auf den Tacho des Bentley blicken. Der Chauffeur hat vermutlich Angst, seine Chefin könne ihren Flug verpassen, deshalb kachelt er mit zweihundertfünfzig Stundenkilometern Richtung München. Doch trotz des hohen Tempos können wir die Fürstin neben uns hervorragend verstehen. Obwohl sie den Blick immer wieder über die vorbeirauschenden Wälder schweifen lässt, spricht sie klar und konzentriert.

Würden Sie so weit gehen zu sagen, dass an die Stelle der Liebe zu Ihrem Mann die Liebe zu Gott getreten ist?

Die Liebe zu Gott ist wesentlich abstrakter. Eine brennende Liebe, so wie sie von Heiligen beschrieben wird – diese große Gnade habe ich bisher nicht erfahren. Bei mir ist die Liebe zu Gott im Grunde genommen eine Empfindung des Geborgenseins, eine Empfindung des Geliebtwerdens. Ich habe ein Urvertrauen, und dieses Urvertrauen löst Geborgenheit aus.

Wie hat die Liebe zu Gott Ihr Leben beeinflusst?

Wenn ich mein bisheriges Leben aus der Distanz betrachte, dann würde ich sagen: Ich habe immer Glück gehabt, und es ist immer im richtigen Moment das Richtige passiert. Ist das jetzt Zufall, oder liegt das vielleicht doch daran, dass ich Gott immer ganz intensiv um die Dinge gebeten habe, die dann so eingetroffen sind? Natürlich habe auch ich Schicksalsschläge erlitten, es sind immer auch Regentage dabei im Leben. Aber alles in allem würde ich sagen: Die Krisen habe ich gut überstanden, weil ich so ein unerschütterliches Vertrauen in die Liebe Gottes hatte.

JÜRGEN GROSSMANN

»Ich müsste noch viel reicher sein, damit mich jemand sexy findet«

Sie werden von Regentropfen geweckt, die erbarmungslos gegen Ihre Fensterscheibe klatschen. Eine schwere Decke aus grauen Wolken will Sie am Aufstehen hindern und droht Ihre bessere Hälfte in tobende Misslaunigkeit zu versetzen. Doch Sie verschwenden nicht den geringsten Gedanken daran, dass Ihr romantisches Wochenende zu Hause ins Wasser fallen könnte, sondern tippen spielerisch die Nummer des Flughafens ins Handy. Zwei Stunden später entschweben Sie der meteorologisch bedingten Tristesse im Privatjet Richtung Saint-Tropez, wo Sie bereits eine Limousine des Fünfsternehotels erwartet. Die Sonne spiegelt sich im azurblauen Mittelmeer. Scheinbar zufällig entdecken Sie in einem Schaufenster der Strandpromenade einen Saphir, welcher der Farbe des Wassers auffällig nahe kommt. Das Wochenende ist gerettet.

Glauben Sie immer noch, dass Geld in der Liebe keine Rolle spielt? Geld ermöglicht nicht nur Erlebnisse, die der Liebe zuträglich sein können. Es verhindert auch solche, die der Liebe abträglich sein können. Denn jedes vierte Paar streitet einer Studie zufolge »häufig« oder »ab und zu mal« über Geld. Streit ums Geld ist einer der häufigsten Trennungsgründe. Macht viel Geld also die Liebe leichter? Das wollten wir von einem der reichsten Männer Deutschlands wissen.

Jürgen Großmann ist Selfmade-Milliardär. Geboren in Mülheim an der Ruhr, studierte er Eisenhüttenkunde und Wirtschaftswissenschaften und machte zunächst Karriere bei einem Stahlunternehmen. Mit Anfang vierzig kaufte Großmann für symbolische zwei Mark die marode Georgsmarienhütte, machte das Unternehmen wieder flott und baute daraus eine Gruppe von mehr als fünfzig Firmen mit mehr als zwei Milliarden Euro Umsatz. Bundesweit bekannt wurde der 2,05-Meter-Mann im Jahr 2007, als der Energiekonzern RWE ihn bat, den Vorstandsvorsitz zu übernehmen. *Großmann zählt zum Kreis der »Frogs« (Friends of Gerhard Schröder) und gilt als Intimfeind Angela Merkels. Denn der schwergewichtige RWE-Boss, dem der Naturschutzbund Deutschland einst den Titel »Umwelt-Dinosaurier 2010« verlieh, hatte als Sprachrohr der Atomwirtschaft zunächst die Laufzeitverlängerungen für deutsche Kernkraftwerke vorangetrieben und die »Energiewende« leidenschaftlich bekämpft.*

Wir treffen Großmann einige Wochen vor seinem Abschied von RWE und fragen uns: Wie spricht jemand, dessen Worte sonst vor allem Aktienkurse beeinflussen, über die Liebe? Um später vielleicht auch etwas Privates über seine Ehe mit der Musikverlegerin Dagmar Sikorski zu erfahren, tasten wir uns erst einmal vorsichtig heran und sprechen über etwas Naheliegendes: die Liebe zum Geld.

Herr Großmann, wann haben Sie zuletzt einen liebevollen Blick auf Ihren Kontostand geworfen?

Ich weiß es nicht, der interessiert mich auch nicht.

Nein?

Nein.

Ach, kommen Sie …

Ich habe wirklich keine Ahnung. Herrgott, Geld ist doch nicht meine Triebfeder. Geld ist eine dimensionslose Kennzahl, die überhaupt nichts aussagt. Die meisten Leute wissen gar nicht, wie lange es dauern würde, wenn sie von eins, zwei, drei, vier, fünf bis zu einer Million zählen würden.

Für die meisten Menschen ist eine Million auf dem Konto auch unvorstellbar, eine Milliarde erst recht. Hat denn der Begriff »Milliardär« für Sie eine Bedeutung?

Nein.

War es für Sie wichtig, diese Schwelle zu überschreiten?

Ich glaube nicht, dass ich diese Schwelle überschritten habe.

Warum werden Sie dann in sämtlichen Zeitungen immer als Milliardär bezeichnet?

Ich habe keine Ahnung, wer auf so etwas kommt. Menschen oder Leute, die versuchen, Vermögen zu schätzen, machen ja Annahmen über die Werte von Dingen, die gar nicht zum Verkauf stehen. Sie wissen am Ende nur, was es wert ist, wenn sie es verkaufen. Wenn Ihr Vermögen darin besteht, dass Sie Aktien von börsennotierten Gesellschaften halten, dann können Sie jeden Morgen ablesen: »So und so viel bin ich wert.« Wenn Sie aber selber unternehmerisch tätig sind, wissen Sie nicht genau, was Ihre Firmen wert sind. Darum geht es auch gar nicht. Wenn es nur um das reine Geld ginge, dann könnte man gleich einen Puff aufmachen.

Worum geht es Ihnen denn dann?

Es geht darum, dass ich fasziniert bin von irgendeinem Firmengebilde, das ich beeinflussen will, dem ich eine Richtung geben will, das ich gestalten will. Deshalb schaue ich auch nicht primär auf den Kontostand. Für mich ist es viel spannender, zu sehen: Wie viele Beschäftigte haben wir, wie viele Auftragseingänge haben wir, welche Innovationen haben wir, wo wollen wir investieren. Das ist für mich viel wichtiger als einen Strich zu ziehen und zu sehen: Wie viel haben wir, wie viel ist herausgekommen. Ich habe schon eine intensive Beziehung zu den Dingen, die ich tue. Ich würde sie nicht immer Liebe nennen, aber es bedeutet mir emotional durchaus etwas. Das Wort »Liebe« finde ich sehr vieldeutig, und es kommt in sehr vielen Schattierungen daher.

Sie sagen, Sie lieben nicht das Geld an sich und eigentlich auch keine materiellen Dinge. Lieben Sie denn Ihr Unternehmen?

Als ich mit meinem ersten eigenen Unternehmen angefangen hatte, besuchte mich irgendwann ein sehr erfolgreicher Investmentbanker, den ich schon lange kannte. Er guckte sich mit mir den Laden an und sagte: »Jürgen, toll, dass das läuft. Aber du weißt ja, was wir Banker sagen: Never love your business!« Ich antwortete: »Genau falsch! Du musst eine emotionale Beziehung zu deinem Unternehmen aufbauen, ob du das Liebe nennst oder nicht! I must love my business, to be good at it!«

Wenn Ihnen dann doch mal »zufällig« ein Kontoauszug in die Hand fällt – was empfinden Sie dann?

Ehrlich gesagt, ich wollte jetzt nicht über Liebe zu Geld mit Ihnen reden.

Gut, dann lassen Sie uns über die Bedeutung von Geld in der Liebe reden. Einer von uns beiden ist zum Beispiel gerade mit seiner Freundin zusammengezogen und überlegt, die Konten zusammenzulegen.

Warum?

Ja, eben, warum? Vielleicht zeigt man damit sein Vertrauen. Man versucht zu zeigen, dass Geld in der Liebe nicht wichtig ist.

Na ja, das kann man ja auch anders zeigen. Ich glaube, ein gemeinsames Konto ist nichts Schädliches, aber ich halte es nicht für eine große Symbolik.

Es gibt ja sogar soziologische Studien darüber, wie Paare in Deutschland dies handhaben. Haben Sie ein gemeinsames Konto mit Ihrer Frau?

Nein, wir haben überhaupt keine gemeinsamen Konten. Aber niemand sagt: »Das zahlst du jetzt, und das zahle ich« oder so. Es kommt, wie es kommt. Geld ist nicht so wichtig.

Vielleicht spielt Geld in Ihrer Ehe auch deshalb keine große Rolle, weil Ihre Frau selbst Unternehmerin ist und von Ihnen unabhängig agieren kann. Wer von Ihnen kann denn besser mit Geld umgehen?

Meine Frau.

Warum?

Weil sie sehr viel organisierter ist als ich und weil sie sehr viel mehr nachrechnet. Für mich sind Konzepte und langfristige Strategien wichtig. Meine Frau war auch der Meinung, ich könnte nie ein kleines Unternehmen führen, weil ich nicht meine Portokasse zusammenhalten könnte.

Sie gelten ja auch eher als Bauchmensch ...

(Großmann klopft sich lachend auf den Bauch) Das kann man wohl sagen ...

Wir wollten damit nicht auf Ihre physische Präsenz anspielen, sondern auf Ihre Entscheidungsfindung, die offenbar stark aus dem Bauch kommt, oder?

Ich frage mich immer: Passt das, was man tut, in die Zeit? Ist das wirklich eine Entscheidung, die von den umgebenden Parametern her richtig ist, und nicht so sehr, ob es sich rechnet. Wenn Sie falsche Annahmen machen, rechnet sich die Investition wunderbar, aber am Ende kommt doch etwas ganz anderes heraus, weil Sie einige ihrer Eingangsparameter falsch gewählt haben.

Sie sagten, Ihre Frau könne besser mit Geld umgehen als Sie. Können Sie ein Beispiel aus dem Alltag nennen, wo Ihre Frau sagt, da könne man sparen?

Och, sparsam bin ich in manchen Dingen auch, aber ich bin romantischer in meinem Umgang mit Geld. Wenn ich etwas will, wenn mich etwas reizt, Herrgott, dann habe ich es mir schon mal gekauft. Das Dumme ist, dass ich da eben spontan bin. Wenn ich was sehe, und da steht ein Preis dran, sage ich: »Okay, das ist es mir wert!« Meine Frau würde erst mal nach Hause gehen und im Internet nachsehen, wann das Ding zum letzten Mal verkauft wurde. Das gilt auch bei Kunstwerken. Ich gehe auf der Kunstmesse an einem Bild vorbei und sage: »Das finde ich so toll, das möchte ich gerne haben.« Dann müsste man vielleicht genauer wissen, aus welcher Schaffensperiode des Künstlers das Bild stammt, und ob es seinen Preis wirklich wert ist. Ist es ein Schnäppchen, ist es kein Schnäppchen? Meine Frau würde sich immer die Zeit nehmen, das herauszufinden – ich nicht unbedingt.

Aber irgendetwas scheint ja an Ihrer Methode richtig zu sein.

Nein, nicht beim Geldausgeben. Manche Dinge habe ich vielleicht instinktiv richtig gekauft, zum Beispiel zwei Bilder, über die ich mich jedes Mal freue, wenn ich sie sehe.

Welche Bilder sind das?

Das eine ist ein Pechstein, das ich schön finde. Und ich habe einen Hodler, den ich sehr liebe. Die Schwierigkeit bei mir ist, dass ich eine Anschaffung meistens nicht wieder verkaufe. Und ob Sie wirklich Geld verdient haben, sehen Sie ja erst, wenn Sie die Anlage realisieren.

War das Haus, in dem wir uns gerade befinden, auch so ein Lustkauf?

Nein, es war kein Spontankauf, aber er hatte mit einer Emotion zu tun. Als ich mich vor vielen Jahren selbstständig machte, hatte ich zunächst ein Büro an der Alster. Das war schön, aber klein. Es lag im vierten Stock, und es gab keinen Aufzug, sodass man immer da hochtappeln musste. Ich bin ständig hier vorbeigefahren, und irgendwann stand mal »zu vermieten« dran. Damals war das Haus aber zu groß für meine eigene Firma. Dann nahm es jemand anders. Jahre später wurde es wieder frei, und wir haben es gemietet, mit einem relativ langfristigen Mietvertrag. Als ich den Vertrag hatte, bin ich zum Eigentümer gegangen und habe ihm vorgerechnet, dass er noch mehr verdienen könnte, wenn er es mir verkauft. Ich wusste, dass er keine emotionale Bindung an das Haus hatte, ich hingegen schon. Er hatte am Ende also seinen finanziellen Gewinn und ich meinen emotionalen Gewinn.

Das Haus, das Jürgen Großmann einen »emotionalen Gewinn« bescherte, trägt eine der teuersten Adressen Deutschlands: Elbchaussee, Hamburg. Entlang dieser sagenumwobenen Straße, die sich vom Stadtteil Ottensen stromabwärts entlang der Elbe bis nach Blankenese erstreckt, liegen prachtvollste Villen und Herrenhäuser in teils großzügigen Parkanlagen. Gleich mehrere Gourmetrestaurants halten die verwöhnten Gaumen der illustren Nachbarschaft bei Laune. Und der Maler Max Liebermann trug zu Beginn des zwanzigsten Jahrhunderts mit seinen Ansichten der Umgebung dazu bei, dass der Nimbus von der feinsten Straße Hamburgs aufrechterhalten werden konnte, obwohl inzwischen täglich tausende Autos die Prachtmeile passieren. Übrigens werden selbst die Bewohner der Elbchaussee noch in eine Zweiklassengesellschaft eingeteilt. Auf der »Margarineseite« (also der nördlichen Seite) hört man in den Gärten schon mal den Verkehr brausen. Die »Butterseite« hingegen bietet mehr Stille und eröffnet den Blick aufs Wasser. Von Jürgen Großmanns Anwesen aus lässt sich etwa beobachten, wie in der Ferne große rote Kräne sich unzählige Container greifen und auf Schiffe verladen, die dann zu Zielen in der ganzen Welt aufbrechen. Die Hörner der Containerschiffe harmonieren mit der tiefen, voluminösen Stimme des Hausherrn, der man zutrauen würde, bei einem Ehestreit Wände vibrieren zu lassen. Obwohl die Villa offenbar mehr als Büro und weniger als Wohnhaus dient, spiegelt die warme und geschmackvolle Einrichtung mit moderner Kunst und alten Möbeln die Wertschätzung des Eigentümers für diese Immobilie.

Herr Großmann, würden Sie so weit gehen zu sagen, dass Sie dieses Haus lieben?

Die Liebe ist ja eines der stärksten Gefühle des Menschen. Und zu materiellen Dingen, finde ich, sollte man dieses Gefühl nicht so haben.

Macht Geld eigentlich die Liebe leichter?

Ich glaube, Geld hat mit Liebe überhaupt nichts zu tun.

Aber Sie haben einmal gesagt, dass Ihre Ehe schon so lange funktioniere, weil Sie es sich »nicht langweilig machen«.

Ja, aber das hat ja nichts mit Geld zu tun.

Na ja, wenn das Geld jahrelang immer nur für einen Campingurlaub auf Spiekeroog reicht, ist die Gefahr von Langeweile natürlich etwas größer als bei »schönen Urlauben« mit allem Drum und Dran …

Aber ein »schöner Urlaub«, in dem alles glatt läuft, kann doch auch fürchterlich langweilig sein. Man kommt an irgendeinem

Flughafen an, dort steht schon eine Limousine bereit und bringt einen ins Hotel. An der Rezeption braucht man nicht mal mehr anzustehen, weil man seine Eincheckformalitäten auf dem Zimmer erledigen kann. So sieht man keine Leute, ist in einer völlig sterilen Welt. Das ist doch todlangweilig im Vergleich zu einem Urlaub, in dem man sich um etwas bemühen muss. Interessant sind für mich die unerwarteten Dinge.

Wann ist denn ein Urlaub aus Ihrer Sicht gelungen?

Wenn es Auseinandersetzungen mit Unerwartetem gibt. Ich fand es zum Beispiel toll, auf dem Weg nach Tunis oder Istanbul durch den Zug zu laufen und mit den Mitreisenden zu sprechen. Nicht mit einer Reisegruppe unterwegs zu sein, sondern einfach mit der Familie.

Verzichten Sie also bewusst auf bestimmte Annehmlichkeiten, um etwas zu erleben?

Ich fliege zum Beispiel nicht mit dem Privatjet, sondern Linie. Ich glaube, Sie haben ein völlig falsches Bild von mir und schätzen mich völlig falsch ein!

Sie sind immerhin Vorstandsvorsitzender eines DAX-Konzerns ...

Ja, gut, aber ich bin da nicht gerade typisch. Ich gebe Ihnen noch ein Beispiel: Obwohl das Bundeskriminalamt mich in einer der höchsten Gefährdungsklassen einstuft, hatte ich weder im Urlaub noch sonst einen Bodyguard dabei. Nur bei der RWE-Hauptversammlung wurden die Organe der Gesellschaft vom Personenschutz begleitet.

Was war denn das aufregendste, gefährlichste Urlaubserlebnis mit Ihrer Frau?

Wir waren vor einigen Jahren in Rio, ich hatte als Student dort gelebt. Also gingen wir auch dorthin, wo Touristen normalerweise nicht hingehen. Wir machten in der Dämmerung einen Strandspaziergang an einem Abschnitt, der von der Straße aus nicht einzusehen war. Wir gingen gerade mit nackten Füßen durch das Wasser, und plötzlich waren da drei oder vier Männer, die nichts Gutes im Sinn hatten. Ich sagte nur zu meiner Frau: »Pass auf, ich bleibe ein bisschen zurück, und du – lauf!«

Ihre Frau rannte also davon, was haben Sie dann gemacht?

Ich hatte im Gefühl, dass die Geschichte dort vielleicht nicht gut ausgehen würde. Also habe ich mich ziemlich drohend vor denen aufgebaut und ihnen den Weg zu meiner Frau versperrt, die flüchten konnte. Dagmar sagte mir nachher, sie hätte mich noch nie so besorgt gesehen um sie.

Wie ging die Geschichte aus?

Ich habe diese Typen irgendwie in die Flucht geschlagen. Als alles überstanden war, haben wir uns auf die Terrasse vor dem Hotel in Copacabana gesetzt und Caipirinha getrunken. Wir waren froh und wollten uns vor dem Abendessen nur noch ein bisschen hinlegen. Aber nach den zwei Caipirinhas sind wir erst morgens gegen drei wieder aufgewacht.

Also könnten selbst Paare, die sehr wohlhabend sind, in die Langeweilefalle tappen …

Was heißt hier »wohlhabend«? Mir passt dieses Gespräch mit dem »wohlhabend« nicht. Und nochmals: Unsere Ehe kann man als alles Mögliche bezeichnen, nur nicht als langweilig. Und das hat mit Materiellem nichts zu tun.

Sie können sich das vielleicht nicht vorstellen, aber Millionen Paare in Deutschland streiten über Geld. Es gibt zahlreiche Studien dazu. Deshalb interessiert uns natürlich, ob die Liebe leichter wird, wenn das Reizthema Geld wegfällt. Haben Sie sich mit Ihrer Frau schon einmal über Geld gestritten?

Manchmal. Wir haben zum Beispiel schon eine gemeinsame Kreditkarte, und die geht auf mein Konto. Auch die Kinder haben eine Kreditkarte, die sie zur Not benutzen dürfen ...

Glauben Sie, dass in Deutschland noch mehr Ehen geschieden würden, wenn nicht ein Ehepartner Angst haben müsste, finanziell auf der Strecke zu bleiben?

Wenn eine Trennung ohne finanzielle Konsequenzen möglich ist, dann bleibt man zusammen, weil man zusammenbleiben will.

Aber daran sieht man doch, dass Liebe und Geld sich feind sind.

Warum denn? Noch mal: Geld hat mit Liebe nichts zu tun.

Sind Sie noch nie Frauen begegnet, die ihre Männer vielleicht nicht nur aus Liebe geheiratet haben?

Tatsächlich kommt es manchmal vor, dass eine jüngere Dame mir schöne Augen macht. Dann sagt meine Frau: »Jetzt hör auf, fühl dich nicht so geschmeichelt, die meint nicht dich, die meint deine Brieftasche!«

Was denken Sie in solchen Momenten?

Wenn ich auf einer Party mit irgendeiner Frau rumstehe, die sich offenbar für mich interessiert, frage ich mich schon, ob sie mich oder die Brieftasche mag…

Es gibt einen Wissenschaftler, der sogar einen Zusammenhang herausgefunden haben will zwischen dem Bankkonto des Liebhabers und dem Grad an Befriedigung einer Frau: »Bei Männern, die über ein anständiges Sümmchen auf dem Konto verfügen, empfinden Frauen anscheinend größere Freude beim Sex als bei Männern, die nur über ein kleines Konto verfügen.« Macht Geld also sexy?

Ich glaube, da müsste ich viel reicher sein, damit jemand mich sexy findet *(lacht laut)*. Normal ist es ja umgekehrt, der Mann muss doch der Frau schöne Augen machen.

Was zieht die Frauen an – das Geld oder der Erfolg?

Da fragen Sie den Falschen. Ich glaube, Sie glorifizieren mich hier gerade.

Glorifiziert Ihre Frau Sie auch?

Nein, ganz im Gegenteil. Meine Frau ist nicht gerade pflegeleicht.

Haben Sie sich ganz bewusst für eine Frau entschieden, die es Ihnen nicht so einfach macht?

Manchmal will der Mann ja angehimmelt werden, oder wenn er nach einem stressigen Tag nach Hause kommt, dann möchte er vielleicht eine Frau haben, die sagt: »Ich habe dir eine Badewanne eingelassen. Kann ich dir den Hals massieren?« Meine Frau aber ist eben nicht so. Da kommt man nach Hause, und dann wird noch über irgendetwas geredet oder gestritten, oder sie sagt: »Komm runter vom Sofa, wir gehen jetzt ins Konzert.«

Wie gelingt es Ihrer Frau, Sie aus der Reserve zu locken?

Wenn man den anderen gut kennt und einigermaßen intelligent ist, dann weiß man genau, wo man die kleinen Pfeilchen setzen muss. Und die sind so platziert, dass sie erst zwei bis drei Minuten später richtig beginnen, sich zu entfalten. Dann merkt man schon, dass damit sozusagen der eigenen Bequemlichkeit und Selbstzufriedenheit entgegengewirkt wird. Das kann ich aber andersherum auch bei ihr.

Eine Frau, die immer nur das Badewasser einlässt, würde in Ihrem Fall die Liebe vermutlich töten. Muss es bei Ihnen auch mal richtig krachen?

Das Zusammenleben zweier Menschen ist etwas Schwieriges. Es gibt sicherlich Paare, die beschenkt sind mit einer solchen Fixierung aufeinander, dass sie sich gegenseitig vergöttern. Aber das ist ja bei normalen Menschen nicht unbedingt der Fall. Ich glaube, jemand, der einem nicht egal ist, der einen innerlich berührt, auf den kann man auch mal richtig sauer sein. Meinungsverschiedenheiten sollten offen angesprochen werden, was nicht heißen soll, dass man immer einer Meinung sein muss.

Was hat Sie denn sicher gemacht, dass Sie Ihre Frau heiraten möchten?

In meinem Leben war ich vorher schon einige Male verliebt, hatte mehrjährige Beziehungen und war einmal sogar verlobt. Aber die Entscheidung meiner Frau und mir, dass wir wirklich heiraten wollten, war keinesfalls rational. Ich habe mich gar nicht gefragt, ob ich das jetzt will oder ob ich lieber noch warten soll. Es war völlig klar: Diese Frau willst du jetzt heiraten!

Was genau hat Sie so sicher gemacht?

Das ist kein rationaler Prozess, ich habe nicht angefangen, die Gründe zu sezieren. Wie gesagt, ich bin ein Bauchmensch. Es gab zum Beispiel Überraschungsmomente, in denen ich gedacht hatte, dass sie anders sein würde ...

Wie hat Ihre Frau Sie denn so positiv überrascht?

Sie entsprach anfangs gar nicht meinem Schema, wie sie sich kleidete und wie sie auftrat. Zwei Tage nachdem ich sie kennengelernt hatte, habe ich meine Eltern angerufen und ihnen von ihr erzählt. Ich habe Dagmar beschrieben, und meine Mutter fragte: »Ein Punk?« Ich hatte erzählt, dass sie sich doll schminkt und was weiß ich. Das passte eigentlich gar nicht zu mir.

Wie sah denn Ihr eigentliches Beuteschema aus?

Am Anfang möchte der Mann ja meistens seinen sexuellen Appetit gestillt sehen. Und jeder hat irgendwelche sexuellen Vorlieben. Ich habe mich zum Beispiel im Kindergarten in ein dunkelhaariges Mädchen mit einem roten Stirnband verliebt. Das hat lange Zeit mein Ideal geprägt. Jedes Mal, wenn ich ein dunkelhaariges Mädchen mit einem roten Stirnband sah, dann ... Am Ende habe ich eine blonde Frau geheiratet, die überhaupt nicht meinem vorherigen Beuteschema entsprach. Ich glaube, was das Leben interessant macht, ist das Ringen um das, was wirklich wichtig ist.

Also haben Sie etwas Neues entdeckt an ihr, das Sie fasziniert hat?

Es war überhaupt nicht rational, und es war überhaupt nicht berechnend, es war einfach ... Was mich erstaunt hat, war ihre Gegensätzlichkeit. Auf der einen Seite ist Dagmar eine sehr toughe Unternehmerin, die zu harten Entscheidungen fähig ist. Auf der anderen Seite ist sie dann doch manchmal eine weiche, manchmal sogar unterstützungsbedürftige Frau, die sich darüber freut, wenn sie sich mal anlehnen kann. Bei mir ist das genauso, ich freue mich auch, wenn sie mich stützt. In unserer Beziehung sind die Rollen also nicht einseitig verteilt – außer, dass sie besser organisiert ist als ich.

Anscheinend haben sich zwei Unternehmerpersönlichkeiten gefunden ...

Ich war ja damals noch nicht Unternehmer.

Aber den Unternehmergeist hatten Sie doch schon?

Ich war ehrgeizig. Als Ruhrgebietskind gab es für mich nur ein erstrebenswertes Berufsziel: Ich wollte Vorstand eines der fünf großen Ruhrgebietskonzerne werden, das waren Thyssen, Mannesmann, Hoesch, Krupp und Klöckner.

Wie alt waren Sie, als Sie diesen Plan gefasst haben?

Das war ungefähr, als ich Abitur machte. Und ich schaffte es, meinen Plan zu verwirklichen, als ich nicht ganz vierzig war. Nach ein paar Jahren habe ich dann gesehen, dass dieses Ziel nicht unbedingt das Erstrebenswerte war. Erst danach fing ich an, selber unternehmerisch tätig zu werden.

Viele Frauen sagen auch ganz offen: »Ich hätte gerne einen Anwalt oder Chefarzt.« Der ist ja dann auch ein Versorger.

Na ja, dieses Gespräch müssen Sie mit Frauen führen. Ich war damals, als ich meine Frau kennenlernte, Geschäftsführer einer kleinen Firma hier in Hamburg.

Inwieweit hat denn Ihre Frau zu Ihrem beruflichen Erfolg beigetragen? Man sagt ja immer: »Hinter jedem starken Mann steckt eine starke Frau.«

Meine Frau hat mir in einer Sache unbewusst sehr geholfen. Zu dem Zeitpunkt, als ich mich selbstständig machte, war ich bereits Vorstand einer börsennotierten AG mit Pensionsberechtigung und allem, was dazugehört, hatte also schon relativ viel Erfolg. Aber der Erwerb der Georgsmarienhütte hat, obwohl das Ding ja nichts gekostet hat, durch die Wirtschaftsprüfer und Anwälte all das verzehrt, was ich gespart hatte. Außerdem habe ich einen dreistelligen Millionenbetrag an Schulden übernommen – ich hatte also überhaupt keine soziale Absicherung. Trotzdem wusste ich, dass wir nicht verhungert wären, wenn ich mal ein Jahr lang kein Einkommen gehabt hätte, weil meine Frau für unsere junge Familie und mich hätte sorgen können. Sie musste es nicht tun, aber in dieser wichtigen Phase meines Lebens hat mir meine Frau sozusagen einen Rettungsschirm geboten.

Besprechen Sie auch geschäftliche Dinge mit Ihrer Frau?

Eigentlich besprechen wir Fragen, die den Beruf des anderen betreffen, sehr selten. Außer, wenn einer von uns mal eine Rede halten muss. Dann fragen wir uns gegenseitig: »Wie findest du das?« Aber die Lösung von Geschäftsproblemen haben wir immer aus unserem Privatleben rausgehalten.

Wie stark beeinflusst Ihre derzeitige Position bei RWE Ihr Privatleben?

Die Familie hat sich irgendwann damit abgefunden, dass ich besser genießbar bin, wenn ich morgens eine Stunde telefoniert habe. Dann habe ich kein schlechtes Gewissen, denn ich habe mich erkundigt. Normalerweise frage ich morgens meine Sekretärin: »Ist etwas, das ich tun könnte oder sollte?« Dieses Telefonat ist nicht durch eine E-Mail oder eine SMS zu ersetzen. Die Sprache überträgt viel mehr Informationen. Meine Sekretärinnen arbeiten teilweise seit über zwanzig Jahren mit mir zusammen. Allein an der Art und Weise, wie sie »Guten Morgen« sagen, erkenne ich genau, wenn etwas nicht in Ordnung ist. Dann kann ich sofort nachfragen. Deshalb brauche ich morgens diesen persönlichen Kontakt. Und die Familie akzeptiert das auch. Die wissen: Lass den Papi jetzt eine Stunde allein, dann ist er zufrieden.

Als das Angebot von RWE kam, hielt sich das Verständnis Ihrer Familie für Ihre Begeisterung zunächst sehr in Grenzen. Gab es einen regelrechten Kampf mit Ihrer Frau, ob Sie den Job annehmen dürfen oder nicht?

Kampf ist gut. Meine Frau war dagegen.

Warum?

Weil sie der Meinung war, dass dies erst einmal nicht meinem Naturell entspräche und dass ich mich dabei gesundheitlich kaputt machen würde.

Die Sorgen seiner Frau vor der Annahme des Chefpostens bei RWE waren offenbar nicht unbegründet. Denn rund drei Jahre nach seinem Amtsantritt teilte der Konzern im November 2011 mit, Großmann sei wegen Herzkammerflimmerns behandelt worden und erhole sich zurzeit im Ausland. Zuvor war mehr als eine Woche lang über den Gesundheitszustand des RWE-Vorstandsvorsitzenden gerätselt worden. Die Bild zitierte Großmann mit den Worten: »Ende November komme ich zurück und bin dann wieder mit Leib und Seele unterwegs für RWE.«

Als wir Jürgen Großmann im Frühjahr 2012 in Hamburg treffen, ist er immer noch mit Leib und Seele unterwegs für RWE. Und er sieht kerngesund aus, zumindest in seinem rotbraun gebrannten Gesicht. Das Gehen fällt dem Riesen aber offensichtlich schwer. Während er uns mit gequälter Miene die Treppe zu seinem Konferenzzimmer hinaufführte, hatte er uns von seinen Knieproblemen erzählt. Eigentlich müsse er sich dringend operieren lassen, aber das werde er niemals tun, solange er noch bei RWE sei. Schließlich würden die ihn ja nicht für eine Knieoperation bezahlen, sagt er trocken. Damit warte er, bis er »da raus« sei, und mache das dann in seiner Freizeit.

Warum wollten Sie sich eigentlich unbedingt die Strapazen der Spitzenposition bei RWE antun? Finanziell hatten Sie das ja schon längst nicht mehr nötig …

Hier mal wieder ein gutes Beispiel dafür, dass Geld nicht meine Triebfeder ist. Wenn ich abgelehnt hätte, dann hätte ich mich wohl mein Leben lang gefragt, ob ich mir das nicht zugetraut hätte, ob ich vor einer Aufgabe davongelaufen sei. Ich bin in meinem Leben bisher ein einziges Mal davongelaufen, und zwar vor einer Mathearbeit in der Mittelstufe. Da war mir so schlecht, und ich habe gekotzt. Als ich nach Hause kam, fragte mich meine Mutter: »Bist du weggelaufen? War die Arbeit schon ausgeteilt? Saßest du in der Klasse?« Ich meinte nur: »Ja.« Da sagte sie: »Du hättest vorher gehen können. Aber wenn du einmal angetreten bist, dann musst du da durch.« Das ist bei mir auch heute noch so – wenn ich einmal angetreten bin, dann will und muss ich da durch.

Stimmt es, dass Sie Ihrer Frau versprechen mussten, tausend Tage keinen Alkohol zu trinken, um RWE-Chef werden zu dürfen?

Ja, das war der Deal. Gott sei Dank sind die tausend Tage vorbei.

Was haben Sie denn gemacht, als die Frist abgelaufen war? Haben Sie sich dann direkt einen geballert?

Nein, »ballern« kommt in meinem Leben nicht vor. Sagen wir es mal so: Wir saßen zu Hause, und ganz ehrlich: Es waren nur

999 Tage und 22 Stunden, weil ich an sich erst um Mitternacht etwas hätte trinken dürfen. Aber wir saßen dort vor dem Kamin, und um 22 Uhr sagte ich: »Jetzt haben wir noch zwei Stunden.« Da erwiderte meine Frau: »Komm, die zwei Stunden nützen auch nichts mehr.« Und dann haben wir als Erstes einen französischen Kräuterlikör getrunken. An dem Abend hat jeder von uns drei kleine Schnaps getrunken und ein bisschen Wasser, dann sind wir ins Bett gegangen.

Also kein großes Gelage?

Nein, die Feier fand drei Wochen später statt, da habe ich Leute eingeladen zu einer Tausend-Tage-Party.

Was haben Sie da aufgefahren?

Wein, Bier, Schnaps – was man wollte.

Welche Weine trinken Sie im Normalfall?

Ganz verschieden, das kommt auf die Tageszeit an, ob Wein allein oder Wein zum Essen. Als Roten trinke ich normalerweise am liebsten einen Bordeaux, und da eher Médoc, und Graves lieber als Saint-Émilion und Pomerol, wobei da auch gute Tropfen dabei sind. Und beim Weißen: Ich trinke gerne deutschen Riesling, aber ich trinke auch gerne ein paar schöne Chardonnays.

Sie gelten offenbar zu Recht als Lebemann und besitzen auch ein Sternerestaurant, das »La Vie« in Osnabrück. Eingangs sagten Sie, der Kontostand sei für Sie nicht entscheidend, aber ohne ein solches Vermögen könnten Sie doch auch Ihre Freude am guten Essen nicht ausleben …

Da liegen Sie mal wieder völlig daneben. Auch gutes Essen hat nicht immer mit Geld zu tun. Eine Bockwurst mit Erbsensuppe bei einer Treibjagd, die Sie aus einer Schale löffeln, kann Ihnen genauso viel Spaß machen wie ein tolles Sieben-Gänge-Menü. Was mich im Leben immer fasziniert hat, war die Abwechslung. Ich muss nicht unbedingt im Oktober frischen Spargel essen oder zu Weihnachten frische Erdbeeren. Ich gehe auch gerne Ski fahren im Winter, aber ich muss dafür nicht im Sommer nach Argentinien fliegen, um dort auf den Gletscher zu gehen. Mich freuen die Jahreszeiten mit ihrer Abwechslung.

Das passt zu dem, was Sie vorhin zu ihrer Ehe gesagt haben. Sie wollen nicht immer nur Sonnenschein, Sie brauchen Abwechslung.

Man wächst doch zum Beispiel an den überstandenen Krisen. Wenn ein Kind sehr krank war, wenn man am Bett gesessen hat, und hinterher war alles wieder in Ordnung – das sind Dinge, die einen zusammenschweißen. Ich glaube, Dinge machen dann glücklich, wenn man sich nach ihnen sehnt, und wenn sie etwas Besonderes sind.

Kennen Sie Leute, die dieses »Besondere« schon nicht mehr schätzen können?

Ich habe einen Freund in den USA. Der hat mir ganz stolz erzählt, dass er zu seinem sechzigsten Geburtstag Leute eingeladen hat und vier Wochen lang durch Frankreich gefahren ist, um in zwanzig Drei-Sterne-Restaurants zu essen. Das wäre für mich ein Gräuel. Damit das Erlebnis etwas Besonderes bleibt, darf es nicht zur Routine werden. Man muss sich auch für etwas krummlegen. Ich glaube, wenn jemand sagt, er sei wunschlos glücklich, dann muss er schon unglücklich sein.

Gibt es denn einen Luxus, den Sie sich nicht leisten können?

Davon gibt es viele. Den Luxus, mal auf den Mount Everest zu klettern, den kann ich mir körperlich nicht leisten. Ich habe auch meine Frau immer ein bisschen darum beneidet, dass sie sensationell Wasserski fährt, das hätte ich gerne ein bisschen besser gekonnt. Und, obwohl ich gerne Auto fahre und mit Oldtimern ganz gut zurechtkomme, würde ich gerne mal richtig kompetitiv Auto fahren, auf einer Rennstrecke.

Ein weiterer Luxus, den Sie sich wegen Ihrer herausgehobenen Positionen nicht kaufen konnten, ist Zeit. Hat es zu Konflikten mit Ihrer Frau geführt, dass Sie so viel arbeiten?

Das Problem war ja, dass meine Frau durch ihre Firma hier in Hamburg ortsgebunden war, während ich im Ruhrgebiet tätig war. Eine Zeit lang kam ich dann häufig in der Georgsmarienhütte unter, die liegt auf halben Weg von hier zum Ruhrgebiet.

Viele Ehen zerbrechen an solchen Distanzen …

Wenn man seltener zusammen ist, muss man dann halt intensiver zusammen sein. Wenn meine Frau und ich uns eine Zeit lang nicht gesehen haben, brechen allerdings leider in den ersten vier bis fünf Stunden oft erst mal Konflikte auf. Man kommt mit hohen Erwartungen auf den Partner zu, und dann gibt es plötzlich einen Bruch. Im Urlaub zum Beispiel sind wir am letzten Tag immer wahnsinnig traurig, dass der Urlaub vorbei ist. Aber der erste kann manchmal schwierig sein.

Sie sind jetzt seit fast dreißig Jahren verheiratet. Wir sind erst seit ein paar Jahren mit unseren Freundinnen zusam-

men. Was ist Ihr Erfolgsrezept für eine jahrzehntelange, glückliche Beziehung?

Sich bloß nicht verstellen, sondern sich selbst treu bleiben.

Was aber, wenn die Partnerin – oder der Partner – an einem herummeckert?

Was glauben Sie, wie oft meine Frau mich kritisiert!

Manchmal drohen die Partner auch, einen zu verlassen, wenn man sich nicht ändert – und am nächsten Tag liegt man sich wieder in den Armen. Kennen Sie das?

(Großmann nickt.)

Hat Ihre Frau schon Angst vor dem Tag, an dem Sie morgens nicht mehr zu RWE gehen? Nach dem Motto »Pappa ante portas«?

Obwohl mir meine Frau diesen Loriot-Film zu meinem RWE-Abschied geschenkt hat, freuen wir uns schon lange auf die neu gewonnene Freiheit und haben gerade das Halbjahr nach meinem Ausscheiden geplant. Und danach habe ich auch schon wieder jede Menge Termine. Es gibt so viel zu tun. Das Gute ist ja, wenn Sie selbstständig sind, können Sie dosieren, wie viel Sie arbeiten. Und ich will immer wissen, was los ist, ich will den morgendlichen Anruf, das brauche ich.

Sie haben doch alles erreicht. Warum arbeiten Sie überhaupt noch?

Was heißt »erreicht«? Ich habe einfach ein bisschen Glück gehabt, aber manche Dinge, für die ich gearbeitet habe, sind nie oder noch nicht sichtbar geworden.

Klingt, als würden Sie nie einen Zustand der totalen Zufriedenheit erreichen. Ist eine Ehe auch so etwas wie eine Sisyphosaufgabe?

Ich sehe hier keinen Zusammenhang. Aber auf die Frage zur Ehe: Ich glaube, dass eine Zweierbeziehung nur dann gut geht, wenn man sich immer wieder umeinander bemüht und an der Beziehung arbeitet. Gleichgültigkeit ist der Tod einer Partnerschaft. Man muss nach wie vor Interesse aneinander haben. Wie meine Frau mich beurteilt, ist mir sehr wichtig. Wenn sie zum Beispiel sagt: »Ich finde das klasse, wie du dich eingesetzt hast.« Es geht darum, Anteil zu nehmen an dem, was der andere tut. Meine Frau und ich waren etwa kürzlich in Berlin, wo sie eine Rede hielt. Sie wusste, dass ich ihr ganz genau zuhörte, und sie freute sich, als ich ihr danach sagte: »Das hast du gut gemacht.« Das Urteil des Partners sollte einem also auch nach vielen Jahren nicht egal sein.

Und wie bändigt man eine sehr temperamentvolle Frau? Soll man immer voll dagegenhalten?

Ja.

Oder sollte man sie erst mal ein bisschen ins Leere laufen lassen und sagen: »Beruhige dich doch, Schatz!«?

Nein. Wenn ich meinen Zorn herunterschlucken würde, dann bekäme ich Magengeschwüre. Also, raus damit! Denn wenn man sich tagelang nicht sieht und dann mit den alten »Kamellen« kommt – will sagen: einen Streit wieder aufwärmt –, führt das nur zu unnötigen Komplikationen.

Aber dann eskaliert es ja völlig.

Ja, gut, auch wenn sie mal aus dem Zimmer läuft und die Türen zuschlägt oder so – laufen lassen, sie kommt schon wieder.

Also nicht hinterherlaufen? Man ist da ja immer ein bisschen hin- und hergerissen ...

Na ja, in den ersten zwei Jahren läuft man hin und her, aber irgendwann lacht man und sagt: »Wenn du aus der Tür rausgehst, musst du auch wieder reinkommen.« Aber auf jeden Fall ist es ganz wichtig, nie im Bösen einzuschlafen.

Aber wenn die Frau sagt: »Komm bloß nicht hinter mir her«, will sie eigentlich doch, dass man ihr nachkommt, oder?

Natürlich. Da gilt der alte Spruch: Wenn eine Dame »Nein« sagt, meint sie »Vielleicht«, wenn sie »Vielleicht« sagt, meint sie »Ja«, und wenn sie »Ja« sagt, ist sie keine Dame.

Was ist also wirklich wichtig in der Liebe?

Mein amerikanischer Freund hat mir zur Hochzeit eine Schale und einen Sack mit Erbsen geschenkt und dazu gesagt: »In den ersten zwei Jahren deiner Ehe legst du jedes Mal, wenn du deine Frau liebst, eine Erbse in die Schale. In den darauffolgenden beiden Jahren nimmst du jedes Mal, wenn ihr euch liebt, eine raus. Du wirst die Schale in deinem Leben nie leer kriegen.« Aber was sehr viel stärker wird, sind die Bande innerhalb der Familie. Wir haben drei Kinder. Und ich kann sehen, wie die Kinder die Werte, die ihre Eltern verkörpern, manchmal infrage stellen, dann aber auch in Teilen für sich annehmen. Das ist richtig beglückend.

SONYA KRAUS

»Ich glaube, dass zu große Attraktivität viele Männer abschreckt«

Das Haus von Sonya Kraus steht in der Frankfurter Nordweststadt, einer Retortenstadt aus den Sechzigerjahren, in der breitbeinige Jugendliche ihre Pitbulls spazieren führen und Polizisten in einer Zeit, als nachts in dem Viertel immer wieder Autos brannten, mit Maschinenpistolen bewaffnet auf Patrouille gingen. Die Straße, in der die Moderatorin lebt, liegt zwischen den Hochhaussiedlungen und offenen Feldern, auf denen im Frühling der Raps blüht.

Wir klingeln an einer Tür, an der nur eine Hausnummer steht, aber kein Name. Zwei Mischlingshunde hüpfen bellend vor den Glasfenstern der Haustür auf und ab. Wie wir später erfahren werden, sind es Straßenhunde aus Griechenland, die Sonya Kraus nach einem Urlaub nach Deutschland mitgenommen und dadurch gerettet hat. Ihre Mutter öffnet die Tür und erklärt uns: »Sonya ist noch nicht da, sie kauft gerade Kuchen für Sie.« Sie führt uns in einen Lichthof, der, mit Glas überdacht, einem Gewächshaus ähnelt. Tropische Pflanzen und Palmen wachsen hier, wir sitzen auf marokkanischen Sitzkissen an einem halb fertig gedeckten Tisch. Die Sonya Kraus, die in diesem Moment mit in Packpapier eingewickelten Kuchenstücken hereinkommt, ist eine andere als die Sonya Kraus aus dem Fernsehen. Ungeschminkt, mit locker geflochtenen Zöpfen und einem kugelrunden Babybauch. Sie ist zum Zeitpunkt unseres Gesprächs im achten Monat schwanger. Ihr erstes Kind, einen Sohn, hat sie im Juli 2010 zur Welt gebracht.

Ohne Umschweife stellt sie den Kuchen auf den Tisch und sagt mit ihrem ruppigen Charme: »So, hier, verteilt das mal, ich komm gleich wieder.« Dann serviert sie Eiscreme zum Frühstück, auf die sie gerade Heißhunger hat, wie sie sagt. Vielleicht wären solche Normalitäten keine Erwähnung wert, wenn Sonya Kraus sich in ihren Sendun-

gen nicht so viel Mühe geben würde, eine andere zu sein: eine schöne,
glatte, vor Freude sprudelnde Blondine.

Frau Kraus, wenn man Sie im Fernsehen sieht, sehen Sie immer blendend aus und verbreiten allgemeine Heiterkeit. Ist es manchmal anstrengend, diese Rolle zu spielen?

Da bediene ich, was von mir erwartet wird. Aber es fällt mir nicht schwer, fröhlich zu sein. Das ist keine aufgesetzte Fassade. Ich habe aus meiner Lebensgeschichte meine ganz persönliche Philosophie gezogen, weil ich früh mit Tod und Teufel konfrontiert wurde. Schon als Kind musste ich lernen, mit sehr herben Schicksalsschlägen umzugehen. Wer früh erfährt, dass das Leben endlich ist, kann auch zwischen echten und unechten Problemen unterscheiden.

Was sind denn die echten Probleme?

Der Tod von Menschen, die man liebt.

Was ist passiert?

Mein kleiner Bruder ist mit zehn Monaten am plötzlichen Kindstod gestorben, als ich sechs Jahre alt war, und mein Vater hat sich das Leben genommen, als ich elf war.

Liegt hinter der Fröhlichkeit, die Sie nach außen zeigen, also eine mindestens ebenso große Traurigkeit?

Dahinter liegt einfach die Erkenntnis, dass das Leben schöner ist, wenn man sich ein sonniges Gemüt zulegt und die Brunnenschächte einer potenziellen Depression einfach überspringt. Manchmal werde ich gefragt: »Frau Kraus, Sie sind immer so ungewöhnlich fröhlich. Gibt es nicht auch nachdenkliche Momente in Ihrem Leben?« Und dann antworte ich gerne ironisch: »Nein! Niemals! Wie kommen Sie denn da drauf?«

Weil Sie alles tun, um den Eindruck zu erwecken, sie hätten eine rundum sorglose Lebenseinstellung.

Diese positive Einstellung zum Leben ist aber das Resultat unendlicher Nachdenklichkeit. Ich bin im Nachhinein sehr dankbar, dass ich so früh mit Tod und Teufel konfrontiert wurde. Hätte ich diese Erfahrung nicht gemacht, wäre ich sicherlich ein anderer Mensch geworden.

Nicht so stark vielleicht.

Das hat nichts mit Stärke zu tun.

Man merkt Ihnen eine gewisse Willensstärke aber an, Sie sind oft sehr resolut.

Ich bin vielleicht gefestigt, weil ich weiß: Außer, dass plötzlich ein Mensch stirbt oder schwer erkrankt, der mir nahesteht, kann mich so schnell nichts erschüttern. Alles andere ist kein echtes Problem.

Ihr Markenzeichen im Fernsehen ist Ihre Unverfrorenheit. Sie steigen vor laufenden Kameras im Abendkleid in eine Badewanne oder fragen Passanten über ihr Liebesleben aus. Meinen Sie das?

Natürlich kann ich die Kampfsau raushängen lassen oder wie eine Kalaschnikow austeilen, wenn das gewünscht ist. Aber im Grunde bin ich eine große Menschenfreundin. Ich verteile meine Liebe gerne, und nicht nur auf eine Person.

Bei vielen Menschen entsteht ein starkes Liebesbedürfnis aus der Erfahrung des Verlustes.

Ich habe keine Verlustängste, weil ich weiß, dass ich Verluste verarbeiten kann, ohne daran zugrunde zu gehen. Dass mein Vater sich das Leben genommen hat, finde ich immer noch sehr verwerflich. Man schmeißt sein Leben nicht einfach so weg. Das Leben ist ein Geschenk, es ist sowieso kurz, und man darf es nicht aus nichtigen Gründen beenden. Anders ist das bei schweren Krankheiten mit starken Schmerzen. Da wäre ich die Erste, die sagt: »Hallo, geben Sie mir bitte meine Überdosis Morphium!«

Warum hat Ihr Vater sich umgebracht?

Es war ein Cocktail aus Depression, Alkoholismus und einer väterlicherseits ausgeprägten Disposition zur Schizophrenie. Er hatte geschäftliche Probleme, eine Lebenskrise.

Der große amerikanische Komödiant Jim Carrey pflegte mit sechzehn Jahren seine schwer kranke Mutter und arbeitete als Nachtwächter, um die Familie finanziell zu unterstützen. Man weiß von ihm, dass er seine Gags nicht für das Publikum entwickelt hat, sondern um seine kranke Mutter zum Lachen zu bringen. Ist das bei Ihnen ähnlich?

Ich möchte allen Menschen um mich herum ein gutes Gefühl geben, damit sie sich entspannen und sich in meiner Anwesenheit wohlfühlen. Ich räume immer mein Hotelzimmer auf, weil ich nicht will, dass die Putzfrau so viel tun muss. Ich spreche alte Frauen auf der Straße an und frage sie, ob ich ihnen die Einkaufstüten nach Hause tragen soll. Wäre ich religiös, was ich nicht bin, würde ich das vielleicht mit Nächstenliebe beschreiben.

Liebt man eine andere Sorte Männer, wenn man den eigenen Vater früh verloren hat?

Ja. Der Tod meines Vaters hat mein Rollenverständnis total infrage gestellt. Ich wusste seitdem, dass der Vater nicht der Beschützer und Ernährer sein muss. Solche Vorstellungen wurden schon damals in meinem Kopf ausgelöscht.

Ähnelt Ihr jetziger Partner Ihrem Vater?

Nein, überhaupt nicht. Mein Freund ist jünger als ich, ich bin also frei von jeglichem Vaterkomplex.

Entsteht aus dem Verlust auch das Bedürfnis, von vielen Menschen geliebt zu werden? Das würde Ihre Berufswahl erklären: Früher waren Sie Model, heute sind Sie Fernsehmoderatorin.

Es gibt Menschen, die in die Medien stürmen, um dort Ruhm und Anerkennung zu finden. Aber meiner Meinung nach sind die in dieser Branche völlig fehl am Platz. Wenn du dich an die vorderste Front stellst, ist der Gegenwind so stark, dass du eigentlich vor allen Dingen Kritik zu hören bekommst. Die entgegengebrachte Liebe beschränkt sich auf eine Erhöhung deines Bankguthabens und auf nette Fanpost. Mir war die Anerkennung meiner Familie immer sehr, sehr wichtig. Meinen Job – und ich sage »Job«, weil er für mich keine Berufung ist – habe ich grundsätzlich unter sehr materiellen Gesichtspunkten gesehen. Ich habe mich immer als Dienstleisterin begriffen und wollte mir finanzielle Unabhängigkeit erarbeiten. Die Bestätigung von anderen brauche ich nicht.

Haben Sie manchmal Angst, dass die Vergangenheit Sie einholt und in dunkle Gedanken stürzt?

Sicherlich hat jeder Mensch einen gewissen Hang zur Melancholie und dazu, das Leben infrage zu stellen.

Trauen Sie sich, diesen dunklen Gedankengängen zu folgen, oder haben Sie Angst, weil Sie am Schicksal Ihres Vaters gesehen haben, wo Melancholie enden kann?

Ich habe keine Angst, weil ich weiß, wo mich solche Gedanken hinführen, nämlich wieder zu dem Standpunkt, an dem ich heute stehe. Sicherlich habe ich auch andere Phasen durchgemacht. Ich hatte so etwas wie eine Pubertätsdepression, ausgelöst durch Hermann Hesse, den ich für geniales Gift halte, wenn man empfindsam ist. Ich rühre ihn jedenfalls nicht mehr an und umschiffe dieses Thema ganz gezielt und sehr bewusst. Man muss die Welt verdammt noch mal verändern und nicht zu Hause heulend im Kämmerchen sitzen!

Das klingt, als hätten Sie sich selbst therapiert.

Ja, es gibt doch die Theorie vom Facial Feedback, die besagt, dass man positive Emotionen empfindet, wenn man sich selbst zum Lächeln zwingt. Daher auch dieser blöde alte Spruch: »Mach ein freundliches Gesicht.«

Also gute Miene zum bösen Spiel.

Nein, denn das wäre Schauspielerei. Es geht darum, dass du tatsächlich lächelst. Lächle in den Tag, dann nimmt das dein Gehirn wahr, und der Serotoninspiegel steigt.

Macht das glücklich?

Mich macht glücklich, dass ich mit einer gewissen Furchtlosigkeit durchs Leben gehe.

Die Ernsthaftigkeit, mit der Sonya Kraus spricht, mag manchen überraschen. In der deutschen Fernsehlandschaft benimmt sie sich zuweilen wie die Karikatur einer Blondine: Stark geschminkt und mit tiefem Ausschnitt badet sie beispielsweise vor einem Millionenpublikum in Champagner oder mimt, indem sie sich auf einem weißen Tierfell räkelt, in so übertriebener Form das laszive Dummchen, dass ihr kein Zuschauer glauben mag, diese Kunstfigur habe auch nur ansatzweise etwas mit ihrer Persönlichkeit zu tun.

In ihren Hörbüchern spricht Sonya Kraus auf einer sehr einfachen

Ebene über die Liebe. Dort vergleicht sie das männliche Genital mit einem Joystick, an dem sich Männer nach Belieben manipulieren lassen. Vielleicht hat Sonya Kraus manchmal das Gefühl, solche Pointen würden von ihr erwartet. Immerhin begann ihre Karriere als Buchstabenfee in der Quizsendung »Glücksrad«, deren meist stumme Rolle darin bestand, in engen Abendkleidern neben einer leuchtenden Buchstabenwand zu stehen und einer drögen Ratesendung etwas Glamour zu verleihen. Dass hinter der heiteren Fassade eine große Traurigkeit steht, vermag sie gut zu verstecken.

Frau Kraus, empfinden Sie die meisten Menschen als zu kleinkariert?

Ich kann nachvollziehen, warum die meisten Menschen so sind, wie sie sind. Auch ich raste mal aus, wenn ich einen Schlüssel verloren habe, und brülle herum. Ich weiß aber, wie ich mich da wieder raushole, zum Beispiel durch ein aufmunterndes Selbstgespräch im Spiegel: »So, jetzt beherrsch dich mal, fahr dich runter, was ist eigentlich Schlimmes passiert?« Meistens kann ich dann herzlich darüber lachen, obwohl ich vorher in Tränen ausgebrochen bin vor lauter Aggressivität. Das Schöne daran ist, dass mein Partner in dieser Hinsicht sehr robust ist.

Er erträgt es, wenn Sie ausrasten?

Nein, er ist einfach entspannt. Wenn die Welt übermorgen unterginge, würde er fragen: »Und was machen wir morgen?« Das ist schön. Deshalb halten wir uns in unserer Beziehung mit Kleinigkeiten, die schiefgehen, gar nicht auf. Das heißt nicht, dass ich mich nicht darüber ärgere, wenn ich gegen einen Pfosten gefahren bin und mein Auto eine Beule hat. Aber wenn niemand gestorben ist, habe ich im Hinterkopf eine Bremse, die ich aktivieren kann: »Stopp, Sonya, es reicht!«

Wenn es um die Liebe geht, zweifeln viele Menschen an ihrem Aussehen. Das Problem haben Sie, als jemand, der auch wegen seiner Attraktivität im Fernsehen erfolgreich ist, vermutlich überhaupt nicht.

Das würde ich jetzt gerade gar nicht unterschreiben. Es ist ja nicht angenehm, auf seine 3-D-Ansicht reduziert zu werden.

Jemand, der sehr hässlich ist, würde das wahrscheinlich nicht als Problem empfinden.

Ich will damit sagen, dass auch einem Model das Aussehen im Wege steht, genauso wie jemandem, der angeblich hässlich ist. Wenn sich alle vom Aussehen blenden lassen, ist das ein seltsames Gefühl.

Sind Sie denn selbst davor gefeit?

Mittlerweile schon. Einmal war ich als Model für einen sehr hochwertigen Herrenausstatter gebucht und sollte als modisches Accessoire neben den Herren auf den Fotos stehen. Ich kam in den Raum, in dem acht der bestbezahlten männlichen Topmodels der Welt saßen. Es gab den Surfertyp, den Latin Lover, den Black Beauty und daneben den englischen Lord. Alle acht waren unfassbar schön, ich war hin und weg.

Also ging es Ihnen auch so.

Moment! Innerhalb kürzester Zeit hatten sich sieben der acht als Partner für jegliche Form von Zeitvertreib disqualifiziert. Die hatten alle große Macken und waren mit mir nicht auf einer Wellenlänge. Übrig blieb nur der englische Lord mit Sommersprossen und roten Haaren, der so gar nicht mein Typ war, aber mit dem ich heute noch in Kontakt bin. Das war eine große Lehre für mich. Ich genieße Schönheit, aber ich schaffe es, sie zu übersehen.

Hatten Sie je Angst, dass Ihrem Partner die Optik zu wichtig sein könnte?

Sie verwechseln etwas. Ich bin nicht schön, ich muss mich schön machen. Wie ich im Fernsehen rumlaufe, das ist meine Arbeitskleidung. Privat komme ich aus der Jeans gar nicht mehr raus. Mein Kerl hat sich sogar mal bei mir beschwert: »Ich möchte auch mal wieder diese geile, scharfe Blondine aus dem Fernsehen haben!« Vor ein paar Tagen hat jemand in der Krabbelgruppe zu mir gesagt: »Frau Kraus, geht es Ihnen gut in der Schwangerschaft? Sie sehen so krank aus!« Dabei war ich einfach nur nicht geschminkt. Meine Mutter sagt mir auch manchmal: »Sonya, du siehst wieder aus wie ein Schluck Wasser in der Kurve, tu dir doch etwas Makeup ins Gesicht!« Aber zu mehr ist momentan einfach keine Zeit.

Haben Sie keine Angst, durch Ihre zweite Schwangerschaft Ihre Figur und damit Ihre Karriere zu ruinieren?

Das Gefühl der Mutterliebe ist mir das alles wert. Eine Schwangerschaft ist natürlich Raubbau am eigenen Körper. Ich trage jetzt acht Kilo mehr mit mir herum, und ich schlurfe durch das Haus wie eine alte Frau. Aber ich habe große Ehrfurcht vor dem, was der weibliche Körper alles leistet. Er kann tatsächlich so einen kleinen Menschen bauen! Für mich ist das immer wieder unfassbar. Und dass der Busen sich ein paar Zentimeter senkt, nachdem frau über Monate als Milchkuh funktioniert hat, ist doch logisch. Aber das ist alles egal im Vergleich zu dem Glück, Mutter zu sein.

Bekommt man eigentlich mehr Angebote von Männern, wenn man als Frau gut aussieht?

Nein, nicht, dass ich wüsste.

Sie wüssten natürlich auch nicht, wie es wäre, hässlich zu sein.

Nein, im Gegenteil: Ich glaube, dass zu große Attraktivität viele Männer abschreckt. Man sieht das zum Beispiel nachts im Fernsehen an den Werbeblöcken für die Erotik-Hotlines. Die »Komm zu Oma«-Varianten sind offenbar am erfolgreichsten. Und am Ende ist es immer die Körpersprache, nicht das Aussehen, mit der Frauen steuern, ob sie Angebote bekommen wollen oder nicht. Die Frau ist ja diejenige, die sich den Sexualpartner aussucht, nicht umgekehrt.

Nach welchen Kriterien suchen sich Frauen denn ihre Sexualpartner aus?

Natürlich nach der genetischen Mischung, welche die besten Kinder erzeugt. Wir Frauen riechen, wer der Richtige ist. Es gibt dieses berühmte Experiment mit Fischen. Wissenschaftler haben das Genmaterial von drei Stichlingen analysiert, zwei Männchen, ein Weibchen. Dann haben sie die drei Fische in ein Labyrinth gesetzt. Das Weibchen ist immer sofort zu dem Männchen geschwommen, mit dem es genetisch am wenigsten verwandt war, weil aus dieser Genmischung die gesündesten Kinder entstehen.

Sozialpsychologen haben herausgefunden, dass Frauen sich oft Männer suchen, die ihnen im Status überlegen sind, etwa die Krankenschwester den Chefarzt. Ist das bei Ihnen auch so?

In puncto Bildung ist mein Kerl mir sicherlich überlegen. Ich habe ja nur Abitur. Er ist eine Rechenmaschine und kann dir in drei Sekunden ausrechnen, was die Quadratwurzel aus 4 399 000 ist. Andersrum könnte er nicht sagen, ob dieses Sitzkissen hier lila ist oder rosa. Wir haben vollkommen unterschiedliche Talente. Er sagt immer: »Der liebe Gott hat mir zwei linke Hände gegeben und Sonya.« Insofern finde ich es schön, nicht sagen zu können, wer wem überlegen ist. Aber ich kenne diese Studie natürlich.

Was macht Ihren Partner für Sie besonders?

Sein Humor. Was für mich an einem Mann wahnsinnig attraktiv ist, ist eine gewisse Form der Selbstironie. Sich selbst nicht so wichtig zu nehmen, ist das Allertollste überhaupt.

Sie sprechen in der Öffentlichkeit nur selten über Ihren Freund.

Ja, er möchte das nicht. Ich darf auch jetzt nicht zu konkret werden, sonst springt er mich an und haut mich um. *(Lacht.)*

Wie ist er so?

Jedenfalls war er ein ganz anderer Mensch, als wir vor vierzehn Jahren zusammengekommen sind.

Haben Sie ihn sich erzogen?

Nein, wir haben uns gegenseitig sehr beeinflusst.

Inwiefern?

Vielleicht habe ich ihm geholfen, die sehr zärtliche, weiche Seite an ihm zu entdecken. Die war immer da, aber ich habe ihm die Gewissheit gegeben, dass ich das sehr an ihm mag und dass das wahnsinnig attraktiv ist.

Sind Sie sehr fordernd in Beziehungen?

In einer Hinsicht schon: Ich erwarte von einem Menschen, mit dem ich viel Zeit verbringe, dass er ständig versucht, sich zu verbessern. Das meine ich nicht optisch oder materiell. Sondern er muss bereit sein, sich zu ändern. Wenn mir zum Beispiel jemand einen einleuchtenden Weg aufzeigt, dann bin ich sofort bereit, den zu beschreiten.

Mit Verlaub – das klingt furchtbar anstrengend.

Wir sind aber vollkommen unverkrampft. Mein Freund ist gerne sehr provokant und piesackt mich. Das ist seine Form der Liebesbekundung. Und er freut sich wie ein kleiner Junge, wenn ich mich provoziert fühle. Manchmal muss ich ihn dann durch drastisches Ausrasten dazu bringen, eine Sache mal ruhig und ernsthaft und ohne Späßchen anzugehen. Das ist natürlich aufregend, erregend, anstrengend. Aber das Schöne daran ist, dass es nie langweilig wird mit uns zwei. Das war eigentlich auch das schönste Kompliment, das er mir vor ein paar Jahren gemacht hat: »Mit dir ist es keine Minute langweilig.«

Das ist schön.

Und das Kompliment kann ich ihm ja auch zurückgeben. Das heißt nicht, dass wir nicht auch mal schweigend im Bett liegen und in die Glotze gucken …

Sonya Kraus niest laut – und flucht. Ihre Hunde schrecken auf, legen die Schnauzen aber schnell wieder auf ihre Pfoten und dösen weiter. Wegen ihrer Schwangerschaft dürfe sie ihre Erkältung nicht behandeln, sagt sie, nicht einmal Nasentropfen seien erlaubt. Ihr Babybauch, der während des Gesprächs vom Tisch verdeckt wird, sieht aus wie ein Medizinball, den Kraus unter ihrem Oberteil versteckt. Ihre Beine und Arme sind trotz der Schwangerschaft so schlank, wie man sie aus dem Fernsehen kennt.

Was hat Sie sicher gemacht, dass dies der Mann ist, mit dem Sie noch ein Kind bekommen möchten?

Nichts. Der war halt grade da. (*Lacht.*)

Im Ernst?

Nee. Zum Glück war mein Freund aber intelligent genug, mir diese Entscheidung zu überlassen. Es ist grundsätzlich immer die Entscheidung der Frau, weil sie viel mehr investiert als der Mann. Ich habe ehrlich gesagt nicht erwartet, dass es so gut klappen würde. Immerhin bin ich bei Kind Nummer zwei neununddreißig Jahre alt.

Aber was hat Sie sicher gemacht?

Dass wir eine so lange Beziehung haben. Ich habe das Gefühl, wir sind eine Familie, auch wenn wir nicht verheiratet sind. Und ich weiß einfach, dass mein Freund ein guter Mensch ist.

Paare erleben eine Schwangerschaft oft als große Belastung für die Beziehung. Wie ist das bei Ihnen?

Ich kann verstehen, warum viele Paare sich in der Schwangerschaft streiten. Als Frau beschleichen einen extreme Ängste: Was wird aus meinem Job? Was wird aus mir? Wie überlebe ich die Geburt? Es sterben immer noch Frauen bei der Geburt! Ist das Kind gesund? Und dann wacht man nachts auf, weil die Blase nur noch ein Fassungsvermögen von fünf Millilitern hat, und liegt wach, während der Partner selig neben einem schläft. Das macht einen so wütend. Man denkt sich: »Wie ungerecht ist das eigentlich?« Wir Frauen werden fett, bekommen Besenreiser, müssen kotzen – das ist einfach nicht fair! Und Männer bekommen ein süßes Baby, sozusagen fertig in der Geschenkverpackung präsentiert. Nach fünf Minuten Vergnügen! Mutter Natur ist eine ungerechte alte Schlampe!

Streiten Sie deswegen?

Ich bin ein altes Schlachtross. So eine Phase von neun Monaten bringt mich nicht aus der Ruhe.

Das muss man sich wahrscheinlich immer wieder sagen.

Man muss die Intelligenz besitzen, zu sagen: »Okay, das ist eine Phase, die geht vorbei, es wird wieder schöner.« Ich kann die Phasen einer Beziehung nur schlecht in Worten ausdrücken, vielleicht besser in Farben: Es beginnt mit dunkelrot, in der Babyphase wird die Beziehung blau und rosa, und dann wird sie moosgrün oder wiesengrün und schließlich ganz ruhig und blau. Das ist auch wunderschön, das ist nicht weniger schön als das Dunkelrot am Anfang. Man arbeitet, glaube ich, das ganze Farbspektrum der Emotionen ab.

Sie haben vorhin betont, wie wichtig Ihnen finanzielle Unabhängigkeit ist und dass Sie nicht heiraten möchten. Haben Sie Angst davor, Ihre Freiheit zu verlieren?

Das klingt so nach einsamem Cowboy, aber das bin ich nicht. Es ist einfach Realismus. Ich sehe die Welt nicht rosarot, wie Paare es oft tun in der ersten Phase der Liebe. Da steht man ja wie unter Drogen.

Mit anderen Worten: Sie sind keine Romantikerin, sondern eher der pragmatische Typ?

Das Romantische am Heiraten ist die Party danach, und die kann man auch ohne Hochzeit haben. Ich war kürzlich auf einer Hochzeit, auf der der Pfarrer sagte, dass im Ballungsraum München ohnehin jede zweite Ehe geschieden werde. Mein Freundeskreis ist jetzt so weit, dass viele Paare sich wieder scheiden lassen. Ich hätte keine Lust auf diese Termine bei Anwälten und Gerichten.

Sollten mein Freund und ich uns jemals trennen, dann heißt es einfach: »Ich gehe hierhin und du dahin und auf Wiedersehen.«

Man muss es sich natürlich leisten können, nicht zu heiraten.

Ganz klar. Eine Heirat ist eine finanzielle Absicherung. Ich würde jeder Frau, die Kinder bekommt, zu einer notariellen Absprache raten. Wer unverheiratet zu Hause bleibt bei den Kindern, erhält für diese Phase keine Rentenansprüche.

Andererseits muss man einen Mann finden, der es gut wegstecken kann, wenn seine Heiratsanträge abgelehnt werden.

Die bekomme ich erst gar nicht, weil klar ist, dass ich das nicht will. Mein Freund erzählt gerne, dass seine Bekannten ihn um diese lockere Hippiebeziehung beneiden. Wir sagen immer: »Wir gehen noch miteinander.«

Als wären Sie zwei Jugendliche.

Genau, es ist ein bisschen wie dieser Spruch aus dem Swinger-Club: »Alles kann, nichts muss.«

Ist das sozusagen Ihre Philosophie der Liebe?

Mein Anspruch an die Liebe bezieht sich auf alle Menschen, mit denen ich mich beschäftige. Das ist meine ethisch-poetisch-religiöse Überzeugung. Alle haben einen Teil meiner Liebe verdient, ganz gleich, ob diese Liebe freundschaftlich, mütterlich oder verwandtschaftlich ist. Deshalb finde ich es sehr vermessen, wenn jemand nach einer Trennung sagt: »Das war meine große Liebe!« Dann denke ich immer: »Boah, bist du doof!« Nicht, weil ich abspreche, dass die Leidenschaft wahnsinnig intensiv war, sondern weil ich sage: »Reduziere dich nicht auf einen Menschen, das wäre so schade!« Nach diesem Motto versuche ich zu leben.

ROGER WILLEMSEN

»Die Liebe hat immer etwas Vulgäres,
etwas Ordinäres«

Wir hätten Roger Willemsen an einem Ort treffen können, der eines Intellektuellen wie ihm würdig erscheint: ein literarischer Salon irgendwo in Berlin vielleicht, wo Stofflampen ein schmeichelndes Licht verbreiten und junge Poeten verkehren, um über den, sagen wir, magischen Realismus von Jorge Luis Borges zu diskutieren. Oder auf einem dieser Talkshow-Sofas der Frankfurter Buchmesse, deren knittriges Leder noch warm ist von den Martin Walsers und Marcel Reich-Ranickis der deutschen Intelligenzija, die immer so viel Geistreiches und Feinfühliges zu sagen haben über die Liebe. Doch stattdessen laden wir Roger Willemsen, den Schöngeist, in eine Reeperbahn-Spelunke namens »Ritze« ein, vor deren Tür sich auf beiden Seiten je ein nacktes Frauenbein aus Plastik in die Höhe reckt – um der Türöffnung in der Mitte eine vulgäre, pubertäre Pointe zu verleihen. Man sollte sich keine Mühe geben, den wahren Zweck dieses Etablissements mit höflichen Worten zu umschreiben: Im Keller der »Ritze« trainieren Zuhälter an Punchingsbällen ihre Boxkünste. Oben, ins Lokal, kommen Freier, um drei Pils und zwei Korn zu trinken, bevor sie fünfzig Euro in die Hand nehmen und eine Prostituierte namens Uschi oder Gabi in der Herbertstraße nebenan besteigen, oder um drei Pils und zwei Korn zu trinken, wenn sie die Sache mit Uschi oder Gabi erledigt haben.

Herr Willemsen, können Sie Menschen verstehen, die solche Orte meiden?

Das ist der Spießbürger. Er lebt ein Leben, das so sehr von Ordnung bestimmt ist, dass er die Übertretung nicht kennt. Das mag verständlich sein, aber so verhält er sich auch im Bett, wie er küsst, wie er schläft.

Haben Sie schon einmal ein Bordell besucht?

Mehrere!

Erzählen Sie uns von Ihrem allerersten Bordellbesuch!

Das war in Bonn. Ich sah Frauen wie in Pralinenschachteln sitzen, die Beleuchtung war dezent, alles war in rotes Licht getaucht. Wenn nicht die Fernseher in den Zimmern der Prostituierten gelaufen wären, hätte ich das Gefühl gehabt, ich befände mich in Babylon.

Wie alt waren Sie da?

Vielleicht siebzehn.

Und Sie waren dort, um was zu tun?

Um zu gaffen. Mehr ging nicht. Ich war völlig unterlegen, eingeschüchtert, untauglich. Man sieht die Abgebrühtheit in den Gesichtern der Frauen. Dieses lieblose Verhältnis erlaubt kein Begehren.

Roger Willemsen hat in einer gepolsterten Sitzecke Platz genommen, eine vollbusige Barfrau bringt ihm ein Glas Mineralwasser. Die »Ritze« liegt in einem Hinterhof an der Reeperbahn, in die Betrunkene abends zum Pinkeln kommen, in der zerschlagene Bierflaschen in den Ecken liegen und wo schon so manches leichte Mädchen im Schatten der bekritzelten Häuserwände seinen Freier beglückt hat.

Was hat Ihnen damals im Bordell gefehlt?

Ich war dieser Lieblosigkeit nicht gewachsen. Ein Freund, auch ein deutscher Intellektueller, ging als Student zu einer Prostituierten. Die Dame sagte, er solle sich ausziehen. Dann krempelte sie den

Ärmel hoch und sagte: »So, dann schauen wir mal!« Das war so unerotisch für ihn, dass er das Zimmer fluchtartig verließ.

Sie hatten also nie Sex mit einer Prostituierten?

Doch. Das ist eine ganz unheimliche Geschichte. Ich war immer noch siebzehn, kurz vor dem Abitur, und saß in Bonn in einem Café. Am Tisch gegenüber saßen zwei Frauen, eine davon war Statistin am Zimmertheater, wo auch ich arbeitete, also redete ich ein bisschen mit ihr. Die Frau neben ihr hatte wasserstoffblonde Haare, dicke Arme und einen Kopf wie ein Kalb. Ihre Frisur dünstete Haarspray aus. Ich fand sie hinreißend. Sie hatte so etwas Voluminöses.

Das meinen Sie jetzt nicht ernst!

Doch, ich meine das ernst! Es ging ja nicht um das Subtile, sondern um das Plakative an ihr. Ich verstand mich gut mit ihr und sagte, dass ich sie gerne wiedersehen würde.

Und sie?

Gab mir ihre Telefonnummer.

Wussten Sie da schon, dass sie eine Prostituierte war?

Natürlich nicht! Ich dachte, sie sei Schauspielerin.

Wo fand das Treffen statt?

Auf dem Grundstück meiner Eltern hatte ich ein eigenes kleines Häuschen. Ich vereinbarte mit ihr, dass ich sie an einem bestimmten Ort mit meinem Motorroller abholen würde. Mein Plan war, sie zu mir zu fahren. Zweimal hat sie mich versetzt.

Und beim dritten Mal?

Kam sie und hatte einen Weihnachtsbaum bei sich. So einen Tischbaum mit Lametta, in Zellophanfolie eingehüllt. Sie sagte, den habe ihr ein Bodybuilder mitgebracht, dem sie am Nachmittag einen runtergeholt hatte.

Da wussten Sie dann …

… ja. Ich wusste dann, dass sie anders war.

Und Sie sind mit Ihrem Motorroller weggefahren?

Nein, ich bin mit ihr im Bett gelandet. Und das Erstaunlichste war, dass sie eine Art Gummislip trug, den man im Schritt mit einem Druckknopf lösen konnte. Und dann hat sie im Bett alles kommentiert. Wie Waldemar Hartmann bei einem Fußballspiel. Es war grässlich.

Wie viel haben Sie bezahlt?

Nichts. Ich glaube, sie hat das aus Mitleid getan. Nach dem Motto: Jetzt habe ich ihn zweimal versetzt, jetzt hat er es sich verdient.

Haben Sie diese Frau geliebt?

Sie hatte speckige Handgelenke, und ihr Körperpuder hatte etwas Aphrodisierendes. Ich habe etwas in ihr gesehen. Ich habe sie begehrt. Aber nicht geliebt. Ich wusste danach, was platonische Liebe ist.

Platon also. Keinen Kronzeugen würden wir weniger an diesem Ort erwarten. Für einen Moment müssen wir innehalten und erklären, was der Großphilosoph des Abendlands, Platon, mit einer Schmuddelkneipe in Hamburgs berühmtem Puffviertel zu tun haben könnte.

Platon hat in der Antike keine Essays geschrieben, sondern leben-
dige Dialoge zwischen Menschen, in denen die Figur des Sokrates eine
wichtige Rolle spielt. Es ist historisch belegt, dass dieser Sokrates exis-
tierte, jedoch nicht, ob er jene geistigen Abenteuer, die Platon ihm in
seinen Texten unterstellt, tatsächlich durchlebte. In einem dieser Dialoge
jedenfalls, er heißt »Symposion« und ist einigermaßen berühmt, spricht
der bärtige, barfüßige Weise vor seinen Freunden über den Eros, die
begehrliche Liebe. Sokrates sagt sinngemäß: »Der rechte Weg der Liebe
ist jener, auf dem man dem Schönen folgt. Zuerst, indem man einen
bestimmten schönen Körper liebt und begehrt. Dann, indem man über
diesen Einzelkörper hinaus das Schöne in allen Körpern sieht. Zuletzt,
indem man das Schöne in den Handlungen sieht, die diese Körper voll-
bringen und das Schöne in der Erkenntnis sieht, die einem diese Stu-
fenleiter der Liebe ermöglicht.«

Auf ebenjene Szene aus Platons »Symposion« bezieht sich der Be-
griff der »platonischen Liebe«, von der gemeinhin angenommen wird,
sie komme ohne das Körperliche, ohne Brüste und Scham, ohne Run-
dungen und Anzüglichkeit aus. Das ist, allen Philosophiegelehrten zu-
folge, falsch. Nie hat Platon gemeint, die Liebe komme ohne die Berüh-
rung der Körper aus, im Gegenteil.

Bei Platon beginnt die Liebe immer im Körperlichen.

Richtig. Anders als das, was viele Menschen im Umgangssprachli-
chen unter »platonischer Liebe« verstehen.

Würden Sie sich Platon anschließen?

Nicht mehr. Ich kenne eine Liebe, die erst fühlt und anschließend jeden Körper als Trägermedium für diese Liebe akzeptiert.
Der Dichter Lenau ist im 19. Jahrhundert einmal an einer Büste
von Platon vorbeigegangen und sagte: »Das ist der Mann, der
die dumme Liebe erfunden hat.« Er meinte damit die rein geistige Liebe, die fand er dumm. Bei Platon beginnt aber alles auf
der Ebene des Stofflichen und wird dann allmählich zur geisti-

gen Idee. Das ist wie der Lehmklumpen als Grundlage für die Skulptur.

Das Körperliche ist also der Grundstoff, aus dem Liebe ist?

Das Begehren ist ein ebenso leiblicher wie seelischer Grundstoff, und meist übersetzt er sich in etwas Stoffliches. Die Liebe in ihrer Grenzenlosigkeit gemeindet sich deshalb unter Umständen sogar das Vulgäre, das Ordinäre ein.

Zum Beispiel?

Man gibt sich Tiernamen, spielt mit Befehl und Gehorsam, Dominanz und Unterwerfung. Bei de Sade streut jemand Oblaten auf den nackten Körper einer Frau, lässt Ratten in sie hineinlaufen. Dieser Fantast war der Meinung, man steigere die Lust, indem man die mit ihr verbundene Idee des Bösen steigere.

Das klingt zumindest ungewöhnlich.

Wohlgemerkt geht es nicht um das Praktizieren, es geht um den fantastischen Raum der Liebe, um Vorstellungen, in denen ein Mensch – Mann oder Frau, bei de Sade gibt es beides – souverän werden kann. Es geht um das Bild, das auf andere Weise die Lust stimuliert, als der Körper es tun kann. Das ist die Stufenleiter der Erotik, von der Platon spricht. Die Liebe emanzipiert sich vom Körperlichen allmählich zur Idee.

Bis der Sex nur noch im Kopf stattfindet?

Der Chinese kennt die Distanzorgie. Dabei gucken sich die Teilnehmer nur an und entblößen sich durch Zeichen und Bewegungen. An sich ist das eine sehr platonische Idee. Selbst in der buddhistischen Kultur heißt es, das größte Geschlechtsteil sei der Kopf.

Dann wundert es nicht, Roger Willemsen, den Kopfmenschen, manchmal in der »Ritze« auf der Reeperbahn zu treffen.

Ich habe hier schon viele schöne Abende verbracht. Der Dichter Wolf Wondratschek war der Liebhaber von Domenica, der berühmten Kiezhure. Er war deshalb öfters hier.

Haben Sie auch Kontakte ins Milieu?

Nein. Aber ein Bekannter führte mich mal in den Keller eines Hauses hier gegenüber, in dem die Halbwelt zusammensaß. Es war eine Katakombe mit niedrigen Decken, in der es eine Sauna gab und ein Becken mit wenig Wasser. Da saßen die Jungs mit den Prostituierten und amüsierten sich. Ein skurriles Milieu.

Wenn Sie davon erzählen, wirkt die »Ritze« wie ein Intellektuellentreff.

Das ist vielleicht zu viel gesagt. Aber es gab hier lange diese Heiner-Lauterbach-Welt, wie ich sie nennen möchte, die mit einer gewissen Romantisierung der Halbwelt einhergeht.

Roger Willemsen schaut sich im Lokal um, aber er entdeckt keine bekannten Gesichter. Kein Wunder, es ist helllichter Tag, ein Mittwochnachmittag, siebzehn Uhr. Das Milieu schläft noch, und die Vertreter der »Heiner-Lauterbach-Welt« entdecken offenbar erst nach Sonnenuntergang ihre Liebe zum Stofflichen. Zu dieser Tageszeit vermuten wir sie in den literarischen Salons, bei Lesungen in Buchhandlungen, bei Interviews mit Feuilletonjournalisten und in den Denkstuben ihrer Universitäten. Tagsüber hängen sie in der »Ritze« nur an den Wänden, als Fotos mit Autogramm, die Schauspieler, Schriftsteller, Journalisten und Dichter, die hier verkehren. In den nächsten Minuten wollen wir von Roger Willemsen wissen, was einen Bildungsbürger in diese Welt treibt.

Sokrates hat einmal gesagt: »Begehren kann man nur das, woran es einem selbst mangelt.« Zieht es Kopfmenschen deshalb in die Niederungen des Rotlichtmilieus?

Sagen wir es mal so: Der Kopfmensch kennt die Bühnenbilder der Liebe und der Triebabfuhr sehr gut. Aber eben nur als dekadente Fantasie. Ein Raum wie dieser ist dann der Ernstfall.

Also ein Ort, an dem der Bildungsbürger sich seine platonische Stofflichkeit holt?

Ja, dieses Milieu konterkariert seine Welt, alles hier. Die Schlägerei, die Begegnung mit dem Milieu, eine Vaginalakrobatin, die sich auf der Theke räkelt.

Kann die Realität halten, was der Traum verspricht?

Selten. Einmal fuhr ich mit einem Glücksspieler aus Las Vegas durch die Wüste von Nevada. Das war für einen ARTE-Themenabend über Bordelle der Welt. Und in der Limousine erzählt mir dieser Mann, dass er gleich eine Prostituierte durchnehmen will. Aussehen soll sie wie Cher. Und solche Brüste haben. Wir kommen im Bordell an, es ist kaum größer als vier Wohnwagen. Eine kleine Prostituierte mit Überbiss, Cellulite und einem missmutigen Blick sagt: »Gib mir das Geld und setz dich. Ich schau dich gleich an. Wenn ich irgendwas an dir entdecke, kannst du gleich wieder gehen.« Er sitzt auf der Bettkante und merkt: Er bekommt nichts von dem, was er sich gewünscht hat.

Nach diesem Gespräch mit Ihnen muss man eigentlich annehmen: Liebe ist erst mal und vor allem eines – Sex.

O nein, es gibt sogar eine Liebe in der Überwindung des Sex. Jetzt muss ich zur großen Ehrenrettung der Liebe ausholen. Es gibt eine Liebe in meinem Leben, die körperlos bleibt. Die aus symbolischen Akten besteht, aus Fürsorge, aus der Frage: Wie geht es dir? Aus der karitativen Handlung.

Wen lieben Sie so?

Das sage ich nicht.

Und welche Form der Liebe steht für Sie höher, der körperliche oder der symbolische Akt?

Ich lebe mit Letzterem dauerhafter. Meine Liebesgeschichten anderer Art sind befristet. Meist bin ich ebenso froh, in sie hineinzukommen, wie wieder aus ihnen hinaus. Häufig überwiegt Letzteres.

Während Roger Willemsen spricht, werden wir nachdenklich. Ist er, der bekennende Bordellgaffer, der »Ritzen«-Gast, am Ende doch ein Romantiker? Ein rein geistig Liebender? Sind die Anekdoten von Puffbesuchen in Nevada, seine Fernsehreportage über Bordelle und seine Gummislip-Geschichten von Bonner Prostituierten am Ende nur eine chinesische Distanzorgie, der Flirt eines Bildungsbürgers mit dem Extremen, eine rebellische Pose gegen das Spießbürgertum? Willemsen ist im Redefluss, er öffnet sich für die Fragen nach seinem Privatleben. Um ihn herum füllt sich langsam das Lokal. Männer kommen herein und bestellen Bier. Aus dem Boxkeller ist ein verhaltenes Klopfen zu hören: die von Sandsäcken verschluckten Schläge der Boxer.

Wann beenden Sie eine Liebschaft?

Wenn sich Langeweile einstellt, weniger Appetit aufeinander oder kaum Wiedersehensfreude da ist. Manchmal ist es grausam, die Ausbreitung der Lieblosigkeit zu verfolgen. In ihr möchte man nicht leben, auch nicht in der eigenen.

Grausam für die Person, der Sie Lieblosigkeit unterstellen?

Vielleicht. Neulich ist eine Geschichte mit einer Frau mitten in der Straßenbahn zu Ende gegangen. Eigentlich hatten wir einen schönen Abend, wir waren auf dem Heimweg. Aber ich spürte, dass sich etwas geändert hatte. »Du fragst nicht mehr, wie es mir geht oder was ich tue«, sagte ich zu ihr. Sie stimmte mir zu. Wenn es dauerhaft passiert, dass jemand nicht mehr fragt, ist das schon ein Indiz dafür, dass er das große Allgemeine, die Liebe, gekündigt hat. Die Frau stieg an der nächsten Haltestelle aus.

Sie hätten ihr doch eine Chance geben können, mehr zu fragen.

An dieses »An der Beziehung arbeiten« glaube ich nicht. Eine Beziehung muss sich von selbst verändern und erneuern. Diese Veränderung muss ursprünglich sein und darf nicht auf einen Befehl antworten.

Andererseits dauern Beziehungen wahrscheinlich nie lange, wenn man so perfektionistisch ist wie Sie.

Vielleicht habe ich nur ein hohes Ideal von einer Liebe, die sich dauernd aus sich selbst heraus erneuert, nicht ermüdet, nicht routiniert wird. Unreif? Bestimmt. Ich liebe Schöpfungsvorgänge. Die Liebe ist grandios, wenn zwei Menschen sie entdecken. Der erste Kuss. Das erste Mal nackt. In dem Moment, in dem dieser Prozess zu Ende ist, nach zwei Jahren oder drei Monaten, kommt man in eine Zone, die unproduktiv ist. Da wird es gefährlich.

Dann halten Sie die Ehe für ein sinnloses Konstrukt?

Sie soll schon mal funktioniert haben. Aber dem Sozialismus hat man definitiv weniger Chancen gegeben als der Ehe. Von den glücklichsten Paaren, die ich kannte, existiert heute gerade noch eins.

Sie erinnern uns an Romeo in »Romeo und Julia«.

Ach ja?

Bei Shakespeare ist Romeo am Anfang auch wie Sie. Er liebt den kurzen Reiz, den Flirt. Er liebt das Lieben, aber nicht die Frau. Dann trifft er Julia.

Wer wäre nicht lieber der Romeo vom Anfang? Aber täuschen Sie sich nicht: Ich liebe die Frau sehr wohl. Innig und beharrlich, aber eben nicht um jeden Preis, also nicht nur, weil ich es nicht aushalte, allein zu sein.

Wenn eine Beziehung wie ein Felsen ist, aus dem man eine Skulptur meißelt, dann tauschen Sie immer wieder den Felsen aus, anstatt an Ihrer Steinmetzkunst zu arbeiten.

Eine Beziehung ist aber nicht statisch wie ein Stein. Ich verändere mich in der Beziehung, die Frau verändert sich. Und wir driften. Das ist heikel und unter Umständen beglückend. Und was meinen Sie, wie viele nur meißeln, weil sie Angst haben vor dem Horror vacui des Alleinlebens? Daraus wird keine glückliche Ehe, und wenigstens belaste ich die Welt nicht mit einer unglücklichen.

Vielleicht verpassen Sie eine Form von Nähe, die sich erst nach zehn oder zwanzig Jahren einstellt.

Auf einer Weltreise habe ich mal ein Paar aus England getroffen. Wenn der Mann auf die Toilette ging, sagte die Frau: »Ist er nicht wunderbar?« Ging sie zur Toilette, sagte der Mann dasselbe über sie. Die hatten es begriffen. Die können das.

Und Sie?

Ich kann das nicht.

CLAUDIA ROTH

»Ich habe das ganze Bett nass geweint«

Jeder Politiker hat eine Pose, die ihn unter anderen Vertretern seiner Gattung einzigartig macht. Im Fall von Claudia Roth ist das die innige Umarmung. Es gibt viele Fotografien, auf denen die Grünen-Chefin einen Menschen an sich drückt: Jürgen Trittin auf einem Sonderparteitag in Berlin. Den Angehörigen eines der Opfer des Amoklaufs auf der Trauerfeier in Winnenden. Einen bayerischen CSU-Bürgermeister bei einem Wahlkampfauftritt in Schwabach. Es ist diese Art von Gefühligkeit, derentwegen Claudia Roth oft unterstellt wird, dass sie, gelinde gesagt, ihre Tage damit verbringe, in den Menschenmengen ihrer politischen Anhänger zu baden.

Unsere Ankündigung, mit Claudia Roth ein Gespräch über Einsamkeit führen zu wollen, muss deshalb wie ein Paradoxon klingen. Paradox wie die steile These, dass ausgerechnet jemand, der in der Öffentlichkeit für seine Menschenliebe bekannt sein will, in ihrem Privatleben das genaue Gegenteil erlebt.

Als Claudia Roth den Konferenzsaal der Zentrale des Deutschen Fußball-Bunds betritt, in den sie uns am Rande eines politischen Termins zum Gespräch eingeladen hat, begrüßt sie uns statt mit einer Umarmung nur mit einem schlichten Handschlag. Sonst aber wirkt sie, wie man sie aus dem Fernsehen zu kennen glaubt: Sie trägt wallende Gewänder, die bei jeder Bewegung im Raum einen spürbaren Lufthauch erzeugen. An ihren Handgelenken und Ohren jede Menge Klimbim – Ringe, Kettchen, Anhänger. Und natürlich, weiter oben, sehen wir die bunten Strähnen im Haar, das ihr ins runde, lächelnde Gesicht fällt.

Frau Roth, wie lange sind Sie jetzt schon Single?

Ach, seit ein paar Jahren.

Erinnern Sie sich noch an Ihre erste Liebe?

Das war Winnetou.

War es etwas Ernstes?

Sie werden lachen, ja! Es war Sommer, ich war in der fünften Klasse des Gymnasiums und las Winnetou. Er war so galant, er war schön, er hatte ein Pferd. Mein erstes Zimmer war voller Pferdebildchen. Ich wusste ja, dass Nscho-Tschi im ersten Band stirbt. Aber als Winnetou im dritten Band starb, war das richtig schlimm. Ich bin regelrecht krank geworden.

Krank vor Liebeskummer um eine Romanfigur?

Ich bin fast zusammengebrochen. Ich habe getrauert, und meine Mama erlaubte mir sogar, einen Tag von der Schule zu Hause zu bleiben. Ich habe das ganze Bett nass geweint. Ich konnte es nicht aushalten, dass Winnetou tot war.

Das klingt jetzt überraschend dramatisch.

Es war sehr dramatisch, ja. Später kamen dann Schwärmereien. Irgendwann habe ich mir eingebildet, ich sei in einen Fußballer verknallt.

Jemand aus dem Fernsehen?

Nein, jemand aus Babenhausen, wo wir wohnten. Er war sehr schön, mit blonden, langen Haaren. Das war eine Art politisches Aufbegehren. Ich kam ja aus einem bürgerlichen Haushalt, der Vater Zahnarzt, die Mutter Lehrerin, und dann sagte die Tochter eines Tages: »Ich bin jetzt in einen Fußballer verknallt.«

Sie waren also mit einem Fußballer zusammen?

Nein, nein. Er hat überhaupt nie ein Auge auf mich geworfen. Trotzdem sagte meine Mutter: »Das geht nicht.« Und ich entgegnete: »Natürlich geht das.«

Es war also eher ein Streit um Prinzipien?

Es ging nur ums Prinzip. Ich hatte ja nichts mit diesem Fußballer. Aber ich hatte mir in den Kopf gesetzt, dass sie es mir bloß deshalb verbieten wollten, weil ich die Zahnarzttochter war und der Fußballer eben ein Fußballer. Da war ich super enttäuscht.

In der Öffentlichkeit kennt man Sie als Politikerin, die auf Prinzipien beharrt. Aber sind Sie auch im Privaten so streng mit anderen?

Ja, ich bin ziemlich anspruchsvoll. Ich kann schlecht loslassen und will immer weiter. Deswegen kann ich mir auch nicht vorstellen, wie der Job, den ich gerade mache, mit einer Beziehung funktionieren soll.

Vielleicht muss man Claudia Roths Geschichten kennen, um von ihr etwas über die dunkle Seite der Liebe zu erfahren, die Einsamkeit einer siebenundfünfzig Jahre alten Spitzenpolitikerin, deren Beziehungen nicht selten an ihrem Beruf zerbrochen sind, wie sie uns gleich erzählen wird. Roth hat sich warm geredet in diesem Konferenzraum, der wahrscheinlich wie alle Säle aussieht, in denen sie ihre Tage verbringt. Auf dem Tisch steht das weiße Geschirr des Deutschen Fußball-Bunds neben Aluminiumkannen mit Tee und Kaffee. Claudia Roth bietet uns etwas zu trinken an, als wäre sie hier zu Hause, und vielleicht ist sie das in gewissem Sinne auch. Ein Partner, der mit ihr leben will, müsste diese Welt der Sitzungen und Teekannen mit ihr teilen, die späten Abende mit langen Fraktionssitzungen, mit Weinfesten im Wahlkreis oder Besuchergruppen im Bundestag.

Frau Roth, ist es auch ein Stück weit dieser Beruf, der jeden Politiker einsam macht?

Einsamkeit ist in dem Job schon Thema. Man ist eine vollkommen öffentliche Person, geht abends ins Hotelzimmer, und dann wird es plötzlich leer. Ich kenne wenige Frauen, die in einer Spitzenposition sind und einen Mann haben, der zu Hause auf sie wartet. Der Preis, den Frauen zahlen, wenn sie Karriere machen, ist immer noch höher als der Preis, den Männer dafür zahlen.

Manche Männer wären nicht einsam im Hotelzimmer, sondern würden vielleicht eine Kollegin aus dem Ministerium anbaggern. Das ist aber vermutlich nichts, was eine Frau glücklich machen würde.

Das stimmt.

Es heißt immer, man müsse sich rar machen als Frau, auch einmal nicht ans Telefon gehen, wenn »er« anruft.

So ein Quatsch! Das hat mir meine Mutter auch immer erzählt. »Kind, sei doch mal diplomatisch. Halte dich mehr zurück.« Aber ich finde, man sollte vor allem man selbst sein.

Sie sagen selbst, Sie seien »vermeintlich stark«. Kippt das, was viele bei Ihnen als Stärke empfinden, im Privaten auch manchmal ins Gegenteil um?

Privat bin ich furchtbar verletzlich, ich habe oftmals wenig Distanz. Zu Stärke oder Mut gehört auch die Angst.

Hört man Claudia Roth über ihr Liebesleben sprechen, könnte man meinen, sie entstamme dem alternativen Milieu der Berliner Stadtteile Friedrichshain und Prenzlauer Berg, in denen Patchworkfamilien in Wohngemeinschaften leben und homosexuelle Paare Kinder aus Süd-

ostasien adoptieren. Aber weit gefehlt: Claudia Roth kommt aus Babenhausen in Bayern, einem konservativen Ort, in dem ihre Familie als linksliberal galt, weil der Postbote jeden Montag den Spiegel *in den Briefkasten steckte. Ihr eigener Lebensentwurf, das Fehlen einer Familie, muss für die Bayerin weniger leicht zu verkraften sein, als man bei einer Vertreterin der Grünen Partei vermuten würde.*

Frau Roth, lassen Sie uns über Babenhausen sprechen.

Nein, über Ulm müssen wir reden!

Was war denn in Ulm?

Alles, was ich über die Liebe weiß, beginnt in Ulm. Dort lebten meine Großeltern, die ich immer besucht habe. Sie führten eine wunderbare Ehe. Der Opa war Protestant, die Oma katholisch. Für uns war das ganz normal. Erst später bekam ich mit, dass das nicht selbstverständlich war. Mein Opa musste die Oma sozusagen entführen, um sie heiraten zu können.

Erzählen Sie von Ihren Großeltern!

Als Kind durfte ich immer im Gräbele schlafen, das ist die Bettritze. Es war ein riesengroßes Ehebett, darüber hing ein altmodisches Madonnenbild. Rechts lag der Opa, links die Oma, in der Mitte schlief ich, und über mich hinweg haben sich meine Großeltern im Schlaf bei den Händen gehalten. Das war für mich tief bewegend und berührend. Es gab mir ein Gefühl von totaler Geborgenheit und Innigkeit.

Wie lange waren Ihre Großeltern verheiratet?

Sie haben 1919 geheiratet, der Opa starb 1965. Also sechsundvierzig Jahre lang. Die Großmutter hat ihn um viele Jahre überlebt. Morgens ist Opa immer aufgestanden und hat Feuer gemacht, da war es ganz warm im Haus. Und mit Oma bin ich am Sonntag immer in die Kirche zum heiligen Franziskus. Da stand eine Gipsfigur von diesem Bettelmönch, der nicht einmal Socken anhatte, unglaublich kitschig, aber wunderschön.

Was würde die Großmutter, wenn sie noch am Leben wäre, dazu sagen, dass Sie alleinstehend sind und keine Kinder haben?

Das war eher ein Thema, zu dem meine Mutter etwas sagte. Sie mahnte mich immer: »Kind, binde dich nicht zu früh!« Sie selbst hat auch relativ lange mit dem Heiraten gewartet. Später meinte sie dann manchmal: »Na ja, vielleicht hätte ich das nicht sagen sollen.«

Wie müsste er denn sein, Ihr Traumpartner?

Ich glaube, ich war immer auf der Suche nach einem Übervater. Mein Vater war brillant, sehr intelligent. Es war sehr schwer für meine Partner, dass ich sie unweigerlich mit ihm verglichen habe.

Und worauf achten Sie noch?

Es müsste eine Person sein, die sich auf mein Leben einstellt. Und bei der Art, wie ich in der Öffentlichkeit stehe, entsteht leicht das Bild vom »Mann an ihrer Seite«, was auch nicht leicht zu ertragen ist.

Aber Sie bewegen sich doch nicht in Macho-Milieus?

Trotzdem. Wenn ich mit einem Partner auf einen Empfang kam, wurde ich unweigerlich gefragt: »Frau Roth, wen haben Sie denn dabei?« Dann antwortete ich: »Das ist Herr Soundso, mein Lebenspartner.« Die Menschen gaben ihm daraufhin höflich die Hand, drehten sich aber sehr schnell wieder zu mir: »Frau Roth, was können wir gegen die Klimakatastrophe tun?«

Es gibt aber viele Politikerfrauen, die mit dieser Rolle zurechtkommen.

Aber nur sehr wenige Männer. Einer hat es überhaupt nicht ausgehalten. Der lebte in New York und Istanbul, und selbst in New York, wo wir einfach nur rumgelaufen sind, wurde ich angesprochen. Eines Tages sagte er mir: »Das kann ich nicht.«

Könnten Sie nicht im Beruf kürzertreten für die Liebe zu einem Mann?

Warum sollte ich? Außerdem bin ich dafür viel zu preußisch.

Das empfinden Partner vermutlich als Härte.

Natürlich! Dann heißt es: »Alles andere ist dir wichtiger!«

Wer Claudia Roth diesen Vorwurf gemacht hat, sagt sie nicht mehr, denn die Zeit ist um. Während der letzten Minuten unseres Gesprächs kam einer ihrer Mitarbeiter in den Konferenzraum geschlichen, nahm ein paar Stühle von seiner Chefin entfernt Platz und hörte uns zu.

Noch während wir uns von Frau Roth verabschieden, beginnt sie ein lockeres Gespräch mit dem Mitarbeiter. Und gerade als die Tür ins Schloss fällt, hören wir sie sagen:

Martin, warum habe ich eigentlich keinen Freund? Sind die Männer so feige, oder was?

GUIDO KNOPP

»Wir Deutschen haben gelernt, Emotionen öffentlicher auszuleben, auch die Liebe zu uns selbst«

»Willkommen auf der Wolfsschanze!«

Es ist natürlich nicht Guido Knopp, der uns so begrüßt, es ist der Taxifahrer, der uns mit diesen Worten auf dem Mainzer Lerchenberg absetzt. Tatsächlich mutet die Zufahrt zum Hauptquartier des ZDF mit seinen zahlreichen Schranken und Unterständen für das Wachpersonal ein wenig an wie militärisches Sperrgebiet, zumal an diesem Tag dichter Nebel die Anhöhe einhüllt. Dass der Taxifahrer den Vergleich zum »Führerhauptquartier« in Ostpreußen zieht, ist aber vielleicht auch dem Umstand geschuldet, dass er unser Gespräch belauscht hat und weiß, wer uns in der Sicherheitszone erwartet. Es ist Guido Knopp, Deutschlands größter Geschichteerzähler, der vor allem mit Veröffentlichungen rund um den Nationalsozialismus zum TV-Star und Bestsellerautor aufgestiegen ist: »Hitlers Helfer«, »Hitlers Krieger«, »Hitlers Frauen«, »Hitlers Kinder«, »Hitlers Geld« – es würde Fernsehdeutschland wohl nicht ernstlich überraschen, wenn irgendwann sogar die Knopp-Dokumentation »Hitlers Hunde« über die Bildschirme flimmern würde.

Doch der Leiter der ZDF-Redaktion Zeitgeschichte ist weiß Gott kein monothematischer Geschichtsguru. Auch mit Beiträgen zum Bau und Fall der Mauer oder über Kanzler und Königshäuser hat er ein Massenpublikum für Geschichte begeistert. Wer könnte also unsere Fragen, wann und wie die Liebe den Lauf der Geschichte beeinflusst hat und wie die Weltenlenker lieben, besser beantworten als er?

Herr Professor Knopp, wir möchten gerne mit Ihnen über die Bedeutung der Liebe in der Geschichte sprechen.

Natürlich kann ich nicht behaupten, dass ich in der Lage bin, Ihnen über alle Affären und Liebesgeschichten aller wesentlichen Menschen der Geschichte kompetent Auskunft zu geben, aber versuchen wir es.

Welches ist Ihr Lieblings-Liebespaar in der Geschichte?

Mein Lieblings-Liebespaar in der Geschichte… Lassen Sie mich überlegen, wer mir da überhaupt einfällt. Romeo und Julia sind märchenhafte Gestalten. Bei Cäsar und Kleopatra oder Mark Anton und Kleopatra ist die Quellenlage äußerst unsicher. Gehen wir mal weiter ins Mittelalter oder in die frühe Neuzeit. Da fällt mir eigentlich kein großes Liebespaar ein. Luther und seine Frau – na ja, Gott, auch nicht so das Wahre. In der jüngeren Geschichte vielleicht Napoleon und Joséphine oder Napoleon und Désirée? Vielleicht Napoleon und Désirée… Bernardine Eugénie Désirée Clary, die Tochter eines Seidenhändlers aus Marseille, lernte ihn als jungen Offizier kennen. Er hat ihr die Hochzeit versprochen, sie waren quasi verlobt.

Warum hat Napoleon dann doch Joséphine geheiratet?

Er ging weg, machte Karriere, und für ihn war es offenkundig opportuner, Joséphine zu heiraten. Désirée guckte in die Röhre, wurde aber trotzdem in seinem Pariser Hofstaat immer wieder mit ihm konfrontiert, weil sie General Jean-Baptiste Bernadotte geheiratet hatte. Er war einer der tapfersten Marschälle Napoleons, der für ihn einige Schlachten gewonnen hat. Aber es blieb immer eine besondere Beziehung zwischen Napoleon und Désirée, es hat geknistert, auch wenn er Joséphine geheiratet und zur Kaiserin gemacht hat.

Dann ging Bernadotte nach Schweden, weil er durch Adoption zum Thronfolger des schwedischen Reiches wurde. War das »Geknister« da vorbei?

Nein, als Bernadotte nach Schweden ging, blieb Désirée zunächst mit ihrem kleinen Sohn in Paris. Dort bekam sie natürlich den Abstieg Napoleons mit, nach 1812, nach der Niederlage in Moskau. Ab 1813 kämpfte Bernadotte sogar mit der Nordarmee gegen Napoleon, und Désirée war immer noch in Paris. Das war eine sehr merkwürdige Geschichte. Es hat noch immer geknistert, und sie schwankte gefühlsmäßig permanent zwischen den beiden Männern – zwischen dem abwesenden künftigen schwedischen König und ihrer alten, allererersten Liebe Napoleon. Das ist zumindest eine originelle Liebesgeschichte, würde ich sagen.

Hat in diesem Fall die Liebe den Lauf der Geschichte beeinflusst? Vielleicht zog Bernadotte ja auch deshalb in den Krieg gegen Napoleon und riet Zar Alexander I. zu der Rückzugstaktik, die den französischen Russlandfeldzug zur Katastrophe werden ließ, weil er die Nase voll davon hatte, dass seine Frau ständig mit Napoleon flirtete …

Nein, das glaube ich nicht. Désirée konnte nach Napoleons Niederlage ja sogar noch guten Wind machen bei ihrem Mann, damit ihr Exverlobter nicht so schlimm behandelt wurde. Statt des Verbannungsortes Elba hätte er es durchaus schlechter treffen können, da hatte sie wohl ein Wort eingelegt bei Jean-Baptiste Bernadotte. Aber später kam sie ja dann doch nach Schweden und wurde Königin.

Kann man aus dieser Geschichte also ableiten, dass die Liebe keinen großen Einfluss auf den Gang der Dinge hat? Napoleon hätte offenbar keine Entscheidungen von einer Frau abhängig gemacht, und auch Bernadotte ging nach

Stockholm, obwohl seine Désirée zunächst nicht mitkam. Hatte Hass einen größeren Einfluss auf die Geschichte als Liebe?

Ja, Hass spielte natürlich eine große Rolle. Wobei zum Beispiel für Napoleon Hass nicht der ureigenste Antrieb war. Was sind die Triebe im Leben eines Mannes? Macht, Geld, Ruhm, Sex. Na ja, und Liebe. Liebe auch, ja.

Da denkt man unweigerlich an bekannte Politiker wie Silvio Berlusconi oder Bill Clinton.

Bei denen sind die sublimierten Triebe Macht, Ruhm und Sex sehr deutlich sichtbar. Solche Politiker bezeichnen ihre Triebfedern natürlich anders: als »Verantwortung« und »gestalten können«.

Haben viele große Figuren ein besonderes Liebesbedürfnis?

Ja, sie alle wollen geliebt werden! Das ist jedem Politiker eigen, wenn er eine bestimmte Stufe der Macht erklommen hat und umjubelt wird. Dann ist er vielleicht auch süchtig danach.

Oder ist dieses überdurchschnittlich stark ausgeprägte Bedürfnis, geliebt zu werden, schon viel früher angelegt, etwa in der Kindheit, und führt sogar direkt dazu, dass Menschen eine Karriere in der Politik anstreben?

Es gibt die These, dass Menschen mit einem harmonischen Elternhaus und harmonischer Kinderstube nie große Politiker werden können, weil man als Politiker immer etwas überwinden und sublimieren muss, weil man besonderen Ehrgeiz entwickeln muss, um besondere Leistungen zu erbringen. Wenn man diese These auf Diktatoren wie Hitler und Stalin überträgt, dann kann sie durchaus zutreffen, denn deren Kinderstuben waren wirklich nicht besonders harmonisch. Sie wollten der Welt etwas beweisen – das sehen wir bei Hitler. Bis dreißig war er ja eigentlich ein Nichts. Ein Landstreicher, ein Gelegenheitsmaler. Dann setzt er auf die eine Sache, von der er entdeckt hat, dass er sie kann – das ist reden. Aber diese Begabung kann er auch nur einsetzen in der Zeit nach dem verlorenen Ersten Weltkrieg – einer Zeit, die von großen Wirren und von Hass geprägt ist. In einer normalen Zeit hätte Hitler nie einen Fuß auf den Boden bekommen. Er war übrigens ein Mann, der nicht lieben konnte. Psychohistoriker haben das mittlerweile sehr gut herausgearbeitet. Er ließ Frauen am ausgestreckten Arm verhungern, er ließ sie nie nah an sich herankommen, denn er hatte etwas zu verbergen – nämlich eine große innere Leere. Manche liebten ihn, aber er liebte sie nicht. Er machte Frauen unglücklich.

Seine Cousine Geli Raubal, zu der er wohl mehr als nur eine familiäre Zuneigung hegte, hat sich sogar das Leben genommen.

So ist es. Seine Cousine hat sich das Leben genommen, eine frühere Freundin namens Maria Reiter hat einen Selbstmordversuch unternommen. Auch über Eva Braun, die spätere Gefährtin, sind ein oder zwei Suizidversuche in den Dreißigerjahren bekannt. Und Unity Mitford, eine britische Adlige, die Hitler völlig ergeben war, schoss sich am 3. September 1939 in München mit einer Pistole, die Hitler ihr geschenkt hatte, eine Kugel in den Kopf. Es war der Tag der britischen Kriegserklärung an das Deutsche Reich. Die Kugel blieb in Mitfords Gehirn stecken, und sie starb mit vierunddreißig Jahren an den Spätfolgen. Jemand, der eine so große innere Leere hat, der Frauen nicht lieben konnte, dessen Frauen hatten ein tragisches Schicksal.

Ist das nicht paradox – ausgerechnet ein Mann, der nicht lieben kann, wird von Millionen Frauen verehrt wie ein

Popstar? Wie erklären Sie sich Hitlers magnetische Wirkung?

Dieser Führerkult wurde ja ganz bewusst von Goebbels zelebriert und im Laufe der Jahre immer weiter aufgeblasen. Man darf auch nicht vergessen, dass es keine freie kritische Presse gab und dass das neue Medium Radio sehr geschickt von den Nazis genutzt wurde.

Aber Zeitzeugen sprachen doch auch immer von diesem enormen Charisma Hitlers, das für uns heute gar nicht nachvollziehbar ist…

Wir können wirklich nicht verstehen, warum die Leute ihm verfallen sind. Aber viele ästhetische Elemente in seiner Redetechnik sind nicht nur bei Hitler zu erkennen, sondern sie sind charakteristisch für die späten Zwanziger- und Dreißigerjahre. Wenn Sie alte Reden von Kurt Schumacher oder Ernst Thälmann hören, ist das ganz ähnlich. Diese expressive Form und dieses totale Aussich-Herausgehen haben wohl dem Bedürfnis der damaligen Zeit entsprochen, vielleicht auch dem der Frauen. Aber man darf den Aspekt nicht überbewerten. Es gibt ja dieses alte Vorurteil, dass Hitler seine Wahlerfolge, 1933 vor allem, den Frauen verdankt. Das hat mein Kollege Jürgen Falter von der Uni Mainz in seinem Buch »Hitlers Wähler« glänzend widerlegt. Andererseits hat Hitlers Beliebtheit bei den Frauen natürlich extrem zum Führermythos beigetragen. Denken wir etwa an die Bilder vom Einmarsch ins Sudetenland 1938, wo die Frauen mit verzücktem Blick am Straßenrand stehen. Oder die Bilder vom Deutschen Turnfest in Breslau, wo die Frauen regelrecht auf ihn losstürmen. Das sind meiner Meinung nach aber von den Medien gemachte Gefühle gewesen, die in der Kriegszeit – da sind Frauen auch realistisch – schon mit dem Russlandfeldzug kollektiv entschwunden sind.

Aber Ihre Analyse zeigt doch, dass Frauen in Liebesdingen anscheinend durch Propaganda manipulierbar sind, oder?

Männer auch! Aber bei Frauen schwingt eben noch ein zusätzliches Gefühl von Erotik mit. Der Kerl hat bewusst nicht geheiratet, um die Stimmen und die Zuneigung der Frauen nicht zu verlieren. Das war ein ganz wesentliches Element seiner Propaganda.

»Meine Frau ist Deutschland« und so weiter ...

»Meine Frau ist Deutschland« – all das. Erst ganz am Ende hat Eva Braun es geschafft, ihn zur Ehe zu bewegen. Auch so ein Verhältnis, das sehr merkwürdig war. Wir kennen ja dieses Zitat von Hitler, das er gegenüber seinen Vertrauten in der »Wolfsschanze« äußerte: »Es gibt doch nichts Schöneres, als sich ein junges Ding zu erziehen. Ein Mädel mit achtzehn, zwanzig Jahren, das biegsam ist wie Wachs. Einem Mann muss es möglich sein, jedem Mädchen seinen Stempel aufzudrücken, die Frau will auch gar nichts anderes.«

Es fällt auf, dass viele Personen, die die Geschichte geprägt haben, sehr seltsame Liebesbeziehungen hatten. Sie hatten Napoleon genannt, dann Hitler. Lieben mächtige Männer anders als »Normalos«?

Ich glaube, mächtige Männer, sehr mächtige Männer, entwickeln im Unterbewusstsein da und dort das Gefühl, sie hätten einen Anspruch, ein Anrecht darauf, dass Frauen, vor allem junge und hübsche, auch das tun, was sie von ihnen verlangen – siehe Bill Clinton. Sie haben dabei oft gar kein Unrechtsbewusstsein: »No, I did not have sexual relations with that woman ...« – aus Clintons Sicht mochte das stimmen.

Werden diese Männer erst so, wenn sie ins Amt kommen, oder waren sie schon immer so und konnten diese Seite nur nicht ausleben?

Solch eine große Frage kann man nur anhand einzelner Beispiele belegen und untersuchen.

Über Clinton liest man ja, dass er diesen Liebeshunger, diesen Drang, Menschen für sich einzunehmen, schon sehr früh hatte.

Den hat er immer gehabt, selbstverständlich. Mag sein, dass da ein Zusammenhang besteht. Oder sehen Sie sich John F. Kennedy an. Der ist mit Clinton durchaus vergleichbar.

Ist die Lust bei diesen beiden Präsidenten schon pathologisch?

Es grenzt zumindest ans Pathologische, denke ich. Aber das ist alles eine Frage der Betrachtungsweise. Ist es pathologisch, wenn ein Mann pro Jahr dreißig Frauen vernascht, oder ist das…

…bewundernswert?

(*Lacht laut.*) Bei Kennedy war es so: Er war ja sehr krank, er hatte das Gefühl, dass er möglicherweise nicht sehr lange leben würde, was ihm seine Ärzte damals auch gesagt haben. Und er hatte wohl das Gefühl, dass er in diese wenigen Jahre so viel wie möglich hineinpacken musste, eben auch die Beziehungen zu Frauen. Das wurde ihm schon ziemlich früh bewusst, zwischen zwanzig und fünfunddreißig, also in einem Alter, in dem sich junge Männer besonders aktiv auf diesem Terrain bewegen. Ich weiß ja nicht, wie das bei Ihnen beiden ist…

Einer von uns hat sich gerade verlobt, der andere ist auf bestem Wege dorthin. Wir sind schon in ruhigeren Fahrwassern...

Aber hoffentlich haben Sie eine Reihe von Erfahrungen sammeln können, denn das ist gut für eine Ehe.

Glauben Sie, dass Kennedy und Clinton auch eine innere Leere hatten, die sie mit Sex auszufüllen versuchten, oder war das ein veritables Liebesbedürfnis?

Ich glaube eher Letzteres. So sehr kann man ja nicht in die Seele eines Menschen hineinschauen, dass man jetzt kurzerhand Leere diagnostiziert. Das wäre auch unfair. Aber das große Liebesbedürfnis, das Bedürfnis, sich bestätigen zu wollen, der Wunsch nach Anerkennung – all das spielt eine große Rolle. Die Leute schauen einen mit großen Augen an, wenn man sagt: »Die kann ich problemlos haben.« Da ist auch einfach ein Eroberungsbedürfnis dabei, das ist ja keinem von uns völlig fremd – insofern kann man es nachvollziehen. Natürlich haben nur die wenigsten Menschen so einen Appeal wie Clinton. Wenn der einen Raum betritt, dann hat er durchaus so etwas wie eine magische Anziehungskraft, auch auf Frauen. Schön für ihn!

Barack Obama wird solch eine magische Anziehungskraft auf Menschen ebenfalls nachgesagt.

Nein, ich glaube nicht, dass Obama ein Womanizer ist. Das ist bei ihm wieder eine ganz andere Geschichte. Er ist in festen Händen, seine Frau hat ihn auch gut im Griff, und wie das bei ihm gewesen sein mag, als er jung war, weiß ich nicht. Er hat zwar auch diesen Magnetismus, aber auf eine andere Weise als Clinton. Selbst schweigend hatte Clinton eine unglaubliche Präsenz, bei Obama entfaltet sie sich erst, wenn er anfängt zu sprechen. Er ist ein exzellenter Redner.

Über Obama ist kürzlich ein Buch erschienen, das seine Ehe auch als politische Partnerschaft darstellt. Am Beispiel der Gesundheitsreform wird Michelle Obamas enormer Einfluss auf den Präsidenten gezeigt. Gegen die Empfehlung seiner engsten Mitarbeiter versuchte er, die Maximalforderungen durchzusetzen, weil Michelle ihm dies offenbar regelrecht befohlen hat. Halten Sie es für möglich, dass Staatsmänner auch bestimmte Entscheidungen treffen, um ihren Frauen zu gefallen?

Das kann man sicherlich nicht ausschließen. Natürlich müsste man diese These an einzelnen Fällen mal durchdeklinieren. Dass sich die First Lady für die Gesundheitsreform einsetzt, war ja bei Hillary Clinton identisch.

Gibt es noch andere US-Präsidenten, die sehr starke Frauen an ihrer Seite hatten?

Eleanor Roosevelt war nicht immer einer Meinung mit ihrem Mann, vor allem nicht in sozialen Fragen. Übrigens soll sie auch bisexuelle Neigungen gehabt haben. Mamie Eisenhower war brav, Präsident Eisenhower hat ohne große Rücksicht auf sie alles Mögliche gemacht. Über Kennedy haben wir ja schon gesprochen. Es ist erstaunlich, dass Jackie so stark zu ihm gehalten hat. Frauen wissen, wenn ihre Männer fremdgehen, und trotzdem hat sie auch nach seinem Tod die Fahne des Mythos hochgehalten. Das ist wirklich beachtlich. Bei Lyndon B. Johnson spielte die First Lady keine große Rolle, bei Richard Nixon ebenfalls nicht. Auch bei Jimmy Carter blieb die Frau im Hintergrund.

Carter hätte vielleicht eine starke Frau an seiner Seite gebraucht, er galt ja als schwacher Präsident.

Ja, das wäre wahrscheinlich gut gewesen. Wer wiederum eine starke Frau an seiner Seite hatte, war Ronald Reagan. Ich glaube, dass Nancy ihn sehr beeinflusst hat. Interessanterweise hatte sie ein sehr gutes Verhältnis zur Eisernen Lady. Das wirkte sich wohl auch politisch aus. Margaret Thatcher hatte ja ein – gelinde gesagt – distanziertes Verhältnis zu Deutschland, und manche Historiker meinen, dass sich dies dann wiederum via Nancy partiell auf Reagan ausgewirkt hat. Andererseits: Auf Reagan folgte Bush senior, und dessen Frau Barbara pflegte ein sehr gutes Verhältnis zu Hannelore Kohl. Die beiden Frauen mochten sich extrem. Das war im Wendejahr 1989/90 förderlich für die Unterstützung der bundesdeutschen Position durch die USA. Noch im Herbst 1989 stand Kohl völlig alleine da. Die Eiserne Lady war scharf gegen seinen Zehn-Punkte-Plan, den er im Bundestag vorgetragen hatte. Mitterrand tat nach außen so, als würde er das alles unterstützen, aber hinter den Kulissen, so weiß man heute aus den Akten, hat er kräftig dagegen opponiert. Gorbatschow war zunächst außer sich. Er hat ja innerhalb von sechs Wochen zwischen Dezember 1989 und Ende Januar 1990 einen völligen Wandel seiner Position durchgemacht. Also war eigentlich die amerikanische Position die einzige – auch ein bisschen bedingt durch das gute Verhältnis der beiden Frauen –, die Kohl und seine bundesdeutsche Politik nicht ganz alleine dastehen ließ.

War Gorbatschows Sinneswandel vielleicht auch dem Einfluss seiner Frau geschuldet? Die schöne Geschichte der Wiedervereinigung als Liebesdienst für Raissa?

(*Lacht*) Dass »Gorbie« einen völligen Wandel vollzog, hat nichts mit Liebe zu tun oder mit dem Einfluss von Raissa. Es war einfach die kühle Einsicht, dass es keine direkte Landverbindung der Sowjetunion zur DDR gab und dass man die DDR aus wirtschaftlichen Gründen nicht halten konnte. Polen und die Tschechoslowakei wollten aus dem Warschauer Pakt raus, und so stellte sich die Frage: Schenken wir die DDR her, oder versuchen wir, möglichst viel rauszuholen als Gegenleistung für »unsere Kriegsbeute« – wie man in Moskau sagt. Deshalb ist es ein kleines Wunder der

Geschichte, dass die Zustimmung zur Wiedervereinigung die Bundesrepublik nur fünfzehn Milliarden D-Mark gekostet hat, diese Direktzahlung an die Sowjetunion. Wenn Gorbatschow im Sommer 1990 gesagt hätte: »Das kostet nicht fünfzehn, sondern hundertfünfzig Milliarden«, dann hätten wir das auch bezahlt. Er war zu diesem Zeitpunkt, was die Deutschlandpolitik betraf, erstaunlicherweise sehr einsam. Nur eine kleine Gruppe folgte ihm, darunter der damalige Außenminister Eduard Schewardnadse. Viele andere im Politbüro waren dagegen. Und einen gewissen Einfluss hatte Raissa schon. Als Kohl und Genscher im Kaukasus waren, stand die heikle Frage an: Darf die neue, vereinte Bundesrepublik sich ihr Bündnis selbst aussuchen? Da sagte Raissa zwischen Tür und Angel zu Genscher: »Sie wissen, was mein Mann alles auf sich nimmt – und ich bestärke ihn darin.« Das war also auch ein außergewöhnliches Liebespaar, Gorbatschow und Raissa.

Michail und Raissa, Barack und Michelle, Napoleon und Désirée, Adolf und Eva. Wenn Professor Knopp bedeutende Liebespaare in ihren historischen Kontext einordnet, dann stellt man sich ihn mit seiner ganzen Deutungshoheit in einem Chesterfieldsessel thronend vor, in einem prachtvollen Bibliotheksraum mit holzvertäfelten Wänden, vielleicht begleitet vom Knacken der Holzscheite in einem offenen Kamin. Doch Guido Knopps Arbeitszimmer ist in einem ganz und gar schmucklosen ZDF-Bau aus den Siebzigerjahren untergebracht, den man, ohne groß übertreiben zu müssen, als »Baracke« bezeichnen könnte. Niemand würde ahnen, dass hier die stimmungsvollen Geschichtsstunden für Fernsehdeutschland entstehen.

Aber der Professor benötigt auch keine Bibliothekskulisse, um seinen Gesprächspartnern das Gefühl zu vermitteln, er lade sie gerade zu einer exklusiven Reise mit einer höchstpersönlich konstruierten Zeitmaschine ein. Und die sonore Stimme des Mittsechzigers, seine bisweilen spitzbübisch blickenden Augen und eine sich über 195 Zentimeter verteilende totale Lässigkeit lassen uns unweigerlich an den Typus Großvater denken, den wir immer gerne gehabt hätten. Ihn hätte man bei der ersten Verliebtheit ohne Scham um Rat gefragt, auf seine un-

endliche Weisheit vertrauend. Aber vielleicht lassen sich ja auch aus
der Geschichte ein paar Lehren für die Gegenwart ziehen.

**Vorhin haben Sie ja die US-Präsidenten durchdekliniert.
Wie beeinflusste Ihrer Meinung nach die Liebe die deutschen Bundeskanzler?**

Also – Konrad Adenauers Frau Auguste war ja schon gestorben,
als er Bundeskanzler wurde. Man verehrte den Alten aber sehr,
und seine Sekretärin Anneliese Poppinga hält ja heute noch die
Fahne der Erinnerung hoch.

**Heißt es nicht, dass sie etwas mehr gewesen sein soll als nur
seine Sekretärin?**

Ja, aber dafür gibt es keinen historischen Beleg. Adenauers Nachfolger Ludwig Erhard führte vermutlich eine ganz normale, bürgerliche Ehe. Das Gleiche gilt für Kurt Georg Kiesinger. Dann
kam Willy Brandt.

Oha.

Genau. Von ihm wissen wir, dass er eine große Anziehungskraft
auf die Damenwelt hatte. Seine Frau Rut wusste auch partiell davon, aber sie blieb trotzdem bei ihm.

**Wie erklären Sie sich das? Wir haben für dieses Buch auch
kurz vor ihrem Tod mit Margarete Mitscherlich gesprochen, die uns berichtete, dass Untreue einer der häufigsten
Trennungsgründe sei. Dürfen sich mächtige Menschen
mehr rausnehmen als Durchschnittsmenschen?**

Offenbar hatte die Ehefrau einer solch charismatischen Figur wie
Willy Brandt das Gefühl: »Willy ist kein normaler Mensch, er
ist ein ganz besonderer Mann und darf sich deshalb ein bisschen

mehr erlauben.« Sie wusste sicher nicht alles, aber sie ahnte viel. Sie blieb jedoch nicht sehr lange über die Kanzlerzeit hinaus bei ihm.

Blieb sie vielleicht auch aus einem Verantwortungsgefühl für Deutschland zunächst bei ihm?

Tatsächlich mag bei Rut Brandt auch Loyalität eine Rolle gespielt haben und das Gefühl, sie dürfe ihm, dem Bundeskanzler, jetzt nicht in den Rücken fallen. Seine nächste Frau Brigitte Seebacher kam dann aus dem Kreis der Verehrerinnen. Sie pflegt noch heute die Brandt-Mythologie.

Brandt gilt als extrem emotionaler Mensch. Er konnte Menschenmassen mit seiner Ausstrahlung von Lebensfreude euphorisieren, litt aber auch streckenweise unter Depressionen. Ist er mit diesem breiten Spektrum von Gefühlen einzigartig unter den deutschen Kanzlern?

In der Fähigkeit zur Emotion hatte er sicher die breiteste Palette. Wahrscheinlich war das durch sein frühes Schicksal bedingt. Er wurde ja nicht von den Eltern, sondern vom Großvater erzogen. Und er musste sehr früh emigrieren. Beides sind mögliche Gründe für ein gesteigertes Liebesbedürfnis, das sich dann natürlich auch in Frauengeschichten austobte.

Und die Deutschen haben ihn ja auch mehr geliebt als viele andere Kanzler.

Willy Brandt hat wirklich Emotionen auf sich gezogen, er war Kanzler in einer Epoche, die von hochfliegenden Erwartungen geprägt war. Es war der Beginn der sozialliberalen Ära, die Jahre 1969 bis 1972. Das hat sich dann mit dem Katzenjammer 1973 rasch gegeben, der sich auch auf ihn ausgewirkt hat. Brandt konnte dann einfach mal krank sein und wochenlang im Bett liegen. Horst

Ehmke, der damalige Chef des Bundeskanzleramts, beschreibt sehr genau, dass er eines Tages ins Schlafzimmer des Kanzlers gehen und sagen musste: »Willy, aufstehen, du musst jetzt regieren!« Brandt war zu diesem Zeitpunkt in Depressionen gefangen.

Zum Mythos stilisiert wird die Liebe zwischen Helmut und Loki Schmidt. War das wirklich die perfekte Ehe?

Es ist schon möglich, dass diese Ehe von der Öffentlichkeit ein Stück weit verklärt wird. Zumindest in den Fünfzigerjahren, so sagen die Bonner Auguren, als Helmut noch als einfacher Abgeordneter weit weg von Hamburg war, hat er wohl gelegentlich auch das rheinische Wesen erkundet. In einem gemeinsamen Interview mit Loki hat er dies einmal angedeutet. Dennoch war es wohl eine große Liebe zwischen den beiden, und Loki hatte gewiss Einfluss auf ihn.

Fällt Ihnen ein deutscher Politiker ein, der wegen einer Frau seine Karriere riskiert hat?

(*Lacht*) Nicht nur einer. Franz Josef Strauß etwa war eine Figur, bei der das Streben nach Macht und ein gesteigertes Liebesbedürfnis zwei Seiten einer Medaille waren. Wir wissen ja heute, dass er eine Liebesbeziehung zu einer Schülerin hatte – damals, Ende der Sechzigerjahre, in Bonn. Seine Frau Marianne fuhr in die Hauptstadt und stellte Strauß vor die Wahl: »Entweder hörst du jetzt damit auf, oder ich lasse mich von dir scheiden. Du weißt, was das in der CSU bedeutet!«

Vergleichbar der Seehofer-Nummer vor ein paar Jahren …

Genau. Und in den Sechzigerjahren wäre die Scheidung eines CSU-Politikers noch viel schlimmer gewesen als heute.

Wir sprachen gerade darüber, wie sehr die Deutschen Willy Brandt liebten. Helmut Kohl war ein ganz anderer Kanzler und regierte dennoch sechzehn Jahre. Wie erklären Sie sich das?

Die Kohl-Psychologie der Deutschen ist ein interessantes Phänomen. Kohl ist eine sehr süddeutsche Figur, ein Pfälzer. Und ich habe immer beobachtet, dass er in Süddeutschland, also südlich der Mainlinie, ausgesprochen gut ankam – im Gegensatz zum Norden. Und es waren ja auch Presseorgane aus Hamburg, der *Stern*, der *Spiegel*, die *Zeit*, die ihm all diese unvorteilhaften Titel wie »Birne« und »Provinzler« verpassten, weil er eben einen pfälzischen Ton in seiner Sprache hatte. Südlich der Mainlinie machte das überhaupt nichts aus. Aber die wahre Trennlinie Deutschlands war auch in der Zeit der Spaltung nie die Ost-West-Linie, sondern die Mainlinie. Die Mentalitäten stellten sich ganz anders dar. Wer das übrigens sehr gut wusste, war der alte Churchill. Er sagte auf der alliierten Kriegskonferenz von Teheran bei der Frage, wie man Deutschland teilen solle, sinngemäß: »Teilt das Land nicht in Ost und West, das wird nicht halten. Teilt es auf in Nord und Süd: Im Norden das böse, militärische Preußen, das müssen wir streng behandeln. Der Süden ist katholisch, barock und mild, da sind die Weinbaugebiete, mit den Leuten dort können wir nachsichtiger sein.«

Kohl kam also im Norden nicht so gut an, im Süden schon. Reicht das für vier Amtszeiten als Kanzler?

Sicher hatte Kohl auch das Glück, zur richtigen Zeit Kanzler zu sein. In den Wendejahren 1989/90 war er genau die richtige Figur. Denn es war wahnsinnig wichtig, im Ausland um Vertrauen zu werben. Unsere Nachbarn hatten Angst vor einem neuen Superreich mit achtzig Millionen Einwohnern. Und solche hausväterlichen Figuren wie Kohl und Hans-Dietrich Genscher an der Spitze des Staates waren ja fleischgewordene vertrauensbildende Maßnahmen.

Dann spielte wahrscheinlich auch die Kanzlergattin in der Außenwirkung eine große Rolle?

Absolut. Hannelore Kohl war eine sehr patente Frau, und sie stand felsenfest hinter ihrem Mann.

Sie sagen, sie stand hinter ihrem Mann. Nach allem, was man heute weiß, fiel ihr das vermutlich nicht ganz leicht. Offenbar hatte Helmut Kohl ja Probleme, selbst zu seinen Söhnen ein normales familiäres Verhältnis aufzubauen. Wieso erduldete sie so lange so viel?

Vermutlich fühlte sie starke Loyalität, natürlich auch das Gefühl einer jahrzehntelangen, gemeinsamen Kameradschaft, und sicher auch Liebe. Bestimmt hatte sie zudem das Grundgefühl, ihrem Mann nicht in den Rücken fallen zu wollen. Was sie nun wusste von den Gerüchten, die immer bei Mächtigen gestreut werden, ob er mal da oder dort eine Gelegenheit genutzt hat, weiß ich nicht. Aber ich kann mich an die letzte Szene erinnern, als ich die beiden gemeinsam erlebt habe. Das war im November 1999 auf einem Ball in Mannheim zugunsten ihrer Stiftung. Sophia Loren war auch da als Ehrengast. Meine Frau und ich saßen am Tisch von Helmut Kohl. Es war ein Jahr nach seinem Rücktritt und vier Wochen vor dem Beginn der Spendenaffäre – aber das war noch nicht bekannt. Als er und seine Frau Hand in Hand in den Saal kamen, standen die Menschen auf und spendeten fünf Minuten lang Beifall. Sophia Loren, immerhin auch ein Weltstar, kriegte nur anderthalb Minuten Standing Ovations, aus Höflichkeit. Die Leute feierten Kohl als Helden, und ich sagte zu ihm: »Sie sind für die Menschen der Einiger des Landes, vergleichbar Bismarck nach dem Rücktritt 1890.« Jedenfalls wirkten Helmut und Hannelore Kohl auf mich sehr kameradschaftlich und einander nahe. Ich spürte durchaus eine enge Vertrautheit.

Wie verstanden sich Helmut Kohl und die vorhin bereits erwähnte Margret Thatcher?

Kohl und Thatcher, das hat überhaupt nicht funktioniert. Die Iron Lady äußerte sich hinter verschlossenen Türen immer sehr kritisch über Kohl: »Oh, he is so German!« Er hat sie natürlich auch gezwungen, bei Speyer Saumagen zu essen, das ist ja schon Hardcore.

Persönliche Beziehungen spielen in der Analyse eines Historikers offenbar eine große Rolle. In der Politik ist oft von »Freundschaft« die Rede. Ist so eine Freundschaft im wörtlichen Sinne gemeint?

Kohl und der französische Staatspräsident François Mitterrand sagten übereinander immer »mein Freund«. Aber sie hatten eine ganz merkwürdige Beziehung. Hinter den Kulissen hat Mitterrand kräftig gegen Kohl opponiert, und es gab damals in der politischen Klasse Frankreichs dieses schöne Wort: »Wir lieben Deutschland so sehr, dass wir am liebsten zwei davon hätten.« Letzten Endes hat erst dieser berühmte Strandspaziergang Kohls und Mitterrands im Januar 1990 dazu geführt, dass Frankreich nach außen hin die Einheit unterstützte, weil Kohl den Euro versprach. Mit Freundschaft hatte das nicht allzu viel zu tun. Kurz gesprochen: Für den Euro kam die Einheit.

Wo Sie gerade Mitterrand ansprechen – es ist doch interessant, dass die Franzosen dessen Lebensmodell nicht verurteilt haben. Heute weiß man, dass seine Geliebte mit seinem unehelichen Kind in einem Seitenflügel des Élysée-Palasts lebte. Dieses Modell der »libertinage« scheint in Frankreich eine ungemein hohe Akzeptanz zu haben. Wie ist das historisch zu erklären?

Das Modell der »libertinage« ist historisch gewachsen. Als katholisches Land mit der Möglichkeit der Beichte, der Vergebung und des Verzeihens hat Frankreich offenbar eine größere Toleranz als die strengeren protestantisch geprägten Länder, wo der Einzelne alles mit seinem Gewissen und dem Boss da oben direkt ausmachen muss und nicht die Umwege über Heilige gehen darf. Italien ist in dieser Hinsicht ganz ähnlich, Spanien komischerweise nicht. Dort hat die Kirche eine stärkere und striktere Rolle für die Volksmentalität gespielt. In Frankreich aber ist der sexuell ausschweifende Lebenswandel seit dem Sonnenkönig ein Modell, das toleriert wird.

Ist die ältere deutsche Geschichte frei von solchen Auswüchsen?

Selbstverständlich nicht. Ich will das an einem schönen Beispiel aus der deutschen regionalen Geschichte belegen. Die Mainzer Erzbischöfe waren ja gleichzeitig Kurfürsten, sie gehörten zu den sieben Kurfürsten des Reiches, und es war in der Renaissance üblich, dass die Kurfürsten Geliebte hatten, auch die Erzbischöfe. Aber immerhin wollten sie diese Geliebten von den strengen Augen des Domkapitels in Mainz fernhalten. Also brachten sie die Mätressen immer gerne in ihre Sommerresidenz in meiner Heimatstadt Aschaffenburg. Das ging teilweise über Generationen so. Es gibt ein schönes Bild von Lucas Cranach dem Älteren, das zeigt, wie der Kurfürst im Festumzug durch die Straßen zieht. Unter den Zuschauern ist eine Frau besonders mit Licht versehen und mit großen, ausdrucksvollen Augen. Cranach hat hier verschlüsselt die Geliebte des Kurfürsten gemalt, sie ist also verewigt.

»Der Historiker ist ein Reporter, der überall dort nicht dabei war, wo etwas passiert ist«, schrieb der englische Schriftsteller, Arzt und Geheimagent William Somerset Maugham. Der Historiker Guido Knopp beherrscht die Kunst, seinen Zuhörern das Gefühl zu vermitteln, er sei doch dabei gewesen – ob in der Sommerresidenz der Kurfürsten, bei der Saumagenorgie des Kanzlers oder an den Schauplätzen der »Bilder, die Geschichte machten«. Einige der historischen Fotos, die

zum Gegenstand einer Knopp-Dokumentation wurden, hängen in Knopps Büro: Mondfahrer Edwin »Buzz« Aldrin als Star des ersten Porträtfotos, das auf einem fremden Planeten entsteht – aufgenommen von seinem Kommandanten Neil Armstrong. NVA-Soldat Gerhard Schumann wagt den Sprung in die Freiheit über die noch unbefestigte Grenze neben der Berliner Mauer. Fußballlegende Fritz Walter feiert den sensationellen Sieg Deutschlands gegen Ungarn bei der Fußball-Weltmeisterschaft 1954. Die Fotos werden lebendig, wenn Knopp sie kommentiert. Und wenn es dem Historiker schon nicht vergönnt war, selbst den Auslöser zu drücken, so hat er immerhin die Protagonisten für seine Filme getroffen und sich die Fotos von ihnen signieren lassen.

Selbstverständlich hat auch die Liebe einen Ehrenplatz in seiner Galerie der Bilder, die Geschichte machten: Christine Keeler, das britische Model und Callgirl, posiert rittlings nackt auf einem Stuhl. Die sündige Keeler unterhielt eine Affäre mit dem britischen Kriegsminister John Profumo und verlustierte sich gleichzeitig mit dem sowjetischen Marineattaché und KGB-Agenten Jewgenij Iwanow. Diese Dreiecksbeziehung war 1963 einer der Gründe für den Sturz der Regierung Harold Macmillans.

Knopps Lieblingsmotiv ist der »Kissing Sailor«, ein ungestümer Kuss, ausgetauscht zwischen zwei Fremden: einem Seemann und einer Krankenschwester auf dem Times Square in New York am 14. August 1945. Es ist der Victory Day. Japan hat kapituliert, der Zweite Weltkrieg ist vorbei. Der Fotograf Alfred Eisenstaedt hat den Taumel dieses Tages festgehalten. Und Knopp hat das Paar Jahrzehnte später ausfindig gemacht. George Mendonça hat für ihn auf das Foto geschrieben: »I'm the kissing sailor.« Und die Geküsste Greta Friedman betont in ihrer Widmung: »I'm a dental assistant, not a nurse.«

Wie hat sich der Liebesbegriff eigentlich im Laufe der Geschichte gewandelt?

Der Begriff »Liebe« tritt erst seit der Mitte des 18. Jahrhunderts deutlich hervor, zumindest in der Lesart, wie wir ihn heute verstehen. Was man unter Sex versteht, das wurde in der Antike, in der römischen Zeit, auch als »Amor« bezeichnet. Ovids Werk »Ars amatoria«, die »Liebeskunst«, meinte ja eher diese deftige, körperliche Liebe. In der griechischen Zeit spielt der »Eros« eine große Rolle, der nicht nur auf das Verhältnis zwischen Mann und Frau bezogen war, sondern in Athen auch auf die Beziehungen zwischen Männern. Da gab es ganz deftige Bilder. Vereinzelt mag es auch in der Antike Liebe im heutigen Sinne gegeben haben, denken wir an Pyramus und Thisbe aus Ovids »Metamorphosen«. Im Mittelalter wurden Ehen eher aus Vernunft und versorgungstaktischen Gründen geschlossen. Zwar finden Sie den Begriff der Liebe schon damals in wenigen Ausnahmefällen, aber es war nicht dieser Topos, dieser Mythos, der heute in der bürgerlichen Gesellschaft besteht.

Kam die Wende zum heutigen Liebesbegriff in der Romantik?

Schon vorher, in der Zeit des Sturm und Drang, mit Goethe und den »Leiden des jungen Werthers«. Übrigens will ich gar nicht verneinen, dass es auch im Mittelalter zwischen Menschen so ein Urgefühl wie Liebe gegeben haben mag. Aber es hat gesellschaftlich und literarisch bei Weitem nicht die Rolle gespielt wie in der zweiten Hälfte des 18. Jahrhunderts. Da ist das Ideal der Liebe schon fast ein Erfordernis geworden. Wenn man heiratet, hat man sich einfach zu lieben, und die Liebe als bürgerliches Ideal hat gefälligst bis zum Tod zu halten. Wenn sie nicht hält, ist man gescheitert. So sah über viele Generationen der Grundkonsens aus. Doch wir werden ja mit einer anderen Realität konfrontiert: Jede zweite Ehe in Deutschland wird geschieden. Aber trotzdem lösen wir uns gar nicht gerne von dem Ideal.

Dieses romantische Ideal scheint also zu bröckeln, aber wir kehren wohl auch nicht zurück zu diesem mittelalterlichen

Vernunftmodell. Wohin entwickelt sich nach Meinung des Historikers unser Liebesbegriff?

Ich glaube, unsere Art, zu lieben, wird eher hinführen zu dem, was Menschen wie Gerhard Schröder leben. Er sagte einmal: »Ich verliebe mich alle zwölf Jahre neu, und dazwischen bin ich treu.« In seiner aktuellen Ehe hat er schon ein bisschen länger durchgehalten. Ich glaube, von dem Ideal der Liebe, der Verliebtheit, will sich unsere Gesellschaft nicht trennen, aber man tendiert stärker zu den sogenannten Lebensabschnittspartnerschaften. Man ist weiterhin in die Liebe verliebt, aber sie hält eben oft nicht mehr fünfzig Jahre, sondern vielleicht nur zehn oder fünfzehn. Dann ist man bereit, sich neu zu verlieben. Das ist nicht mein Ideal, aber ich glaube, dass sich dieses Ideal in der Gesellschaft mehr und mehr durchsetzt.

Sie sprachen soeben Gerhard Schröder an, ein Kanzler, der auch die Gabe zum emotionalen Auftritt hatte. Er wuchs ja in bescheidenen Verhältnissen auf, wie er selbst immer wieder betonte. Glauben Sie, dass bei ihm dieses Bedürfnis, anerkannt und geliebt zu werden, besonders ausgeprägt war?

Ja, ganz sicher. Er hat offenbar in der Schulzeit Hänseleien und Zurücksetzungen erlebt, die einen starken Drang zur Kompensation ausgelöst haben. Dieses Gefühl kenne ich allzu gut. Ich habe beispielsweise die Ehre gehabt, durch das Abitur zu fallen.

Jetzt sind wir schockiert. Wir hatten Sie eher für einen Musterschüler gehalten!

Ich war ein fauler Sack und bin wegen der Naturwissenschaften durchgefallen. In der mündlichen Abiturprüfung bekam ich eine Sechs. Also musste ich ein Jahr wiederholen. Ich setzte mich heftig auf den Hosenboden und legte mit 1,2 ein so gutes Abitur hin, wie ich es vorher nie gemacht hätte. Das war auch Kompensation. Bei Schröder prägte dieser Kompensationsdrang sein ganzes politisches Leben, er wollte es allen zeigen.

Welche Rolle spielten Schröders Gattinnen für seine Karriere?

In seiner Zeit als niedersächsischer Ministerpräsident war er ja mit Hillu verheiratet. Viele Beobachter vermuten, dass sie ihm über die Jahre hinweg doch ein bisschen zu forsch und zu bestimmend wurde. Dann mochte er diese kleine, zarte, blonde Journalistin Doris, bei der er aber auch erst im Laufe der Jahre merkte, dass sie ihren eigenen Kopf hat.

Mit Angela Merkel zog eine Frau ins Kanzleramt ein, die so wenig emotional auftritt wie keiner ihrer Vorgänger. Ist sie überhaupt zu Gefühlen fähig?

Tatsächlich ist sie eigentlich die Preußin im Kanzleramt, mit einer preußischen Nüchternheit. Sie wartet ab, was am Ende aus der Geschichte herauskommt. Sie ist zwar definitiv zu Emotionen fähig, aber als Naturwissenschaftlerin kommt es für sie mehr darauf an, was das Ergebnis des jeweiligen Experiments ist. Was während eines demokratischen Verfahrens an Nebengeräuschen passiert, interessiert sie wenig. Sie spürt ja auch, dass die Menschen ihre Herangehensweise akzeptieren. Ich persönlich finde das eine wohltuende Art, Politik zu machen. Ob sie Emotionen herauslässt, wenn sie zu Hause ist, will ich nicht völlig ausschließen, aber eine gewisse Nüchternheit scheint mir auch in der Beziehung zwischen diesem Naturwissenschaftlerpaar zu herrschen.

Oft wirkt die Kanzlerin nicht nur nüchtern, sondern fast vorsichtig. Bisher blieb kaum eine Rede mit großem Pathos von ihr in Erinnerung. Könnte dies mit ihrer ostdeutschen Sozialisierung zu tun haben?

Ich glaube, ja. Große pathetische, emphatische Reden, wie sie Willy Brandt beherrschte oder wie sie auch Richard von Weizsäcker mit der Rede zum 8. Mai zelebrieren konnte, sind nicht ihr Ding.

Welcher Natur ist denn die Liebe der Deutschen zu Angela Merkel? Es ist ja beachtlich, dass sie trotz ihrer Nüchternheit mehrfach gewählt wurde.

Die Deutschen lieben Angela Merkel nicht, aber sie achten sie. Anerkennung und Respekt sind die Hauptemotionen, die da mitschwingen.

Zielt Angela Merkel auch gar nicht so sehr auf die Liebe ihres Volkes ab?

Von ihrem Temperament her braucht sie das Gefühl, geliebt zu werden, nicht so sehr. Auf Achtung und Respekt legt sie Wert, aber ob ihr die Wählerstimmen am Ende aus Liebe gegeben werden oder aus Respekt, ist ihr im Grunde völlig egal.

Die Deutschen sind ihrer Kanzlerin ja sehr ähnlich in ihrer Unfähigkeit, Gefühle zu zeigen. So ist zumindest unser Bild im Ausland. Ist das nicht ein großes Missverständnis, weil wir doch eigentlich die Nation sind, die die Romantik erfunden hat?

Ich glaube, die Deutschen sind von ihrer Grundkonsistenz her durchaus zu großen Emotionen fähig, das ist auch ein Befund, den Elisabeth Noelle-Neumann entgegen dem Klischee in ihren sehr grundsätzlichen Befragungen herausgefunden hat. Ich glaube, das Klischee ist in diesem Jahrhundert der beiden Weltkriege entstanden, in der jeweiligen Kriegspropaganda. Und in der Nazizeit wurde Empathie ja regelrecht untersagt. Aber in meiner Wahrnehmung wandelt sich auch unser Bild im Ausland schon seit längerer Zeit. Die Fußball-Weltmeisterschaft 2006 hat in der Hinsicht viel bewirkt. Kürzlich gab es sogar eine Umfrage der BBC in vielen verschiedenen Ländern, bei der erstaunlicherweise die Deutschen zum beliebtesten Volk auf Erden gewählt wurden. Da ändert sich offenkundig einiges.

Das Bild des gefühlskalten Deutschen ist also nur ein Vorurteil?

Genau. Ich beobachte insgesamt, dass kollektive Vorurteile eine viel zu große Rolle spielen. Meine Frau ist gebürtige Ungarin. Machen wir den Test: Was verbinden Sie mit Ungarn?

Schöne Frauen, große Gastfreundschaft und den Kräuterlikör Unicum. Wir waren mal auf Klassenfahrt in Ungarn.

(*Lacht.*) Das sind immerhin individuelle Eindrücke. Das übliche deutsche Klischee von Ungarn ist ein bisschen geprägt von dem Film »Ich denke oft an Piroschka«: Die Ungarn spielen Zigeunermusik auf der Geige, tanzen und sind sentimental. Das gibt es alles, aber das könnten Sie auch in Freiburg haben.

Sind Sie oft in Ungarn?

Ja, ich habe meinem Schwiegervater bei unserer Hochzeit versprochen, dass ich die »geraubte Braut« viermal im Jahr mit den Eltern zusammenbringe. Wenn eine ungarische Landestochter nach außen heiratet, sagt man, »sie wird geraubt«. Ich finde, das ist ein schöner, alter Begriff. Tatsächlich schaffe ich es auch, die Braut immer wieder nach Ungarn zurückzubringen. Und Deutschland und

Ungarn sind gar nicht so unterschiedlich. Das ist Mitteleuropa. Aus unserer Sicht ist Ungarn ja Balkan, was völlig falsch ist. Da könnte ich mich furchtbar aufregen. In meiner Wahrnehmung sind die Ungarn genau wie wir: genauso kalt, genauso warm und in der Liebe zu allem fähig. Daran sieht man, dass kollektive Vorurteile mit großer Vorsicht zu genießen sind.

Trotzdem konfrontieren wir Sie mit einem weiteren Vorurteil: Die Deutschen können sich selbst nicht lieben.

Auch das ändert sich, schauen Sie sich die neuen Umfragen an. Dieses gestörte Verhältnis der Deutschen zu sich selbst war ein Phänomen der alten Bundesrepublik und vielleicht der frühen Neunzigerjahre. Aber die Zeiten, in denen sich Deutsche im Urlaub gelegentlich als Schweizer ausgeben, damit sie nicht böse angeguckt werden, sind vorbei. Wir haben gelernt, Emotionen öffentlicher auszuleben, auch die Liebe zu uns selbst.

»Sex hat doch mit Liebe nichts zu tun!«

Etwas ratlos stehen wir vor einer Villa im Berliner Nobelstadtteil Dahlem. Es ist elf Uhr vormittags. Zweimal schon haben wir geläutet, aber nichts rührt sich. Hat unser Gesprächspartner vielleicht unsere Verabredung vergessen?

Wir beschließen, noch fünf Minuten zu warten. Wie aus dem Nichts taucht plötzlich ein Gesicht hinter der Scheibe rechts neben der Tür auf. Es ist der Hausherr, der uns entgeistert anblickt. Er scheint nicht damit gerechnet zu haben, dass wir allen Ernstes pünktlich auf die Minute bei ihm auf der Matte stehen würden. Vielleicht hätten wir es wissen müssen – schließlich haben wir keinen Termin beim Patentanwalt, sondern bei Deutschlands berühmtestem Playboy.

Rolf Eden öffnet die Tür und entschuldigt sich. Seine fast schulterlangen, gelbgoldenen Haare stehen noch ungebändigt vom Kopf ab, die Knöpfe seines rosafarbenen Leinenhemds sind noch nicht geschlossen. Barfuß führt er uns ins Wohnzimmer, bietet uns Kaffee und Kekse an und bittet um etwas Geduld. Er müsse sich noch frisch machen. Dann schaltet er für uns den Fernseher ein und verschwindet in der Maske. So haben wir Gelegenheit, uns etwas umzuschauen in diesen heiligen Hallen der Frivolität.

Sehr weiß ist es hier und ein bisschen plüschig. Neben der ins Wohnzimmer integrierten Bar wacht ein hüfthoher goldener Pudel und macht Männchen. In der Ecke steht ein cremeweißes Klavier. Im Garten lädt ein Pool zum Fantasieren ein. Wir glauben, hier keine Überraschungen mehr entdecken zu können, denn Eden scheint jeden Winkel seines Lebens ins Licht der Öffentlichkeit zu rücken. So erzählt er in fast jeder Talkshow, dass er mit mehr als tausend Frauen geschlafen habe. Damit noch viele weitere hinzukommen, verspricht der über Achtzigjährige in seinem Testament jener Dame, die ihn im Moment seines Todes betört, ihn förmlich in den Himmel reitet, 250 000 Euro. Sogar in sein Schlaf-zimmer haben ihn Kamerateams begleitet. So durfte die Republik er-fahren, dass Eden an seinem Bett Knöpfe angebracht hat, mit denen er nicht nur durch Lichtdimmung und Musik die Stimmung in seinem Sinne beeinflussen kann, sondern auch mithilfe einer herunterfahrba-ren Leinwand, auf der er bei Bedarf inspirierende Pornofilme abspielt.

Allzeit bereit, gibt Rolf Eden über seine Vorlieben Auskunft. Nur eine Frage hat der Playboy unseren Recherchen zufolge noch nie be-friedigend beantwortet: Glaubt er an die Liebe? Und ist er überhaupt fähig, in einem nicht körperlichen Sinne zu lieben?

Einen ersten Hinweis, dass Eden hinter seiner aufwendig gelifteten Fassade vielleicht doch eine gewisse Tiefe, gar ein Geheimnis verbergen könnte, gibt das Fernsehprogramm, das er für uns eingeschaltet hat. Es läuft ein israelischer Nachrichtensender. Was nur wenige wissen: Rolf wird von seinen Verwandten Shimon genannt. Seine Eltern und Groß-eltern flüchteten nach der Machtergreifung der Nazis mit ihm nach Palästina. Als junger Mann kämpfte er im Unabhängigkeitskrieg in einer Eliteeinheit unter Jitzchak Rabin, die meisten seiner Kameraden wurden getötet. Mitte der Fünfzigerjahre kehrte er nach Berlin zu-rück und eröffnete mehrere Diskotheken, die wegen ihres schillernden Eigentümers international bekannt wurden. 2002 verkaufte Eden sei-nen letzten Club »Big Eden«. Heute besitzt er rund siebenhundert Wohnungen und ist nach dem Tod von Gunter Sachs Deutschlands letzter Playboy. Sachs glänzte mit Brigitte Bardot, und auch Eden hat eine Brigitte – die eigentlich Aline heißt und sich »Bridschit« aus-spricht. Sie hätte ihn fast um seinen Playboystatus gebracht. Aber darüber können wir nur leise reden, denn Brigitte schläft noch in der ersten Etage, und der Hausherr will sie nicht wecken.

Herr Eden, eigentlich haben Sie Ihren Playboytitel doch verwirkt, oder?

Wie kommen Sie denn darauf?

Sie haben drei Ihrer goldenen Playboyregeln gebrochen: Sie sind mit einer Frau zusammengezogen. Diese Frau ist älter als neunundzwanzig. Außerdem hätten Sie diese Frau fast geheiratet.

Seien Sie nicht so streng mit mir. In meinem Alter müssen wir die Regeln nicht mehr ganz so eng nehmen.

Welche Regeln muss man eigentlich noch befolgen, um ein Playboy zu sein?

Man muss sehr viel Geld haben. Das ist wichtig, denn man muss den Damen ja etwas bieten können. Man muss schöne Autos und ein schönes Haus haben und die Damen schön ausführen können. Man muss mit ihnen viele Urlaube machen können, natürlich an den schönsten Plätzen der Welt. Aber reich sein genügt nicht. Man muss sich auch von ganzem Herzen gerne amüsieren können, man wird gewissermaßen als Playboy geboren. Und ein Playboy muss immer mit vielen Damen verkehren.

Ab wie vielen Damen ist man denn ein Playboy?

Das kann man schwer sagen. Ich hatte über tausend in meinem Leben. Aber man muss bedenken, dass ich das jetzt seit fast siebzig Jahren mache mit den Mädels – dann sind das gar nicht so viele.

Wäre ein Mann, der »nur« mit hundert Frauen geschlafen hat, auch schon ein Playboy?

Joha, ein kleiner Playboy.

Wie wird ein kleiner zu einem großen Playboy?

Indem er bekannt wird. Es gibt viele Männer, die schon mit vielen Frauen geschlafen haben, aber diese Männer kennt keiner.

Gibt es denn eine Mindestzahl von Frauen, die ein Mann gehabt haben muss, um ein echter Playboy sein zu können?

Nein, da gibt es keine Regel. Schauen Sie sich meinen verstorbenen Playboykollegen Gunter Sachs an. Der hatte ja über relativ lange Zeiträume immer nur eine Dame an seiner Seite, aber die war stets sehr bekannt. Er war wirklich ein sehr guter Playboy, aber nur, bis er geheiratet hat. Ich würde also immer von einer Hochzeit abraten.

Warum sollte man denn nicht heiraten?

Wozu? Heiraten bringt überhaupt nichts! Ich habe viele Damen an meiner Seite gehabt, aber nie geheiratet. Wenn man mit einer Frau verheiratet ist, wird alles zur Pflicht. Dann müssen Sie einmal im Monat mit der Dame schlafen, weil man das eben so macht in einer Ehe. Ohne Hochzeit ist alles immer freiwillig. Wenn eine Frau auch ohne Ehering bei Ihnen bleibt, dann ist das die große, wahre Liebe.

Aber die meisten Frauen wünschen sich ab einem bestimmten Zeitpunkt doch unbedingt den Ring am Finger, oder?

Ja, genau. Wir dürfen uns trotzdem nicht in die Falle locken lassen. Wir müssen clever sein. Es gibt so viele süße Frauen, warum soll man sich da einschränken? Ich kann nur jedem Mann sagen: Mach es so, wie ich das mache. Schlaf mit so vielen Frauen wie möglich, denn das ist der beste Sport für einen Mann, den es überhaupt gibt.

Der bekennende Macho hat die Wände seines Hauses wie die Ausstellungsflächen eines Museums gestaltet. Die Exponate gehören alle zu einer Dauerausstellung, die den Titel »Playboy Number One« oder »I Love Myself« tragen könnte. Allerlei Damen, die in den letzten

Jahrzehnten Edens Weg kreuzten, sind auf Fotos versammelt. Mehrere Collagen zeigen Edens sieben Kinder und ihre sieben Mütter. Die älteste Tochter des Playboys ist heute über sechzig, sein jüngster Sohn geht auf die sechzehn zu. An dem Foto eines Sohnes und dessen attraktiver Mutter klebt der Anhänger einer Halskette mit der Inschrift: »Wenn Sie mit mir schlafen wollen, bitte nicht antworten. Nur lächeln.« Ob dieser Anhänger im Zusammenhang mit dem Zeugungsakt des Sohnes steht, bleibt offen.

Daneben hat Eden Bilder mit prominenten Gästen seiner legendären Diskos drapiert: Der junge Eden tanzt ausgelassen mit Ella Fitzgerald. Am Kopfende des Tisches mit den Rolling Stones sitzt Zeremonienmeister Eden und erklärt dem sichtlich bedröhnten Mick Jagger die Gepflogenheiten des Berliner Nachtlebens, sprich: seines Clubs. 1970 war das. Der Abend endete damit, dass einer der Rocker dem Gastgeber in den Rolls Royce pinkelte.

Menge und Anordnung all dieser Fotos erinnern an das Zimmer eines Teenagers, der einen Fankult um einen Star betreibt. Rolf Eden, der wohl nicht zufällig in der Starstraße wohnt, ist Rolf Edens größter Fan.

Wenn Sie das Playboydasein so lieben – warum wollten Sie dann alles aufgeben und Ihre derzeitige Freundin Brigitte heiraten?

Damals war ich achtundsiebzig, da kann man schon mal seine Prinzipien ändern. Sie ist so süß, sie ist so nett. Ich wollte sie einfach happy machen und sie verwöhnen mit meinem Testament, also mit Geld und so.

Auch ohne Trauschein hätten Sie ihr ja etwas vererben können, ohne dabei Ihren Playboystatus zu riskieren.

Das habe ich jetzt in meinem Testament geregelt, klar. Aber ich hätte in diesem Alter auch nicht mehr Playboy sein müssen.

Wir dachten, das Playboydasein sei eine altersunabhängige Lebensphilosophie!

Ist es eigentlich auch. Als Playboy ist das Leben leichter, schöner. Aber bei Brigitte war plötzlich alles anders als bei den Damen vorher. Ich wollte einfach nicht, dass einer sie mir wegnimmt.

Glauben Sie also doch an die Liebe?

Ich glaube mehr an die Liebe als je zuvor. Ich habe ein paar Damen gehabt, die ich auch geliebt habe, aber nicht so wie Brigitte. Noch nie in meinem Leben habe ich eine so starke, große, fantastische Liebe erlebt. Brigitte ist eine großartige Frau, obwohl sie ja jetzt schon über dreißig ist.

Wie fühlt es sich denn an, wenn Sie lieben?

Ich fühle das im Herzen. Mein ganzer Körper wird von der Liebe erfasst. Ich spüre das besonders stark, wenn einer von uns beiden verreist, dann vermisse ich sie wahnsinnig. Abends will ich mit ihr Händchen halten, sie vor dem Schlafengehen viel, viel küssen, auch wenn wir gar nicht unbedingt miteinander schlafen müssen. Ich will ihr die ganze Zeit sehr nah sein. Und ich sehe sie gerne an, wenn sie schläft. Sie ist ja bildhübsch.

Bildhübsche Frauen hatten Sie nach eigenen Angaben mehr als tausend. Was unterscheidet Brigitte von ihren zahlreichen Vorgängerinnen, was macht sie so liebenswert?

Die früheren Damen waren nicht so hinterher, auch auf mich aufzupassen. Brigitte ist alles zusammen, sie ist Mama, Oma, Geliebte, Freundin und Krankenschwester, wenn es sein muss. Sie kümmert sich um jede Kleinigkeit. Sie steckt mir sogar das Hemd in die Hose, wenn es rausguckt. Sie ist einfach eine ideale junge Dame, und ich hoffe, sie bleibt noch ein bisschen bei mir.

Ausgerechnet von Ihrer großen Liebe haben Sie sich den Korb Ihres Lebens geholt. Brigitte hat die Hochzeit mit Ihnen abgesagt. Warum?

Alles war schon organisiert. Wir wollten nur standesamtlich heiraten, den ganzen kirchlichen Quatsch wollten wir nicht. Eine Woche vorher wollte sie dann eben doch nicht mit Eden verheiratet sein.

Aber sie wusste ja von vorneherein, auf wen sie sich einließ.

Sie wollte nicht mit einem Mann verheiratet sein, mit dem sie nicht zusammenwohnt. Damals war mir mein Freiraum noch sehr wichtig, heute wohnen wir ja zusammen. Aber ich habe ihre Entscheidung sehr respektiert. Immerhin hat sie damit auf eine Menge Geld verzichtet.

War das für Sie der Beweis, dass Brigitte Sie um Ihrer selbst willen liebt?

Sie liebt mich abgöttisch, da bin ich mir sicher. Wir lieben uns einfach, da gibt es kein Warum und Wieso. Die Liebe zwischen uns ist einfach ganz stark.

Trotzdem wollte Brigitte Sie nicht heiraten. Vielleicht auch, weil Sie ihr keine Treue versprechen wollten oder konnten?

Das war nicht das Problem. Wir hatten ja sogar im Ehevertrag geklärt, dass im Grunde jeder so weiterleben kann wir bisher. Auch heute lässt sie mir meine Freiheiten. Brigitte erlaubt mir alles.

Wirklich alles?

Ich kann nachts ausgehen und meine Mädels treffen, ja.

Für die meisten Paare ist so etwas unvorstellbar. Wie funktioniert Ihr Modell?

Mit dem Herzen bin ich absolut treu. Ich gehe nicht seelisch fremd, sondern nur körperlich. Sex hat doch mit Liebe nichts zu tun! Brigitte sieht das genauso. Wenn ich möchte, kann ich sogar eine Dame hierherbringen.

Geht das nicht zu weit?

Das mache ich natürlich nicht. Ich will Brigitte ja nicht ärgern, aber grundsätzlich erlaubt sie mir das. Deshalb habe ich einen anderen Platz, wo ich die Damen hinbringen kann, eine Extrawohnung.

Was macht Brigitte, wenn Sie durch die Nachtclubs ziehen?

Sie guckt viel fern oder spielt den ganzen Abend am Computer. Sie ist nicht der Typ zum Ausgehen. Das ist für mich sehr günstig, auf diese Weise kann niemand sie mir wegnehmen.

Haben Sie Brigitte auch in der Disko kennengelernt?

Ja, ich habe sie an der Bar gesehen, sie saß da mit einem anderen Mädel. Ich war gleich hin und weg. Also bin ich zu ihnen gegangen, habe aber nicht mit Brigitte gesprochen, sondern mit der anderen. Ich habe so getan, als ob ich Brigitte gar nicht sehe. Da merkte ich schon, dass sie ein bisschen sauer wurde. Dann habe ich die beiden noch in ein anderes Lokal eingeladen und mir von beiden die Adressen geben lassen. Erst zwei Wochen später habe ich Brigitte angerufen. Ich wollte sie zappeln lassen, und das hat auch funktioniert.

Was haben Sie dann getan, um sie zu erobern?

Das Übliche.

Das Übliche?

Wir sind essen gegangen und irgendwann zusammen verreist, nach Cannes. Dort habe ich ihr das übliche Programm geboten: ein schönes Hotel, ein schöner Strand, schöne Restaurants. So sind wir uns schnell nahegekommen. Wirklich eine Superfrau.

Sie scheinen ja ein Trickser zu sein.

Jeder Mann muss ein Trickser sein, sonst wird man selbst ausgetrickst von den Frauen. Erst mal braucht man einen Trick, um überhaupt mit der Dame ins Gespräch zu kommen. Ich sage zum Beispiel einfach: »Ich glaube, Sie kennen meinen Sohn.« Schon ist man mittendrin in einer Unterhaltung. Ich lade sie auf einen Champagner ein und biete der Dame an, ihr mal all die Artikel zu zeigen, die über mich geschrieben worden sind. Klar, ich will sie ja beeindrucken.

Viele Menschen meinen, dass es in der Liebe nicht um Tricksereien gehen sollte. Sie scheinen da anderer Meinung zu sein.

Allerdings. Es ist doch wichtig, dass man der Dame viele Komplimente macht. »Du bist so süß«, »Du bist so hübsch«, »Du hast einen guten Geschmack« und so etwas. Und Sie müssen die Dame bedeutender und größer machen, als sie wirklich ist. »Du bist so eine schöne Frau«, »Du bist so klug«.

Lügen Sie etwa auch bei Ihren Komplimenten?

Selbstverständlich, warum sollte man denn nicht lügen? Es geht ja nicht anders. Man kann lügen, wie man will, solange man niemanden verletzt.

Zum Beispiel?

Um zu erfahren, ob sie verheiratet ist oder nicht, frage ich beiläufig: »Was arbeitet denn dein Mann?« Wenn dann kommt: »Ich bin gar nicht verheiratet«, ist das die beste Nachricht des Tages. Oder ich frage sie nach ihrem Lieblingsjuwelier. Wenn sie »Cartier« sagt, gehe ich am nächsten Tag mit ihr zu Cartier und kaufe ihr einen kleinen Ring.

Haben Sie dann nicht das Gefühl, sich die Liebe oder zumindest die Zuneigung der Dame zu erkaufen?

Ein kleiner Ring kostet ja nur fünftausend Euro. Und ich möchte sie ein bisschen belohnen für die Zeit, die sie mir schenkt, und für ihren Charme. Aber dieses Präsent mache ich nicht jeder Dame, sie muss mir schon am Herzen liegen. Bei einer längeren Beziehung spendiere ich ihr auch gerne einen neuen Busen, wenn der zu klein ist, oder eine Nase, wenn die zu groß ist. Oder ich lasse ihr die Lippen machen, ich will sie ja noch ein bisschen verschönern.

Nicht jede Frau reagiert mit großer Begeisterung auf ein solches Geschenk, oder?

Es kommt nur darauf an, wie Sie es verkaufen. Ich bin da ganz Gentleman und sage: »Du hast eine schöne Brust, aber hättest du nicht gerne eine noch schönere? Ich kenne da einen super Arzt in Paris.« Die meisten Damen wollen das.

Das ist eine außergewöhnliche Art, eine Dame für sich zu gewinnen. Verfolgen Sie manchmal auch eine konventionellere Strategie?

Um die Stimmung zu verbessern hilft es, in den Champagner noch ein bisschen Wodka zu mischen. Und wenn ich eine Dame erst mal zu mir in die Wohnung gelockt habe, dann wende ich meinen größten Zaubertrick an.

Jetzt sind wir aber gespannt.

Ich spiele Klavier für sie, ich bin ja Pianist. Ich frage sie, woher sie kommt. Kommt sie aus Russland, spiele ich für sie eine russische Ballade. Stammt sie aus Frankreich, spiele ich ein Chanson.

Rolf Eden erhebt sich langsam und etwas schwerfällig. Das erinnert uns an diesem Tag zum ersten Mal daran, wie alt dieser Mann schon ist. Die meisten anderen Herren seiner Generation hätten wohl beim Aufstehen ihre Hand ins Kreuz gedrückt, aber Eden versucht, jede Faser seines Körpers zu kontrollieren, um sich nicht anmerken zu lassen, dass er rein biologisch ein Greis ist. Dies gelingt ihm in Perfektion, als er an dem weißen Piano Platz genommen hat. Einige Sekunden klimpert er vor sich hin, seine Finger scheinen erst langsam aufwachen zu müssen. Dann finden sie die Tasten, ohne dass Eden hinschauen muss. Sein Blick ruht auf den Fotos über dem Klavier, die verschiedene Stationen seines Lebens zeigen. Irgendwann schließt er die Augen, und wir tun es ihm nach, um uns vorzustellen, wie »Shimon« Eden Anfang der Fünfzigerjahre am Piano einer Pariser Bar seinen Marktwert testet.

Er ist gerade aus dem jüngst entstandenen Staat Israel, dessen Unabhängigkeit er als Soldat mit erkämpft hat, hierhergekommen. Jetzt will er einfach nur Spaß haben. Noch ist er mittellos, aber glücklich. Er träumt von einer Karriere als Musiker oder Filmschauspieler und will deshalb nach ein paar Jahren in Paris in die Vereinigten Staaten auswandern. Doch die USA verweigern ihm das Visum. Als Eden in der Zeitung liest, dass Kriegsflüchtlinge wie er eine Prämie von sechstau-

send Mark bekommen, wenn sie nach Berlin zurückkehren, überlegt
er nicht lange. Mit Klavierspielen seinen Lebensunterhalt verdienen
kann er schließlich auch in Berlin. Wie oft hat er dieses französische
Chanson wohl schon gespielt? Löst die Melodie vielleicht doch einen
Hauch von Melancholie aus in dem Mann, der vorgibt, »immer
happy« zu sein?

Aus der Art seines Tastenanschlags, aus dem Einsatz des Pedals
versuchen wir etwas herauszuhören, das aus seinem Inneren kommt,
daher, wohin er noch kein Kamerateam hat blicken lassen. Doch dann
wechselt er plötzlich die Melodie, es ertönt »Kalinka«. Und er hebt an
zu singen. Seine Stimme, die im Gespräch wegen seiner lakonischen
Art zu sprechen eher leise wirkte, könnte jetzt eine ganze Pianobar
füllen. »Jetzt passen Sie auf«, singt Eden und drückt eine Taste. Das
Piano spielt daraufhin ohne sein Zutun wie von Geisterhand weiter.
»Die Dame denkt, der Eden sitzt am Klavier, und wiegt sich in Sicher-
heit. Und ich schleiche mich von hinten an sie heran und gehe direkt
zum Angriff über. Das ist mein Zaubertrick.«

**Was reizt Sie an den Damen – die Eroberung oder der Akt
an sich?**

Es zählt nur die Eroberung. Vor allen Dingen jetzt, in meinem
Alter. Wenn ich dann eine rumkriege, bin ich schon stolz auf mich.

Wie oft kriegen Sie denn noch »eine rum«?

Nur noch ganz selten. Vielleicht eine im Monat.

Wie alt sind die Damen, die Sie jetzt erobern?

Die sind nie älter als achtzehn bis fünfundzwanzig. Nur junge Mädels.

Mit Verlaub, aber es fällt uns etwas schwer, uns das vorzustellen. Rein rechnerisch könnten Sie deren Opa sein.

Ich könnte der Uropa sein, haha!

Ist das für die jungen Damen nicht komisch? Also, wir könnten uns nicht vorstellen, mit einer über achtzigjährigen Frau anzubändeln …

Und ich nicht mit einer Fünfunddreißigjährigen. Aber mein Alter stört die Damen gar nicht, die wollen nämlich Rolf Eden haben. Mit mir zu schlafen, ist für sie, als würden sie mit einem großen Filmstar schlafen. Ich bin für sie eine Trophäe. Es ist die Figur um den Menschen, die sie haben wollen.

»Die Figur um den Menschen« – zum ersten Mal liefert Eden ein Indiz, dass er zwischen dem Menschen Eden und der Kunstfigur Playboy Eden einen Unterschied macht.

Was mögen die Frauen an der Figur Eden?

Viele mögen das Geld und einfach meine Lebensweise. Aber man merkt ja schnell, ob es nur um finanzielle Geschichten geht oder ob da mehr ist.

Gab es vor Brigitte schon mal eine Frau, von der Sie sich um Ihrer selbst willen geliebt fühlten?

Schon mehrere. Eine große Liebe hatte ich mit Uschi Buchfelder, einer Schauspielerin. Wir haben uns vor dreißig Jahren kennengelernt. Sie ist eine ganz süße Frau, sie kommt mich heute noch besuchen und ist inzwischen die beste Freundin von Brigitte. Die beiden haben sich wirklich gefunden und verstehen sich. Uschi hat mich damals verlassen, weil sie heiraten wollte. Das hat sie dann auch getan, einen anderen natürlich. Sie ist inzwischen fünfzig

Jahre alt und immer noch so hübsch wie damals, nicht zu fassen. Sie ist ein Wunderkind.

Was hat dieses Wunderkind an Ihnen geliebt – wenn nicht Ihr Geld und Ihren Status wie die vielen anderen Frauen?

Es war einfach eine große Liebe, die in unseren Herzen war. Ich kann auch nicht genau sagen, was das ist und warum und wieso – es ist einfach da.

Und was genau haben Sie an Uschi geliebt?

Sie hatte so eine offene Art, sie war immer sehr happy, sie lachte immer nur, war immer fröhlich. So ist sie heute noch. Und sie war natürlich bildhübsch. Sie war Playmate und sogar im *Playboy* zu sehen.

Klingt so, als sei Ihnen vor allem die Optik wichtig gewesen.

Ja, eine sehr schöne Optik ist natürlich wichtig.

Vielen Männern reicht eine sehr schöne Optik nicht, sie suchen tiefgründige Frauen, mit denen sie die verschiedenen Facetten des Lebens erörtern können.

Solche Erörterungen brauche ich nicht. Die Frauen sollen mir sexuell und optisch gefallen.

Das reicht Ihnen wirklich?

Wichtig ist nur: Ins Bett, Mädel! Befriedige mich.

Diese Oberflächlichkeit nehmen wir Ihnen nicht ab. Jetzt spricht wieder die Figur Eden und nicht der Mensch. Warum reden Sie nicht gerne tiefgründiger über das Leben?

Wenn ich tiefgründiger über das Leben nachdenken und reden würde, wäre ich doch schon längst tot.

Wie meinen Sie das?

Es eine ganze Weile, bis Eden antwortet. Offenbar ringt er mit sich, ob er als Playboy antworten soll oder als »Shimon«.

Es gäbe einfach zu viele Enttäuschungen.

Was denn zum Beispiel?

Eine große Enttäuschung ist zum Beispiel, wenn eine Frau faul ist im Bett und nur daliegt. Aber als Playboy und als Mann von Welt hat man zum Glück viele Möglichkeiten, neue Frauen kennenzulernen. Wenn eine nicht gut ist, sagt man eben: »Auf Wiedersehen, nimm dir einen anderen Mann.«

Der Playboy war einen Moment lang aus der Rolle gefallen, jetzt versucht er, mit aller Gewalt wieder in seine Figur zurückzuschlüpfen. Shimon und der Playboy werden unruhig. »So, Kinderchen, haben wir noch was?«, fragt er. »Ich muss langsam gehen.«

Sie haben doch vorhin gesagt, Sie hätten auch das Bedürfnis, geliebt zu werden.

Ich habe nur das Bedürfnis, Sex zu haben.

Ach, kommen Sie.

Wenn es dann ein bisschen mehr wird, freue ich mich.

Vorhin sagten Sie, dass Sie es mögen, von Brigitte bemuttert zu werden, und dass Sie noch nie so stark geliebt haben. Hätten Sie das nicht schon früher haben können?

Nein, ich war frei, und das war das Allerschönste für mich. Ich wollte machen und tun, was und mit wem ich will. Ich kann jedem Menschen, also jedem Mann, nur raten: »Werde Rolf Eden!«

Sie gehen niemals auf Beerdigungen und besuchen niemals jemanden im Krankenhaus. In einem Dokumentarfilm über Sie kommt einer Ihrer Kriegskameraden zu Wort, der Ihnen erzählte, dass er an Krebs leidet und die Behandlung nicht bezahlen kann. Sie wollten nicht mit ihm darüber sprechen, aber zwei Tage später hatte er eine große Summe auf dem Konto, mit der er die Behandlung bezahlen konnte. Wann haben Sie sich dazu entschlossen, alles Dunkle so radikal auszublenden?

Sicher schon mit zwanzig oder so. Ich weiß es nicht genau, aber es ist sehr lange her.

Hatten Ihre Kriegserlebnisse etwas damit zu tun?

Ja, das sowieso.

Gab es einen speziellen Moment, in dem Sie sich zu dieser Lebenseinstellung entschlossen haben?

Das kam im Laufe der Zeit. Ich will das einfach nicht. Ich bin mit meiner Zeit und meiner Energie nicht für Trauer dagewesen. Und bin es bis heute nicht.

Haben Ihre Eltern Ihnen diese Einstellung mitgegeben?

Nein, die kommt von mir selbst. Mehr kann ich nicht sagen.

Wann haben Sie zum letzten Mal geweint?

Ich habe noch nie geweint. Wozu?

Nicht mal, als Ihre Eltern gestorben sind?

Nein, das war doch ganz natürlich. Zum Leben gehört nicht nur die Geburt, sondern auch das Sterben.

Was soll von Ihnen übrig bleiben, wenn Sie mal sterben?

Es bleibt so viel übrig – meine Kinder, Enkelkinder, Urenkel. Meine Villa, meine Autos, alles bleibt. Aber was bleibt, interessiert mich nicht. Wenn ich tot bin: Auf Wiedersehen.

Es scheint Ihnen aber doch wichtig zu sein, was von Ihnen bleibt. Würden Sie sonst seit Jahrzehnten Ihr ganzes Leben mit einer Videokamera dokumentieren?

Ein bisschen freue ich mich schon, wenn ein paar Erinnerungen an mich bleiben. Aber das ist mir nicht übermäßig wichtig. Wenn ich tot bin, interessiert mich gar nichts mehr.

Hat einer Ihrer Söhne das Potenzial, Sie als Playboy zu beerben?

Nein, das sind ganz ernsthafte Geschäftsleute. Jeder macht, wozu er Talent hat und worin er richtig gut ist. Ein Playboy muss keiner sein.

Macht Sie der Gedanke traurig, dass es nach Ihnen in Deutschland keinen einzigen echten Playboy mehr gibt?

Ich hoffe, es kommen noch welche nach, wer weiß? Deutschland ohne Playboy ist wie Deutschland ohne Bundeskanzler.

Das Playboydasein ist inzwischen ja regelrecht verpönt. Von einer Zeitung wurden Sie zum peinlichsten Berliner gekürt. Wer ist schuld an dieser Entwürdigung des Playboytums?

Die Frauen sind falsch erzogen. Schuld haben die Eltern, die haben sie falsch erzogen. Die Achtundsechziger und Feministinnen wie Alice Schwarzer sind schuld daran, dass der Playboy vom Aussterben bedroht ist.

Haben Sie sich mit Alice Schwarzer schon mal in einer Talkshow gestritten?

Gestritten nicht, im Gegenteil. Als wir zufällig auf demselben Ball waren, kam sie zu mir und sagte: »Ich wollte schon immer mal mit Eden tanzen.« Und dann haben wir ein Tänzchen hingelegt, einen Tango. Sie ist eine sehr nette Dame.

Und haben Sie auch versucht, sie rumzukriegen?

Nein, Alice Schwarzer ist überhaupt nicht mein Typ, und sie ist viel zu alt.

Die Frau, die mit Ihnen schläft, während Sie sich ins Jenseits verabschieden, wird für diesen himmlischen Sex mit 250 000 Euro aus Ihrem Erbe belohnt. Haben Sie keine Angst, dass Ihnen eine Dame beim Akt mal ein Kissen ins Gesicht drückt?

Ich kann mich noch gut wehren. Und ich kann Ihnen versichern: Die Damen geben sich alle größte Mühe mit mir.

Was passiert denn, wenn Sie bei Ihrem Ableben mit mehreren Frauen gleichzeitig schlafen? Befürchten Sie nicht, dass es am Sarg des harmoniebedürftigen Playboys zum Erbstreit kommt?

Das ist dann nicht mein Problem. Wenn ich tot bin, können sie sich alle ärgern mit dem Geld. Aber ich glaube, ich habe noch ein paar wirklich gute Jahre vor mir mit Brigitte. Es läuft sehr gut, wir lieben uns, es ist eine starke Liebe.

Wenn der Sensenmann doch irgendwann vor der Tür steht – welche Inschrift würden Sie sich auf Ihrem Grabstein wünschen?

Hier liegt Rolf Eden, der größte Filou aller Zeiten.

»Ich glaube immer noch an die wirkliche Liebe«

Vier Telefonate waren notwendig, um Hannelore Elsner zu diesem Gespräch zu überreden. Im ersten Telefonat sagte sie, ein Gespräch über die Liebe sei ihr zu intim, aber sie wolle darüber nachdenken. Im zweiten sagte sie, die Liebe sei ein interessantes Thema, aber ihr fehle zwischen den Dreharbeiten schlicht die Zeit. Im dritten sagte sie, sie habe zwar am vorgeschlagenen Tag Zeit, aber keine Lust, mit wild-fremden Menschen über ihre Gefühle zu sprechen, sie fühle sich allein bei dem Gedanken unwohl. Das vierte Telefonat war sehr kurz. Sie sagte, obwohl sie keine Lust habe, fühle sie sich nach den vorherigen Telefonaten zu einem Interview verpflichtet.

Wir verabreden uns für den Abend in einem italienischen Restaurant in Frankfurt. Es ist ein Dienstag im Juli, die Menschen sind vor der warmen Abendsonne unter die Markise des Restaurants geflohen. Hannelore Elsner setzt sich an einen Tisch und bittet den Kellner, einen zweiten Tisch dazuzustellen. Als sie das erste Mal fragt, sagt der Kellner, er könne keine Tische entbehren, das Restaurant sei zu voll. Als sie das zweite Mal fragt, wiederholt er seine Antwort. Als sie das dritte Mal fragt, diesmal einen anderen Kellner, sagt dieser Ja und wuchtet einen der Bistrotische mit schwerem Eisenfuß heran. Sie macht eine Sitzprobe auf einer Tischseite, entscheidet sich aber dann für die andere, an der sie mit dem Rücken zu einem mit Schlingpflan-zen überwucherten Zaun sitzt.

Wir treffen Hannelore Elsner zwei Tage vor ihrem siebzigsten Geburtstag. Sie trägt Abendgarderobe, einen eleganten Rock, hohe Schuhe, ihre Haare machen trotz der schwülen Luft einen frisch ge-föhnten Eindruck. Hannelore Elsner war in ihrem Leben zweimal ver-heiratet, mit dem Schauspieler Gerd Vespermann und dem Theater-dramaturgen und Verlagsleiter Uwe Carstensen. Sie führte außerdem

Beziehungen mit dem Regisseur Alf Brustellin, dem Regisseur Bernd Eichinger und dem Regisseur Dieter Wedel, mit dem sie 1981 den Sohn Dominik bekam.

Frau Elsner, dürfen wir Ihnen Fragen über die Liebe stellen?

Verstehen Sie das nicht falsch, aber ich bin im Moment nicht mehr fähig, über mein Leben zu reden, ich habe auch keine Lust mehr. Ich neige dazu, überhaupt nicht mehr über mich zu reden. Sollen sich die Leute doch ihre eigenen Gedanken machen und mich nicht immer so auswringen.

Was stört Sie so an Fragen nach Ihrem Privatleben?

Da fragen Sie noch? Ich gebe Ihnen ein Beispiel. Ich war auf einer Pressekonferenz für die ARD-Dokumentation »Deutschland, deine Künstler« über mich, die Journalisten kamen gerade aus der Vorstellung und hatten eigentlich schon ziemlich viel über mich erfahren. Aber statt sich damit zufriedenzugeben, fragte mich ein Reporter aus dem Publikum: »Also, Frau Elsner, Ihr Bruder ist erschossen worden, Ihr Vater ist tot. Wie war das damals?«

Was haben Sie geantwortet?

Da habe ich gesagt: »Entschuldigung, aber darüber möchte ich in diesem Rahmen nicht reden.« – »Aber Sie haben in Ihrem Buch ›Im Überschwang‹ doch darüber geschrieben!«, so oder so ähnlich kam es dann. Ich würde mich niemals hinsetzen und mit Menschen, die so rücksichtslos sind, über solch persönliche Dinge reden. Und dann heißt es, ich sei eine Diva, ich sei schwierig!

Verwechseln die Journalisten vielleicht die Schauspielerin, die in Filmen ihre Emotionen offen zeigt, mit der Privatperson, die ein völlig normales Bedürfnis nach Privatsphäre hat?

Nein, sie verwechseln mich mit der Vorstellung, die sie selbst von einer Schauspielerin oder womöglich von einer Diva haben. Und weil viele so wortarm geworden sind, fällt ihnen sowieso nichts mehr ein, als mich eine Diva zu nennen. Oder Grande Dame. »Schauspielerin« würde mir eigentlich genügen.

Sind Sie eine Diva?

Vielleicht, ja. Das kommt darauf an. Wenn damit etwas Flirrendes, Strahlendes, Magisches oder Düster-Melancholisches gemeint ist, dann ja. *(Lacht.)* Die zickige, launische Diva ist eine Erfindung von Journalisten, denen ich allzu plumpe Fragen nicht beantworten will. Und gegen deren banale Wortschöpfungen ich mich wehre.

Gibt es eine Sehnsucht nach Diven in Deutschland?

Die Leute mögen das sicher. Es gibt auch viele, die mögen, was ich mache und wie ich bin, und das freut mich natürlich. Aber was da schon geschrieben wurde über mich – also nein.

Würden Sie sagen, diese Distanzlosigkeit ist ein Phänomen unserer Tage, oder war das in den Sechzigerjahren genauso?

Das ist neu. Aber ich glaube nicht, dass es ein Bedürfnis der Menschen ist, dauernd durch Schlüssellöcher zu gucken. Ich halte das eher für eine Entgleisung der Medien. Ich frage mich nur manchmal, woran es liegt, dass manche Journalisten so aggressiv auf mich reagieren.

Vielleicht wollen die Journalisten, wenn sie Prominente sehen, nur Stärke, aber keine Schwäche erleben. Enttäuschen Sie diese Erwartungshaltung, indem Sie sich verletzlich zeigen?

Solche Erwartungen sind doch absurd. Diese ARD-Dokumentation über mich war sehr persönlich und eben nicht glatt. Die einen fanden das toll, die anderen vermissten den Glamour. Aber wenn da mehr Schein gewesen wäre, hätten manche das auch wieder verteufelt.

Nach dem Klischee leben Schauspieler für den Beifall. Ist das bei Ihnen auch so?

Manchmal legt Hannelore Elsner eine Pause ein, bevor sie antwortet, so auch jetzt. Sie sitzt dann kerzengerade, schaut in den Himmel, zieht an ihrer Zigarette und gibt einen Seufzer von sich, während die Rauchwölkchen aus ihrem Mund steigen. Es wirkt nicht wie eine absichtsvoll einstudierte Pose, eher wie die angeborene Begabung, ein Publikum in seinen Bann zu ziehen. Ihr Blick wandert wieder zu uns. Sie lächelt, bevor sie die Frage beantwortet.

Ich freue mich über Lob, wie jeder Mensch, und ich bin natürlich gekränkt, wenn ich gedankenlos oder lieblos kritisiert werde, wie jeder Mensch. Das ist doch völlig normal.

Bei »normalen« Menschen findet Emotionalität nur im Privatleben statt. Erleben Sie als Schauspielerin Gefühle wie die Liebe auch im Berufsleben, wenn Sie eine Liebende spielen?

Ja. Die ist einfach da, oder sie ist nicht da. Das ist ein allumfassendes Gefühl. Wenn man liebesfähig ist, dann beinhaltet das alles.

Aber man liebt ja nicht alles, oder?

Jeder, der etwas mit Leidenschaft macht, ist auch mit Liebe dabei.

Sie haben einen hoch emotionalen Beruf, in dem Sie sich ständig in Gefühlen bewegen. Verändert es nicht die privaten Emotionen, wenn man so viel mit Emotionen spielt? Läuft man womöglich Gefahr, durch die Schauspielerei ein Gefühl für die Echtheit von Emotionen zu verlieren?

Um Gottes willen, nein! Die Menschen sollten alle viel mehr spielen. Das ist das Schönste, was es gibt, dann lebt man in der Magie, meinetwegen auch in der Illusion. Aber diese Gefühle sind doch trotzdem wahr.

Ist man, was die Bandbreite der Gefühle anbelangt, kompletter, weil man als Schauspielerin schon einmal in die Rolle einer Mörderin oder einer unglücklichen Ehefrau geschlüpft ist und dadurch alles schon einmal erlebt hat?

Es ist mein Beruf, dass ich mich in andere Menschen und andere Leben hineinversetzen kann. Das sollten übrigens alle Menschen tun.

Aber Sie haben vermutlich mehr Empathie als andere Menschen.

Das weiß ich nicht. Ich habe davon so viel, wie jeder Mensch, finde ich, haben sollte. Was mich ausmacht, ist nur, dass ich Gefühle nicht nur empfinden, sondern sie auch umsetzen, darstellen kann. Genauso wie ein Maler, der etwas empfindet, es erlebt und dann malt.

Wenn Sie in einem Film eine Frau spielen, die liebt – sind das echte Gefühle, die wir auf der Leinwand sehen, oder ist das nur Ihre Arbeit?

Ich schöpfe aus der Wahrhaftigkeit, wo soll ich das denn sonst hernehmen?

Ist das anstrengend, seine echten Gefühle in einem Film zu zeigen, weil einem der Schutz fehlt?

Der Schutz ist immer die Rolle. Wenn ich zum Beispiel eine Rolle gespielt habe, kann ich endlos über diese Rolle sprechen, und die Menschen, die mich wirklich kennen, wissen dann, dass ich eigentlich über mich selbst spreche. Irgendwann habe ich mal gesagt, aus lauter Verzweiflung über die Ausfragerei: »Ich habe tausend Weiber in mir«, und das trifft es gut, finde ich. Eigentlich ist jeder Mensch viel mehr als nur einer. Aber vielleicht habe ich besonders viele Möglichkeiten, weil ich viel Fantasie habe und eine große Begabung, mich in andere hineinzuversetzen.

Ist diese Sensibilität manchmal eine Last?

So schlimm ist es auch wieder nicht. (*Lacht.*) Würde ich denn sonst mit zwei wildfremden jungen Männern wie Ihnen in einem voll besetzten Restaurant über so intime Dinge wie die Liebe und das Leben reden?

Warum sprechen Sie – wie die meisten Menschen – nicht gerne vor anderen über Ihre Gefühle? Fürchten Sie das Urteil?

Ich fürchte mich nicht vor einem Urteil. Ich fürchte mich vor der Art und Weise, wie so etwas an die Öffentlichkeit gebracht wird und durch die Vervielfältigung entwertet und verfälscht wird, ich habe das oft genug erlebt. Angenommen zum Beispiel, ich würde sagen: »Es gibt jemanden, in den ich verliebt bin, und es geht mir gut.« Dann steht am nächsten Tag in einer Boulevardzeitung: »Endlich ist sie glücklich!«

Vielleicht stachelt es das Interesse der Öffentlichkeit noch an, dass Sie so zurückhaltend sind.

Ich bin überhaupt nicht zurückhaltend, ich zerre nur nicht alles gleich in die Öffentlichkeit. Es gibt Dinge, die nur mir gehören. Bei so etwas Persönlichem wie zum Beispiel einer Hochzeit, Familienfesten oder Ferien bin ich nicht der Meinung, dass ich eine öffentliche Person bin und es alle etwas angeht. Bei meiner Hochzeit vor Jahren hieß es zum Beispiel, ich hätte heimlich geheiratet. Aber ich habe natürlich nicht heimlich geheiratet, alle meine Menschen wusste es. Ich habe nur nicht die Presse angerufen.

Das Interesse der Menschen rührt wahrscheinlich daher, dass sie sich mit Ihnen vergleichen wollen. Wer selbst gerade geheiratet hat, liest gerne, wie es bei anderen war. Können Sie das nachvollziehen?

Schon, aber es ist mir wurscht, ob es dieses Interesse gibt. Ich will es einfach nicht bedienen.

Vergleichen Sie sich nicht mit anderen Menschen?

Nein, ich bin nicht so. Klatsch und Tuscheleien können ja sehr amüsant sein, und ich kenne viele intellektuelle Menschen, die das interessiert. Mich aber interessiert das nicht.

Sie lesen auch keine Biografien?

Doch. Aber nicht aus Neugierde, weil ich durchs Schlüsselloch gucken will. Sondern weil ich interessante Menschen eben interessant finde.

In diesem Moment schleicht sich Elsners Sohn Dominik von hinten heran, legt den Zeigefinger auf seine Lippen und zwinkert uns zu. Er begrüßt seine Mutter mit einem Kuss. »Hallo, mein Schatz«, sagt Hannelore Elsner, »schön, dass du da bist!« Dominik ist 1981 geboren, er ist Student der Fotografie und heißt mit Nachnamen Elstner, wie einst seine Mutter, bevor sie das »t« wegließ, weil sie der Meinung war, »Elsner« klinge besser. Dominik setzt sich neben seine Mutter.

Frau Elsner, ist »Liebe« das richtige Wort, um die Leidenschaft für Ihren Beruf zu beschreiben?

Ja, das ist Liebe.

Leiden Sie auch manchmal?

Manchmal leide ich schon, so, wie viele Menschen mit anstrengenden Berufen hin und wieder leiden. Na ja, ich bin den ganzen Tag am Set, komme abends um zehn ins Hotel und lese vielleicht noch bis zwei Uhr nachts Manuskripte, um zum Beispiel die Aufnahme eines Hörbuchs vorzubereiten. Oder es ist ein Abend, und es rufen Freunde an, die etwas unternehmen wollen. Dann muss ich häufig sagen: »Nein, ich kann jetzt einfach nicht.« So was schmerzt natürlich. Aber sobald ich drehe, ist alles wieder gut.

Vermissen Sie nichts, wenn Sie drehen?

Doch. Wie gesagt, ich habe wegen meines Berufs schon viele schöne private Dinge versäumt: Geburtstage von Freunden, Hochzeiten, große Feste. Im Nachhinein, oft Jahre später, denke ich immer noch: Gott, wie schade, dass ich das nicht erlebt habe. Das ist eben der Preis.

Denken Sie in solchen Momenten darüber nach, ob es sich gelohnt hat, dass Sie Schauspielerin geworden sind?

Aber nein. Mein Beruf ist mein Leben! Da kann ich mich doch nicht fragen, ob sich das gelohnt hat. Natürlich hat es sich gelohnt! Ich habe mich auch nie gefragt, ob es sich finanziell lohnt. Einige Filme habe ich sogar umsonst gemacht.

Haben Sie manchmal Nein zu Rollenangeboten gesagt, um Zeit mit Ihrem Sohn verbringen zu können?

Als Dominik klein war, waren die Ferien immer tabu. Aber ich hatte oft das Glück, dass ich fast nie Angebote ablehnen musste, bei denen ich es später bereut hätte.

Hatten Ihre Ehemänner immer Verständnis für Ihre Arbeitszeiten?

Die Ehemänner! (*Lacht.*) Ja, wissen Sie, mit Männern, die kein Verständnis haben, war ich auch nie zusammen. Wir waren da immer gleichgeschaltet. Ich bin sowieso kein Mensch, der auf Konventionen besteht. In meinem Beruf muss man oft an Wochenenden oder an Feiertagen arbeiten.

Warum tut man sich das an?

Weil es mein Beruf ist! Ich habe ihn mir nicht selbst ausgesucht, sondern *er* hat *mich* ausgesucht. Ich hatte also gar keine Wahl.

Gab es nie Situationen, in denen Sie sich zwischen Ihrer Liebe zur Schauspielerei und der Liebe zu Ihrem Sohn entscheiden mussten?

Nein. Dominik ist damit aufgewachsen. Ich habe versucht, das alles hinzukriegen. Nicht nur für ihn, sondern auch für mich. Aber bei aller Liebe musste ich auch Geld verdienen und eine Familie ernähren. Absurd war manchmal, dass ich ein Kindermädchen bezahlte, das mit meinem Kind in den Englischen Garten spazieren ging, während ich bei Dreharbeiten war und Sehnsucht nach ihm hatte. Aber es war halt so.

Haben Sie je überlegt, die Schauspielerei für Ihren Sohn aufzugeben?

Nein, das Spielen kann man nicht aufgeben.

Wieso nicht?

Weil es so schön ist.

Der Applaus?

Ja, auch. Und die Gespräche über andere Geschichten, andere Leben, das Eintauchen in die verschiedenen Rollen. Das sind oft existenzielle philosophische Auseinandersetzungen.

Lernt man in diesen Auseinandersetzungen viel über Beziehungen?

Ich lerne nicht aus Drehbüchern über Beziehungen, das kann ich Ihnen versichern. Das muss man schon selber erleben. *(Lacht.)*

Aber Sie versetzen sich für Ihre Rollen in viele Menschen hinein.

Der Reichtum der Empfindungen kommt nicht aus den Drehbüchern, der kommt von mir. Indem ich mir das alles vorstellen kann, wird die Rolle reicher. Wenn ich Schicksalen auf den Grund gehe, die ich selbst gar nicht erlebt habe, verstehe ich diese Menschen.

Waren Sie deshalb überwiegend mit Regisseuren zusammen, weil das Künstler sind, die empfindsam genug sind, um sich in Sie hineinzuversetzen?

Ich will das gar nicht so festmachen. Es gibt auch in anderen Berufen Männer, die sehr viel von Kunst verstehen. Wenn ich zum Beispiel den Mann getroffen hätte, der mir eine Blockhütte bauen könnte, dann hätte ich den auch genommen. *(Lacht.)* Ich glaube, dass es bei mir meistens Regisseure waren, war Zufall. Was Sie mich alles fragen!

Frau Elsner, wir sind der Meinung, dass Schauspieler emotionaler sind als andere Menschen. Ist das eine falsche Vorstellung?

Ich denke, ich bin Schauspielerin, weil ich so bin, wie ich bin.

Emotionale Frauen suchen sich oft Männer, die sehr ruhig sind, wie ein Fels in der Brandung. War das bei Ihnen auch so?

Über die verschiedenen Männer wollte ich eigentlich nicht reden.

Wir können abstrakt darüber sprechen, ob sich Gegensätze mehr anziehen als Ähnlichkeiten.

Das kann ich nicht beantworten. Ich habe mir nie viele Gedanken darüber gemacht. Die Liebe hat mich einfach erwischt, und dann war sie da.

Geht das gut, wenn ein sehr emotionaler Mensch wie Sie auf jemanden trifft, der auch sehr emotional ist?

Es kommt darauf an, welche Emotionen man zeigt. Ich habe zu Hause nur selten darüber gesprochen, wie anstrengend mein Beruf ist. Ich habe auch nicht darüber gesprochen, wenn ich unsicher war, wie ich eine Rolle spielen sollte. Heute spreche ich viel mehr, das Bedürfnis danach ist stärker. Früher war ich oft unendlich angestrengt. Ich habe einen Beruf, der nicht zu Ende ist, wenn man abends nach Hause kommt. Ich musste ja immer den Text lernen für den nächsten Tag. Meine Rollen habe ich manchmal in der Badewanne gelernt oder auf dem Klo, weil das der einzige Ort war, wo ich nicht gestört wurde. Heute wundere ich mich, wie ich das so nebenbei hinbekommen habe.

War es nicht noch anstrengender, die Anstrengung zu verbergen?

Vielleicht. Ich hatte unheimlich viel Kraft früher. Aber heute sage ich öfter: Ach, irgendwie habe ich keine Lust.

Was treibt Sie an? Ist die Schauspielerei eine Sucht?

Nein.

Nein?

Nicht in dem Sinne, wie Sie das meinen.

Mir wird jetzt auch schwindelig, weil ich das Gerede gerade satthabe. In der letzten Zeit hat sich das so geballt. Ich mag nicht so viel über mich reden.

Sollen wir gehen?

Nein, wenn Sie schon da sind. Eigentlich bin ich aber viel zu kindisch für solche Gespräche. Das ist anstrengend ohne Ende für mich.

Man merkt im Gespräch mit Ihnen, dass Sie die Dinge sehr genau nehmen.

Ich bin sehr genau, ja.

Sind Sie das auch in einem Gespräch mit einem Partner?

Ja.

Das heißt, wenn Sie sich unterhalten in einer Beziehung, dann führen Sie sehr intensive Gespräche?

Ja, das ist mir wichtig. Ich mag es nicht, so daherzuquatschen.

Es gibt Menschen, die sind nicht sehr genau, die denken nicht so viel nach. Für solche Menschen sind Sie dann wahrscheinlich anstrengend, oder?

Das kann schon sein.

Finden Sie im Gegenzug die ungenauen Menschen anstrengend?

Das ist doch ganz natürlich. Menschen, die mich nicht verstehen, sind für mich anstrengend. Manche, vor allem manche Journalisten, behaupten immer, dass es für sie mit mir anstrengend sei. Dabei ist es für mich genauso anstrengend!

Finden Sie dieses Interview anstrengend?

Ja. Ich muss Sie doch dauernd animieren. Ich kenne Sie doch überhaupt nicht. Und da sitzen wir hier zusammen und reden über so private und intime Dinge. Das ist anstrengend. Ich will doch kein Geschwätz in die Welt senden.

Was macht für Sie ein gelungenes Gespräch aus?

Das ist wie ein Flow, wie in der Jazzmusik. Auf einmal fließt es, auf einmal ist es wahr. Das ist dann Magie. Das ist schön.

Bedeutet Liebe, verstanden zu werden?

Ja. Es gibt den archaischen Ausdruck: Er erkannte sie. Das trifft es sehr gut.

Sind Sie ein einsamer Mensch?

Ich finde Einsamkeit etwas sehr Schönes. Das Alleinsein ist mir sehr wichtig, es ist gut für mich. Ich brauche das. Ich bin ein Fremdling.

Was ist ein Fremdling?

Ich fühle mich oft außerhalb. Aber das ist nicht schlimm, denn für mich ist das ein vertrautes Gefühl.

War es denn mal schlimm, früher?

Na ja, vielleicht hat sich so meine Melancholie entwickelt. Sich außerhalb zu fühlen, ist aber auch schön. Ich bin einfach nicht jemand, der dauernd mit Menschen zusammen sein möchte, auch nicht mit Freunden. Das kann ich nicht.

Es gibt sicher viele, die gerne mit Ihnen befreundet wären. Welche Menschen schaffen es, zu Ihnen durchzudringen?

Solche Menschen, die mir die Zeit lassen, die ich für mich brauche, und die wirklich guten Freunde verstehen das auch. Ich kann nicht anders, so bin ich eben.

Aber wenn Sie sich tatsächlich mit Freunden treffen, sind Sie wahrscheinlich voll da, oder?

Ja, ich gebe mich dann völlig aus.

Ist das nicht dieselbe Form von menschlicher Energie, die man auch in der Schauspielerei verbraucht, und fehlt die einem dann im Privatleben nach einem langen Drehtag?

Eigentlich ja. Man kann nicht unterscheiden zwischen privater Energie und beruflicher Energie. Die Energie erneuert sich natürlich immer wieder. Da stehe ich dann manchmal tagelang da und schaue nur aus dem Fenster. Das brauche ich, um mich zu regenerieren. Da sage ich den anderen, ich hätte keine Zeit.

Verstehen das alle Freunde?

Meine Freunde wissen, dass ich anrufe, wenn ich kann.

Sie haben in Ihrem Buch geschrieben, dass Sie Ihren Bruder und Ihren Vater früh verloren haben. Hat dieser Verlust Einfluss gehabt auf die Art, wie Sie Freundschaften und Beziehungen pflegen?

Das weiß ich nicht. In Beziehungen denke ich nicht über so was nach, da bin ich einfach emotional. Ich analysiere da nichts.

Dann halten Sie vermutlich nichts von Vernunftehen, in denen die Emotionalität verflogen ist?

Ich wollte nie, dass es lau wird. Ich glaube immer noch an die wirkliche Liebe, und die sollte immer bestehen. Aber es sollte mit der Zeit mehr werden und nicht weniger. Es ist jedes Mal traurig, wenn eine Liebe abflacht. Ich habe Beziehungen immer beendet, wenn das passiert ist.

Ist es schwer, an die ewige Liebe zu glauben, wenn man mehrere Trennungen hinter sich hat?

Man sollte immer wieder an die große Liebe glauben.

Aber wie erhält man sich diesen Optimismus?

Das ist mein kindliches Gemüt. Man muss immer wieder von vorne anfangen. Ich will das einfach so.

ECKART VON HIRSCHHAUSEN

»Die Idee der perfekten Liebe macht uns unglücklich«

Eckart von Hirschhausen betritt den Frühstücksraum eines Hamburger Luxushotels an der Alster so, wie andere Menschen morgens das Badezimmer verlassen – mit tropfnassen Haaren, einem Handtuch um die Schultern, in einem grauen Sweatshirt und mit geröteten Augen. Während sich am Nachbartisch drei Geschäftsleute in dunklen Anzügen beim Frühstück über Geldfragen austauschen, setzt sich Hirschhausen leicht stöhnend auf den lederbezogenen Stuhl und lässt seinen Blick über die Alster schweifen. An der Selbstverständlichkeit, mit der er es sich bequem macht, merkt man schnell, dass er sich in Häusern dieser Kategorie zu Hause fühlen muss. Wir treffen den Kabarettisten und Entertainer, der eigentlich Mediziner ist, am Rande seiner Deutschlandtournee »Liebesbeweise«, in der er seinem Publikum das Liebesleben aus medizinischer Sicht erklärt. Hirschhausen steht auf, schleicht zum Frühstücksbuffet, belädt seinen Teller mit Früchten und Müsli und setzt sich wieder an seinen Tisch am Fenster, von dem aus er die Segelboote auf der Alster sehen kann. »Sie wollten mit mir über die Liebe sprechen?«, fragt er in seinem berühmten, leicht nuschelnden Tonfall.

Herr von Hirschhausen, was können Sie uns als Mediziner über die Liebe sagen?

Ach, die Liebe, ein Thema so unerschöpflich wie ein Teller Brühe für jemanden, der nur eine Gabel hat. Und haben wir nicht alle nur eine Gabel?

Was sind denn die Symptome eines Verliebten?

Psychiatrisch betrachtet sind frisch Verliebte in ihrem Denken bisweilen sehr eingeengt. »Ah, guck mal«, sagen Verliebte manchmal, »da fährt ein rotes Auto. Mein Schatz fährt auch ein rotes Auto. Das beweist, dass er gerade an mich denkt!« Es macht zwar einen großen Unterschied, ob man solche Sätze zu einem Arzt in einer Nervenklinik oder zu seiner besten Freundin sagt, aber beide werden im Zweifelsfall nichts gegen diese Störung unternehmen, denn sie geht von allein vorbei. Das hat die Natur so eingerichtet. Sonst käme man zu nichts mehr.

Da kommt die Liebe jetzt aber nicht gut weg.

(Lacht.) Aber wenn es doch stimmt! Der Satz »Ich bin verrückt nach dir« ist im Grunde nicht ganz falsch. Diese Phase dauert im Schnitt ein halbes bis zwei Jahre. Das Gesunde an der Liebe ist weniger der dramatische Dopaminrausch der Ekstase, sondern eher das stille Oxytocinglück des Zusammengehörens.

Dann drängt sich die Frage auf, was für einen Menschen schlimmer ist – der kalte Entzug von Drogen oder die abrupte Erkenntnis, nicht geliebt zu werden?

Bei vielen Patienten, wenn wir sie so nennen wollen, sind die Symptome sicher vergleichbar mit denen eines milden Drogenentzugs. Schlafstörungen bis hin zu Zeichen der Depression – es gibt starke Zusammenhänge zwischen der psychologischen Disposition eines Menschen und seiner körperlichen Gesundheit.

Welche sind das?

Wer sich geliebt fühlt, hat weniger Herzinfarkte, eine bessere Wundheilung und bessere Blutdruckwerte. Die härteste Währung, die Mediziner kennen, ist die Lebenserwartung. Obwohl die Frage ja eigentlich ist: Leben verheiratete Menschen länger, oder kommt es ihnen nur so vor?

Wir hatten von einer Studie gehört, nach der die Menschen tatsächlich länger leben, wenn sie verheiratet sind.

Ja, für die Männer lohnt sich die Ehe jedenfalls. Sie leben länger, wenn sie einen Partner haben. Die höchste Lebenserwartung haben übrigens Menschen, die sich für andere einsetzen.

Kann man an einem gebrochenen Herzen sterben?

Ja, man kennt das aus Märchen. Es ist aber inzwischen eine anerkannte Diagnose: das *broken heart syndrome*. Zuerst wurde es in Japan beschrieben, inzwischen sind jedoch weltweit einige Fälle erfasst, in denen durch massive Stresshormone das Herz die gleichen Symptome aufweist wie bei einem Herzinfarkt, obwohl die Herzkranzgefäße eigentlich gesund sind. Denken Sie an alte Ehepaare, bei denen die Frau zuerst stirbt. Was tut der Mann? Er stirbt hinterher. Umgekehrt ist das übrigens nicht so eindeutig, was den Männern zu denken geben sollte.

Die Liebe wird ihrem dramatischen Ruf also gerecht: Sie entscheidet über Leben und Tod.

Richtig. Der für Sie gefährlichste Mensch auf Erden ist Ihr Partner. Genauer gesagt: Ihr Expartner. Statistisch gesehen ist die Chance, von jemandem umgebracht zu werden, der einem nahesteht, viel höher als von einem Unbekannten. Die dunkelsten Ecken unserer Seele werden in Trennungssituationen offenbar. Bei Männern kommt es häufiger als bei Frauen zu der Kurzschlussreaktion, andere verletzen zu wollen, weil sie selbst verletzt wurden. Schätzungen zufolge geht die Hälfte aller Tötungsdelikte an Frauen auf das Konto von einem Ehemann, Freund oder Geliebten – da bekommt das Wort »Ex« eine furchtbar konkrete Bedeutung.

Wenn wir die Liebe aus medizinischer Sicht betrachten, ist sie dann etwas Ansteckendes?

Ja, so wie Lachen ansteckend ist. Auch andere positive wie negative Gefühle übertragen sich in Millisekunden über Spiegelneurone und Imitation. Was ich inzwischen viel spannender finde als das Auf und Ab der Paarbeziehung sind sozialpsychologische Phänomene. Da gibt es viele absurde »Ansteckungen«. Menschen verändern sich selten durch Einsicht, aber sofort durch Gruppeneffekte. Dafür müssen Sie nur einmal in einen Fahrstuhl steigen, um zu spüren, wie sich Stimmungen in Sekunden durch Umstände und Umstehende verändern. Gruppendruck geht sogar bis hin zum Körpergewicht. Ein dünner Mensch, der von vielen Dicken umgeben ist, passt sich an und wird ebenfalls dicker, obwohl er sich nicht bewusst dazu entscheidet. Umgekehrt genauso.

Haben Sie dem Gruppendruck, in einer Partnerschaft zu leben, auch nachgegeben?

Ich bin glücklich liiert, aber nicht, weil ich damit einer gesellschaftlichen Norm entsprechen will, sondern weil die Liebe etwas Schönes ist.

Manche Menschen empfinden die Liebe bisweilen auch als sehr schmerzhaft. Wann ist die Liebe schön?

Schön ist die Liebe, solange sie erwidert wird. In einem gewissen Alter kommt es aber häufig zu Frustrationen. Männer erleben ihren hormonellen Höhepunkt zwischen fünfzehn und fünfundzwanzig Jahren. Der Körper wird dann mit Testosteron überschwemmt. Bei Frauen entwickelt sich die Freude an der Körperlichkeit oft erst ein bisschen später, just dann, wenn der Hormonschub der Männer schon wieder nachlässt. Männer und Frauen leben in entwicklungsbiologischer Hinsicht bisweilen ein wenig aneinander vorbei.

Dann ist wahres Glück offenbar nur in einem gewissen Zeitfenster möglich?

Zum Glück nicht. Ein reges Sexualleben ist keine Frage des Alters, sondern der Dauer der Beziehung. Zwei Fünfzigjährige, die sich erst zwei Jahre kennen, haben im Durchschnitt mehr Sex als zwei Dreißigjährige, die schon zehn Jahre zusammen sind. Den meisten Menschen geht es so, dass sie entweder vertraut miteinander oder scharf aufeinander sind. Wenig Sex bedeutet für viele nicht, eine schlechte Beziehung zu führen. Im Gegenteil – man muss sich nicht ständig seine Attraktivität auf körperlicher Ebene beweisen, wenn es auf anderen Ebenen stimmt. Es gibt ja noch andere Formen des Glücklichseins.

Welche denn?

Glück ist die Zeit, in der man die Zeit vergisst. Das kann ich Ihnen zeigen, wenn Sie sich in einen Magnetresonanztomografen legen. Wahre Verzückung zeigt sich in einer Deaktivierung der Großhirnrinde. Wir hören endlich mal auf zu grübeln und sind voll und ganz im Moment, im Flow, leben den Augenblick. Und in diese Zustände kommt man auf vielen verschiedenen Wegen: von Meditation und Stille, über Musik und Tanz und vor allem gemeinsames Singen, bis hin zu allen Formen der Ekstase, bei denen der Kopf keine Rolle spielt.

Man sollte in der Liebe also auf sein Bauchgefühl hören?

Das kommt darauf an. Das Bauchgefühl steigt ja nicht wirklich aus dem Bauch auf. Es ist eine Form von gespeichertem Wissen, die uns aber nicht bewusst ist. Wenn Ihr Bauchgefühl Ihnen sagt: »Diese Frau ist die Richtige«, dann berücksichtigt Ihr Gehirn die vielen Erfahrungen, die Sie schon gemacht haben. Aber wenn all Ihre Freunde sagen, dass sie überhaupt nicht zusammenpassen, würde ich das ernst nehmen. In emotionalen Dingen kommt man oft zu besseren Entscheidungen, wenn man auch eine Außenperspektive einnimmt. Das eigene Bauchgefühl kann trügen.

Wie in Partnerbörsen im Internet: Dort entscheiden Tabellen und Algorithmen darüber, wer der Traumpartner ist. Ist das die Außenperspektive, die Sie meinen?

Na ja. Solche Tabellen helfen sicher, zu prüfen, ob man viele Gemeinsamkeiten mit jemanden hat. Gleich und gleich gesellt sich eben gern. Aber so banale Dinge, wie die Frage, ob wir den anderen gerne riechen, lassen sich natürlich nur testen, wenn man sich real »beschnuppern« kann. Unser Geruchssinn nimmt dabei mehr wahr, als uns bewusst ist. Es gab einmal eine Studie, in der Forscher in einer U-Bahn ein paar Bänke mit männlichem Schweiß besprühten. Die Frauen, die den Waggon betraten, setzten sich genau auf diese Bänke, ohne dass ihnen der Geruch bewusst war.

Und wir dachten, die Liebe ginge durch den Magen!

Ja! Aber wohin geht die Liebe, wenn sie durch den Magen durch ist? *(Lacht.)* Der ganze Hokuspokus mit den Algorithmen von Partnerbörsen, die einem den idealen Partner ausrechnen wollen, hat einen blinden Fleck: die Dynamik, die man erst miteinander entwickelt. Ich weiß doch vor einer Beziehung gar nicht, welche von meinen Saiten ein Partner zum Schwingen bringt, welche meiner Talente und Macken durch ihn aktiviert werden und welche weniger ins Gewicht fallen. »Ich liebe dich« ist recht kurz gegriffen, denn es bedeutet eigentlich: »Ich liebe dich nicht nur für das, was du bist, sondern auch für das, was ich bin, wenn ich mit dir bin!«

Können Sie aus wissenschaftlicher Sicht das Klischee bestätigen, dass Männer bei Frauen nach dem Aussehen gehen und Frauen bei Männern nach dem Einkommen?

Der Heiratsmarkt ist der härteste Markt der Welt und hat eine Reihe eigener Gesetze, die für jeden Einzelnen nicht gelten müssen, aber in Gruppen immer wieder belegt sind. Männern ist das Aussehen tatsächlich wichtig, weil es damit um das verbundene Versprechen von Fruchtbarkeit geht. Männer werden aber auch gerne bewundert, und dafür brauchen sie nicht nur eine schöne Frau, sondern auch eine, die zu ihnen aufschaut. Im Krankenhaus heiratet der Chefarzt selten eine Chefärztin, sondern eher die Stationsleiterin oder die Krankengymnastin. Aber die Chefärztin heiratet selten eine männliche Pflegekraft. Was aber auch daran liegen kann, dass die sich nicht für Frauen interessiert. Die Welt ist komplex.

Und Frauen wollen Chefs, weil die viel Geld haben?

Nein. Frauen wollen Männer, die ihnen überlegen sind. Das muss nichts mit Geld zu tun haben, es kann auch Ruhm sein, Intelligenz oder Körperkraft. Und deshalb bleiben bei dem Verteilungskampf automatisch zwei Gruppen übrig: schlaue Frauen und doofe Männer.

Damit bestätigen Sie ein Klischee.

Nein, es verändert sich gerade rasant. Die eigentliche Pointe der Geschichte ist doch, dass sich das jahrtausendealte Spiel des Patriarchats gerade auf den Kopf stellt. Die moderne Frau braucht keinen Versorger mehr, sie will vielleicht auch nur ab und an einen Besorger. Sie hat ihr eigenes Geld, eigene Ziele, eigene Bedürfnisse. Warum soll sie es mit einem Knacker aushalten, wenn sie auch etwas Knackiges haben kann?

Hirschhausen mümmelt sein Müsli. Am Vorabend hat er mehrere tausend Menschen mit seinen Theorien über die Liebe unterhalten. Er hat gesungen, geflüstert und getanzt. Und gerade bei ihm, der in der Öffentlichkeit nie über sein Privatleben spricht, fragt man sich, ob das alles eine Rolle ist: die Betrachtung der Liebe aus Sicht des Arztes, das Zitieren von wissenschaftlichen Studien, das Dasein als Kopfmensch, von dem er selbst behauptet, es mache nicht glücklich. Seine Antworten in diesem Interview gleichen den Sätzen seiner Show manchmal bis aufs Wort. Ist das der wahre Hirschhausen, wie ihn seine Frau erlebt, oder der Arzt, der einen Weg gefunden hat, mit dem Wissen des Mediziners ein Millionenpublikum zu unterhalten?

Herr von Hirschhausen, Sie sprechen über Hormone, Instinkte, Gene. Das klingt alles nicht sehr romantisch. Glauben Sie überhaupt an die Romantik?

Wir sind alle zwischen zwei unvereinbaren Positionen zerrissen, zwischen Romantik und Realismus. Der Romantiker in uns sagt, dass es für jeden Menschen auf der Welt genau einen richtigen Partner gibt. Und der Realist sagt: »Da muss ja nur einer den Falschen nehmen, und dann geht's für alle nicht mehr auf.« Und wir alle kennen einen, der einen Falschen hat.

Sind Sie Realist, was die Liebe anbelangt?

Wahrscheinlich eher Realist als Romantiker. Ich würde aber nicht so weit gehen wie Immanuel Kant, der gesagt hat: »Die Ehe ist ein Gesellschaftsvertrag zur gegenseitigen Nutzung der Geschlechtsorgane.«

Wie weit gehen Sie stattdessen?

Ich gehe so weit zu sagen, dass es ausgerechnet die Idee der perfekten Liebe, des romantischen Dauerglücks und der bedingungslosen Leidenschaft ist, die uns reihenweise so unglücklich macht.

Warum?

Weil wir zu viel erwarten von unseren Beziehungen. Und weil wir uns ständig zu viele Gedanken über die Liebe machen, uns vergleichen und schlecht fühlen, statt zu lieben, was ist.

Wenn es die perfekte Liebe nicht gibt, wie kann die Liebe dann funktionieren?

Woher soll ich das wissen? Frauen wünschen sich immer, dass die Männer sich ändern, und sie tun es nicht. Und Männer wünschen sich, dass die Frauen sich nicht ändern, und sie tun es. Es kann vielleicht funktionieren, indem wir verstehen, dass zu einer Beziehung auch Tage gehören, an denen nicht alles gut ist. Und indem wir viel reden, nur nicht ständig über die Beziehung. Es ist nichts Schlechtes daran, Kompromisse zu machen. Wenn der Partner eine bestimmte Vorliebe hat, dann tun Sie ihm doch den Gefallen, und umgekehrt genauso. Es tut nicht weh, sich gegenseitig glücklich zu machen, am Ende sind alle zufriedener.

Glauben Sie, dass es sich lohnt, zu lieben?

Aber natürlich. Wofür lohnt es sich denn sonst zu leben? Manche erleben eine große Liebe im Leben. Andere täglich viele kleine. Kann man sie gegeneinander abwiegen? Und darf es ein bisschen mehr sein? Es gibt glückliche Singles und unglücklich Liierte. Und viele Frauen sind neidisch auf den eigenen Mann, weil der so glücklich verheiratet ist. In meinem Bühnenprogramm bitte ich das Publikum oft, mir mit einem Summen auf Fragen zu antworten. Dann frage ich zum Beispiel, wer im Raum gerade Single ist. Und weil man im Dunkeln nicht sehen oder hören kann, wer in dem großen Summen wie mitgestimmt hat, bekomme ich so halbwegs ehrliche Meinungsbilder. Jeder Mensch sehnt sich nach Liebe.

Waren Sie in Ihrer Jugend auf Partys immer derjenige, der wissenschaftliche Studien zitiert hat, wenn es um emotionale Fragen ging?

Ja, ich muss gestehen: Ich mag die Wissenschaft. Das war schon zu Schulzeiten so. Meine Leistungskurse waren Biologie und Deutsch. Viel hat sich nicht geändert an meinen Interessen. Aber ich habe in der Zwischenzeit auch gelernt, mit Menschen zu sprechen, die sich überhaupt nicht für Studien interessieren.

Hat Ihnen Ihre Sicht schon von weiblicher Seite Kritik eingebracht?

Aber sicher. Gelegentlich kam das vor.

Ist ein Pragmatiker wie Sie glücklicher als ein Romantiker?

Das weiß ich nicht. Jeder muss ja nach seiner Fasson glücklich werden. Ich habe aber den Eindruck, dass viele Menschen nicht glücklich sind, wenn sie denken, ihr Leben müsste wie ein Hollywoodfilm verlaufen. Wer frisch verliebt ist, denkt übereifrig: Ich mag »Titanic«, er »Ice Age«, wir passen doch super zusammen, wir interessieren uns beide für Eisberge. Aber das täuscht, ebenso wenn der »Terminator« auf eine noch so »Pretty Woman« trifft. Mit einem, der aus der Zukunft kommt, kann man schlecht eine gemeinsame Zukunft planen. Warum nicht wie in »Harry und Sally« einfach befreundet sein? Dann weiß man wenigstens von Anfang an, dass es nicht klappt.

Reicht es, an die Liebe zu glauben, um glücklich zu sein?

Der Glaube ist immer das Entscheidende, er kann auch im Körper sehr viel bewirken. Kennen Sie den Placeboeffekt?

Sie meinen, wenn man ein Medikament verabreicht bekommt, das eigentlich wirkungslos ist, aber trotzdem wirkt, weil man an die Wirkung glaubt?

Genau. Dieser Effekt ist sehr stark. Sie glauben gar nicht, wie schwer es für die pharmazeutische Industrie ist, Medikamente zu entwickeln, die wirksamer sind als der Placeboeffekt. Zuwendung wirkt! Deshalb ist es ja auch so schwierig, wenn man neue Wirkstoffe testet, den Effekt von Liebe, Glauben und der Hoffnung herauszurechnen.

Also ist die Liebe so etwas wie ein Placebo des Glücklichseins?

(*Lacht.*) Ja! Wenn es die Liebe nicht gäbe – ein Arzt hätte sie erfinden müssen.

MICHAELA SCHAFFRATH

»Sexualität steht bei uns nicht an oberster Stelle«

Um uns der Frage anzunähern, ob es immer der Erotik bedarf, um die
Liebe zu erwecken und am Leben zu halten, wie es die altgriechische
Übersetzung »zur Liebe gehörig« nahelegt, treffen wir die Schauspielerin Michaela Schaffrath. Von einer Schauspielerin erwartet man vielfältige Perspektiven auf die Liebe, schließlich darf und muss sie sich ihr
in immer neuen Rollen nähern.

Für Michaela Schaffrath gilt dies in besonderem Maße, denn bevor sie als Theater- und Filmschauspielerin Karriere machte, war sie
eine sehr bekannte Erotikdarstellerin. »Erotik ist die Überwindung
von Hindernissen. Das verlockendste und populärste Hindernis ist
die Moral«, schrieb einst der österreichische Schriftsteller Karl Kraus.
Michaela Schaffrath überwand dieses Hindernis, weil sie geliebt werden wollte. Heute dreht sie immer noch Filme, doch deren Dramatur-
gie ist wesentlich raffinierter geworden, und der Sprechanteil ist extrem
gestiegen.

Viele Frauen, die Michaela Schaffrath am Sonntagabend etwa in
einer Nebenrolle des »Tatort« sehen, haben vermutlich keine Ahnung,
dass sich der brave Ehemann während des gesamten Krimis nicht nur
fragt, wer der Mörder ist, sondern auch, in welchem Film er die patente
blonde Schauspielerin schon einmal gesehen hat. Jedenfalls ist Michaela
Schaffrath im Gegensatz zu den Erotikikonen früherer Dekaden wie
Teresa Orlowski oder Dolly Buster der Wechsel ins seriöse Schauspiel-
fach mit Bravour gelungen.

Das ist nicht die einzige überraschende Wende in ihrem Leben.
Michaela Schaffrath erklärt uns, warum Sex in ihrer Beziehung keinesfalls die Hauptrolle spielt und was passieren muss, damit ein Katholik aus bestem Hause mit Jurastudium ausgerechnet eine ehemalige
Erotikdarstellerin heiratet.

Sie spielen nicht nur regelmäßig in Filmproduktionen von ARD und ZDF mit, sondern bekommen auch als Theaterschauspielerin glänzende Kritiken. Können Sie in Ihrer »neuen« Schauspiellaufbahn von Erfahrungen aus der »alten« Karriere profitieren?

Als Schauspielerin, egal in welcher Rolle, müssen Sie immer Ihr Schamgefühl ablegen können. Auch ich habe dieses Schamgefühl, aber ich kann mich sehr gut fallen lassen. Ich gehe nicht mit der Angst auf die Bühne: »O Gott, was denken die Zuschauer von mir, wenn ich jetzt weine oder schreie?«

Sie haben sich in relativ kurzer Zeit einen Namen als seriöse Schauspielerin gemacht. Auch als Erotikdarstellerin wurden Sie blitzschnell zum Star. Was ist Ihr Erfolgsgeheimnis für beide Welten?

Ich behaupte einfach mal, dass ich alles in meinem Leben hundertprozentig mache – egal, ob in meinem ersten Beruf als Kinderkrankenschwester, als Erotikdarstellerin oder jetzt als Schauspielerin. Ich bin extrem professionell, absolut zuverlässig. Alles, was man machen muss, um gute Arbeit abzuliefern, tue ich.

Wie genau liefert man denn als Erotikdarstellerin gute Arbeit ab?

Ich habe dieser Kunstfigur so viel Leben eingehaucht, dass sich Millionen Männer für sie begeistert haben. Ich habe Illusionen erzeugt. Zum damaligen Zeitpunkt steckte auch ein Teil von mir in dieser Kunstfigur. Aber sie ist immer eine Kunstfigur gewesen.

Bereuen Sie heute Ihre Zeit als Erotikdarstellerin?

Wenn ich das heute Revue passieren lasse, würde ich sicher vieles im Leben anders machen – das kennen Sie wahrscheinlich auch.

Jeder denkt doch irgendwann mal: »Mein Gott, warum habe ich das damals gemacht?« Aber es ist sinnlos, sich damit verrückt zu machen. Sie können die Uhr nicht zurückdrehen. Ich möchte mich nicht an meiner Vergangenheit aufhängen.

Haben Sie auf die Frage »Warum habe ich das damals gemacht?« inzwischen eine Antwort gefunden?

Ich wollte geliebt werden. Damals hatte ich einen falschen Liebesbegriff, der sich fast ausschließlich auf sexuelle Anerkennung beschränkte. Verstehen Sie mich nicht falsch – ich hatte eine glückliche Kindheit und ein gutes Verhältnis zu meinen Eltern, alles tipptopp. Aber ich war in gewisser Weise ein ausgesprochen unglücklicher Teenager. Während ich als Kind spontan und aufgeschlossen war, wurde ich als Teenager sehr unsicher. Denn ich war übergewichtig und trug eine wirklich unvorteilhafte Brille ...

War es tatsächlich so schlimm?

Kommentarlos beginnt Michaela Schaffrath in ihrer Handtasche zu wühlen und zieht nach einer Weile ihren Führerschein hervor. So schlimm hätten wir uns das Foto von 1988 tatsächlich nicht vorgestellt. Das achtzehnjährige Mädchen mit den lupendicken Brillengläsern in einem riesigen Gestell und den wild in alle Himmelsrichtungen wuchernden dunklen Locken hat von der Papierform her das Zeug für die Geschäftsführerin einer Geisterbahn, aber taugt beim besten Willen nicht als auf DVD gebrannter Männertraum. Die junge Frau hat keinerlei Ähnlichkeit mit der Michaela Schaffrath, die uns gegenübersitzt. Wir glauben zunächst an einen Scherz, doch dann überzeugt sie uns von der Echtheit des Führerscheins.

Wow.

»Wow« ist auch sehr charmant. (*Lacht.*)

Sieht man daran nicht, dass Schönheit von innen kommt? Wir haben eine Theorie: In der Schule gab es Mädchen, die hübsch waren, aber blöd. Heute sind sie gar nicht mehr so hübsch. Dagegen sehen die Frauen, die damals optisch nicht groß aufgefallen sind, aber Persönlichkeit hatten, heute oft toll aus ...

Ich möchte mich nicht selbst beweihräuchern, aber genau das hat mir vor Kurzem jemand gesagt, der mich längere Zeit nicht gesehen hatte. Er meinte: »Michaela, du siehst super aus, besser als je zuvor!« Das sagen mir zurzeit viele Leute, und es liegt mit Sicherheit daran, dass ich momentan so glücklich bin, wie ich es noch nie in meinem Leben war. Ich liebe meinen Mann wahnsinnig, und ich liebe meinen Beruf ...

Lieben Sie Ihren neuen Beruf, weil Sie sich auch von Ihrem Publikum geliebt fühlen?

Natürlich fühle ich mich auch geliebt. Die direkte Bestätigung durch das Publikum habe ich ja erst durch das Theater so richtig erfahren. Wenn Sie Filme fürs Fernsehen machen, bekommen Sie vielleicht auch mal hier und da Bestätigung, weil jemand Sie anspricht und sagt: »Ich habe Sie im Fernsehen gesehen!« Die Quote ist natürlich ebenfalls eine Art der Bestätigung. Das ist zum Teil der Grund, warum ich die Liebe zu diesem Beruf entdeckt habe. Die Liebe zur Schauspielerei loderte schon lange in mir.

Wo empfinden Sie denn die größte Befriedigung als Schauspielerin – in der Filmrolle oder auf der Theaterbühne?

Das sind ja zwei völlig verschiedene Paar Schuhe. Beides macht mir großen Spaß. Das Schöne am Theater ist, dass es so ehrlich ist, ein ehrliches Handwerk. Beim Fernsehen wird ja doch häufig mit Illusionen gearbeitet, und man kann vieles hinterher noch im Schnitt oder im Ton bearbeiten. Eine Menge Szenen werden in einer Bluebox gedreht und später eingebaut. Beim Theater gibt es kein Netz und keinen doppelten Boden. Sie müssen textsicher sein. Und selbst wenn Sie mal einen Hänger haben, ist das okay, das Publikum liebt das. Das Tolle am Theater ist, dass man als Schauspielerin das direkte Feedback der Menschen bekommt.

Was genau spüren Sie von diesem Feedback, in welchen Momenten fühlen Sie sich besonders geliebt?

Der Idealzustand ist, wenn das Publikum an der richtigen Stelle lacht, wenn es am Ende zufrieden ist, glücklich ist, applaudiert. Hier und da bekommt man auch mal stehenden Applaus, was natürlich das Größte für jeden Künstler ist. Und wenn man dann nach der Vorstellung noch Zuschauer an der Bar des Theaters trifft, sich mit ihnen unterhält und eine Rückmeldung bekommt, ist das besonders toll. Letztens hat mich sogar jemand auf der Straße angesprochen und gesagt: »Ich habe Sie neulich in dem und dem Stück gesehen, es war so toll, wir kommen noch mal!« Da geht mir das Herz auf. Das liebe ich, das macht mich glücklich. So fahre ich mit einem breiten Grinsen ins Theater und mit einem noch breiteren und glücklichen Grinsen nach Hause.

Wie genau bereiten Sie sich auf Ihre Rollen vor?

Ich mache eine Vita oder eine Anamnese meiner Rolle. Und wenn ich zum Beispiel eine Polizistin oder eine Psychologin spiele, informiere ich mich bei Menschen aus diesen Berufsgruppen. Auf der Bühne bewahre ich mir außerdem eine gewisse Offenheit, mich überraschen zu lassen, auch von mir selbst. Mein Bauchgefühl hat mich noch nie enttäuscht.

Hat Ihr Bauchgefühl Ihnen auch am Ende Ihrer Karriere als Erotikdarstellerin gesagt, dass Sie eine Chance haben, sich als Schauspielerin zu etablieren? Anfangs gab es ja Kritiker, die Sie etwas belächelt haben ...

Natürlich hatte ich anfangs Zweifel und dachte manchmal: »Ich packe das nicht, ich werde wieder Kinderkrankenschwester!« Aber mein Mann war mir in entscheidenden Phasen mit seinem Zuspruch eine große Stütze. Außerdem hatte ich tolle Kollegen wie Dieter Pfaff, der mich zu diesem Beruf überhaupt erst ermutigt hat.

Was hat Dieter Pfaff zu Ihnen gesagt?

»Du musst eine Rolle nicht spielen, sondern du musst sie sein, du musst sie leben und erleben.« Genau das hat er mir zugetraut, auch wenn es eine Zeit dauert, bis man sich so intensiv in eine Rolle hineinversetzen, ihr Leben einhauchen kann.

Ist es deshalb für Sie vorteilhaft, dass Sie keine klassische Schauspielausbildung haben, weil Sie somit weniger spielen und mehr aus sich selbst schöpfen können?

Tatsächlich haben mir Regisseure wie Marcus Rosenmüller gesagt: »Mach keine Schauspielausbildung, dort trainieren sie dir die Natürlichkeit ab!« Um die Technik zu lernen, habe ich allerdings schon an Workshops teilgenommen: Camera-Acting, Persönlichkeitsentwicklung, Sprechtraining. Durch das Theaterspielen bekam ich noch mal die Bestätigung, dass es wirklich das ist, was ich will und was ich liebe.

Dass Michaela Schaffrath ihren neuen Beruf gefunden hat und nicht mehr auf die zwei Jahre als Erotikdarstellerin reduziert werden will, demonstriert sie bereits mit ihrer Garderobe. Natürlich haben wir uns im Vorfeld des Gesprächs in einem Kölner Café gefragt, wie der ehe-

malige Erotikstar »in natura« auftreten würde, schließlich fiel ihre erste
Schaffensperiode in unsere Jugendjahre.

Sie trägt einen braunen Rollkragenpullover und einen langen Rock
zu hohen Stiefeln. Das Gesicht ist nur dezent geschminkt, auf ihren
Lippen schimmert eine dünne Schicht Lipgloss.

Welche Charaktere verkörpern Sie besonders gern?

Ich mag Rollen mit vielen Nuancen. Am Theater spiele ich zum
Beispiel gern die Debbie Lewis in »Zauberhafte Zeiten«. Sie
wechselt unheimlich schnell ihre Stimmungen.

**Welche Ihrer eigenen Charaktereigenschaften spiegeln sich
in Debbie wider, und was ist weniger Ihr Naturell?**

Es ist immer so schwer, über seinen eigenen Charakter zu reden.
Aber andere sagen, dass sie meine Herzlichkeit und mein Hel-
fersyndrom in der Rolle wiederfinden. Debbie ist aber auch sehr
durchtrieben und intrigant – das bin ich persönlich überhaupt
nicht.

**Sie haben aber durchaus Spaß daran, auch solche fremden,
dunklen Seiten mal auszuleben ...**

Ja, es ist toll, so etwas spielen zu dürfen, ohne dabei ein schlechtes
Gewissen haben zu müssen. Im Fernsehen habe ich schon Mord-
verdächtige und Juwelendiebinnen gespielt. Ich würde auch gern
mal eine Psychopathin verkörpern, um zu erfahren, wie sich das
anfühlt.

**Apropos Psychopath: Stimmt es, dass es Fans gibt, die es
mit ihrer Liebe zu Ihnen etwas übertreiben?**

Ich habe viele tolle Fans, die mir kilometerweit hinterherreisen, bei
Wind und Wetter. Bis zu einem gewissen Grad ist das schmeichel-

haft, aber in Einzelfällen wird es tatsächlich anstrengend. Zu viel Nähe mag ich nicht, dann fühle ich mich bedroht. Auch in meinem heutigen Beruf als Schauspielerin gibt es diese Grenze zwischen mir als Privatperson und mir als Kunstfigur.

Sie sagten vorhin, dass Sie die Kunstfigur aus einem starken Wunsch nach Liebe heraus erschaffen haben. Damals setzten Sie Liebe mit Sexualität gleich. Hat sich Ihr Liebesbegriff inzwischen gewandelt?

Heute definiere ich Liebe ganz anders als vor zehn oder fünfzehn Jahren, weil ich mich weiterentwickelt und verändert habe. Aber damals war es in der Tat so, dass mir die Bestätigung auf sexueller Ebene am wichtigsten war. Sexualität ist auch heute mit Sicherheit ein Bestandteil einer Beziehung, aber sie steht für mich schon lange nicht mehr an oberster Stelle. Da gibt es viele andere wichtige Geschichten, die in einer Beziehung funktionieren müssen.

Was zum Beispiel?

Wir haben einen ganzen tollen Arzt, der mir das mal erklärt hat …

Haben Sie sich etwa Sorgen um Ihr Sexualleben gemacht?

Nein, überhaupt nicht! Ich habe einfach nur eine Erklärung dafür gesucht, warum Sexualität bei uns nicht an oberster Stelle steht. Und der Arzt hat uns erklärt, dass Liebe auf vielen verschiedenen Ebenen stattfindet, auf vielen verschiedenen Chakren. Der menschliche Körper ist mehr als nur Haut, Knochen und Muskeln, mehr als nur Materie. Er ist durchzogen von einer Vielzahl von Chakren, also Energiezentren. Und in diesem Stufenmodell aller Gefühle steht die Sexualität ganz unten. Es dauert lange, bis ein Paar diese verschiedenen Ebenen entdeckt und lernt, damit umzugehen. Eine der obersten Ebenen ist zum Beispiel Vertrauen. Für mich ist es heute in einer Beziehung viel wichtiger, Vertrauen zu meinem Partner zu haben, Spaß mit ihm zu haben, mich einfach fallen lassen zu können und mich wohlzufühlen.

In welchen Momenten fühlen Sie sich denn besonders wohl?

Zum Beispiel, wenn mein Mann und ich in der Sonne auf einer Bank am See sitzen und diesen wunderschönen Moment gemeinsam aufsaugen. Dabei müssen wir nicht mal miteinander sprechen. Liebe ist auch, miteinander schweigen zu können. Wir fühlen und denken unheimlich ähnlich. Manchmal merkt man das ja an den kleinen Dingen des Alltags. Gestern zum Beispiel hatte ich mir überlegt, Avocados mit Flusskrebsen zu machen. Dann ruft plötzlich mein Mann an und sagt: »Kannst du nicht noch ein paar Avocados mitbringen?« Das finde ich schon ein bisschen unheimlich, aber es zeigt, dass wir wie durch ein unsichtbares Band miteinander verbunden sind.

Das ist ja der größtmögliche Gegensatz zu Ihrem »alten« Leben. Gab es einen Schlüsselmoment, in dem Sie gemerkt haben: »Sex ist nicht alles«?

Wenn man das in der Form ausgelebt hat wie ich, dann entwickelt man mit der Zeit eine große Leere. Ich hatte das Empfinden, dass man darauf nichts aufbauen kann. Irgendwann war ich mit meinem ersten Mann im Urlaub. Er war damals mein Manager, und unser ganzes Leben drehte sich nur noch um den Job. Damals habe ich erschreckenderweise festgestellt, dass wir uns nichts mehr zu sagen hatten. Es kam nichts mehr, es gab keine Berührungspunkte mehr.

Hatte das auch damit zu tun, dass Sie älter geworden waren?

Absolut. Meine beste Freundin sagte vor vielen Jahren mal zu mir: »Mein Mann und ich führen eine tolle Beziehung, aber Sexualität spielt für mich überhaupt keine Rolle.« Ich habe sie belächelt und konnte mir das überhaupt nicht vorstellen. Ich dachte, das könne gar nicht funktionieren. Aber meine Freundin ist zehn Jahre älter, sie hatte das alles einfach schon viel früher erlebt. Letztens erinnerten wir uns an dieses Gespräch, und ich sagte: »Ich bin jetzt ganz bei dir. Und ich fühle mich super damit.«

In Ihrer »wilden« Zeit konnten Sie aufgrund Ihres Jobs Ihrem ersten Mann gar nicht treu sein, er hat Sie ja überhaupt erst in die Szene gebracht. Treue im bürgerlichen Sinne spielte also keine übergeordnete Rolle. Hat sich das mit Ihrem heutigen Verständnis von Liebe geändert?

Unbedingt. Ich finde Treue extrem wichtig, und ich bin erstaunlicherweise unheimlich eifersüchtig geworden. (*Lacht.*) Das ist nicht krankhaft oder so. Aber so verrückt und ausschweifend, wie ich damals war, so besitzergreifend, so eifersüchtig bin ich heute. Frauen glauben ja manchmal zu wissen, dass eine andere Frau ihren Mann ein bisschen intensiver angeschaut hat als normal. Doch das Vertrauen ist in jedem Fall da, sonst kann ich mich ja direkt erschießen. (*Lacht.*)

Wie zeigen Sie Ihrem Mann am liebsten, wie sehr Sie ihn lieben?

Ich schreibe sehr gerne Briefe. Vor allem in der Anfangszeit, als wir beide uns gerade kennengelernt hatten, aber noch eine Fernbeziehung führten, haben wir uns unendlich viel geschrieben. Und immer auf Papier.

Ein Liebesbrief per E-Mail hat also nicht die gleiche Wirkung?

Klar könnten wir uns auch Mails schreiben, aber dann würde das Überraschungsmoment fehlen, die Freude des Versendens und das Warten auf den Moment, bis der Empfänger deine Zeilen liest.

Und ein Brief auf Papier ist viel nachhaltiger. Man kann ihn eben nicht so einfach löschen, er ist beständig. Bei uns geht es meistens um die Beschreibung der Sehnsucht. Wir sind beide viel unterwegs. Und wenn der eine auf Reisen geht, dann liegt für den anderen oft was auf dem Kopfkissen.

Was war das Schönste, das Ihr Mann Ihnen bisher geschrieben hat?

Das waren persönliche Zitate und Erinnerungen an einen ganz besonderen Urlaub in Wien, die er in ein wunderschönes Fotobuch geschrieben hat. Mein Mann fotografiert leidenschaftlich gern. Vorne drauf war ein Foto von der Tür der Votivkirche, und darunter hatte er geschrieben: »Der Schlüssel zum Glück.« Mein Mann hat mir dort den Heiratsantrag gemacht.

Jetzt sind wir aber gespannt, wie der Antrag aussah …

Mein Mann wusste, dass ich Wien liebe, aber noch nie ausreichend Zeit hatte, um mir die Stadt richtig anzusehen. Deshalb hat er sich ein tolles Sightseeing-Programm ausgedacht, natürlich mit Schloss Schönbrunn. Er wusste, dass ich schon immer mal auf Sisis Spuren wandeln wollte. Der Tag war wunderbar. Abends gab es dann den Heiratsantrag, sehr klassisch, sehr schön …

Michaela Schaffrath steigen Tränen in die Augen, so gerührt ist sie auch vier Jahre nach dem Antrag noch. Sie schämt sich dieser Tränen nicht, sondern sucht in aller Ruhe ein Taschentuch.

Wie haben Sie sich eigentlich kennengelernt?

Mein Mann war seinerzeit Pressesprecher für eine Show eines bekannten österreichischen Multimediakünstlers, und ich war zur Premiere eingeladen. Ein Fernsehsender wollte ein Interview mit mir machen, sprach meinen Mann an und dieser dann mich.

So sind wir das erste Mal in Kontakt gekommen und uns begegnet.

War es Liebe auf den ersten Blick?

Nein, es war keine Liebe auf den ersten Blick, sondern erst mal ganz unspektakulär und professionell.

Wie ging es dann weiter?

Für mich war er erst mal nur der Pressesprecher und supernett. Wir haben uns auf Anhieb gut verstanden. Aber vor Ort haben wir gar nicht so viel Zeit miteinander verbracht. Ich habe ihn dann hinterher per E-Mail kontaktiert.

Weil Ihnen erst nach der Verabschiedung auffiel, dass Sie gerade Ihren Traummann getroffen hatten?

Nein, weil ich von ihm ein Werbegeschenk für meine Freundin Simone wollte. (*Lacht.*) Und als wir uns so hin und her schrieben, fand ich ihn immer sympathischer. Irgendwann haben wir uns dann wiedergetroffen.

Was hat Sie anfangs an Ihrem späteren Mann am meisten begeistert?

Er hat mich einfach als Mensch wahrgenommen. Als die Michi halt. Und nach einem halben Jahr hat er mich wirklich aufgefangen, als ich gerade eine Krise hatte. Erst da habe ich richtig gemerkt, dass mir so ein Typ Mann noch nie begegnet war.

Sind Sie gläubig?

Ja, ich bete vor jeder Theatervorstellung und fast jeden Abend. Einfach aus Demut und Dankbarkeit für dieses Leben und die

Liebe zu meinem Mann, die Gott mir geschenkt hat. Wir haben uns zwar leider relativ spät kennengelernt, aber vielleicht ist es auch gut so. Vor zwanzig Jahren hätte ich ihm womöglich noch nicht so gefallen. Wir sind aus Dankbarkeit beide wieder in die Kirche eingetreten.

Wie war die kirchliche Trauung?

Die Hochzeit war der glücklichste Tag meines Lebens. Als mein Vater mich zum Altar führte, habe ich richtig tief geseufzt und hätte fast schon angefangen zu weinen, so hat mich das ergriffen.

Zwei Jahre haben Sie in Erotikfilmen mitgespielt. Heute sind Sie mit einem Katholiken verheiratet, der Jura studiert hat. Kam Ihnen diese Wendung nicht ein bisschen absurd vor?

Na klar, wobei ich zu dem Zeitpunkt schon fast zehn Jahre im seriösen Fach unterwegs war! Im Nachhinein betrachtet, war vieles absurd. Aber so ist das Leben.

RAINER LANGHANS

»Sex findet nicht zwischen den Beinen statt, sondern zwischen den Ohren«

»Kult-Hippie«, »Sex-Revoluzzer«, »Pudding-Attentäter«, »Uschi-Eroberer« – Titel wie diese kommen wohl den meisten Deutschen in den Sinn, wenn sie den Namen Rainer Langhans hören. Die Älteren haben sofort das Foto vom nackten Langhans und seinen Kommunarden vor Augen, die 1968 an eine Wand gelehnt dem Betrachter ihre nackten Hintern präsentieren. »Wer zweimal mit derselben pennt, gehört schon zum Establishment.« Auch wenn ein Reporter diesen Slogan Langhans in den Mund gelegt haben soll – damit hatte sich aus den Decken des Matratzenlagers der Kommune 1 eine Symbolfigur emporgewühlt.

Den Jüngeren ist Langhans weniger durch seine politischen Botschaften bekannt. In ihr Bewusstsein drang er als Werbefigur eines Online-Shops für Schuhe und als einziger Bewohner des RTL-Dschungelcamps, der keine Känguruhoden verzehren musste, weil er Veganer ist.

Jeder glaubt also, den Lockenkopf irgendwie zu kennen. Aber wie lebt der Lieblingshippie der Nation wirklich? Schon sein Wohnort überrascht. Nicht Berlin-Kreuzberg, sondern München-Schwabing. Hier lebt er mit seinen fünf Frauen, seinem »Harem«, wie er ihn nennt.

Herr Langhans, wie oft haben Sie noch Sex?

Sie werden sich wundern, aber ich lebe »zölibatär«.

Zölibatär? Das klingt nach einem katholischen Priester, aber nicht nach dem Popstar der sexuellen Revolution!

Unsere Gesellschaft kennt aber keinen passenden Begriff für mein Modell der Enthaltsamkeit. Ich habe keinen Sex.

Was sagen denn Ihre Frauen dazu?

Die sagen: »Wieso, du hast doch Sex!« Darauf antworte ich: »Nein, ich habe keinen Sex!« Und dann kommt natürlich die Frage: »Was ist Sex für dich?«

Jetzt sind wir aber gespannt auf Ihre Definition von Sex!

Sex ist für mich, wenn du durch einen körperlichen Kontakt, also durch den Austausch von Körperflüssigkeiten, durch dieses Rein-Raus, entweder eine Zeugung bewerkstelligst oder zumindest Lust suchst. Durch die Pille ist es ja heute möglich, beides voneinander zu trennen.

Wie Sie das sagen, klingt das weder politisch noch romantisch ...

Ja, aber das ist die traditionelle Definition. Und genau das mache ich nicht. Also erstens: keine Körperflüssigkeit. Ich ergieße mich nicht in die Frau. Auf keinen Fall. Und zweitens suche ich auch keine Lust dadurch ...

Als Treffpunkt für unser Gespräch hat Langhans ein Biocafé in seiner Nachbarschaft ausgewählt. Dass wir bei einem Algen-Orangen-Drink auch über Sex sprechen würden, war ja klar. Aber dass ein über Siebzigjähriger mit einer Schonungslosigkeit über das Thema spricht, die zwei Damen am Nebentisch dazu bewegt, sich angewidert abzuwenden, und einen Herrn mittleren Alters immer näher rücken lässt, hätten wir nicht erwartet.

Teilen Ihre Frauen Ihre Definition von Sex?

Meine Frauen sagen: »Du steckst ihn da rein, dann ist das doch Sex.« Für mich ist das aber nur eine körperliche Berührung.

Aber eine körperliche Berührung entsteht durch ein Gefühl von Lust, oder nicht?

Nein, das ist genau der Punkt. Ich muss eine Situation nicht so wahrnehmen, wie die meisten Menschen sie wahrnehmen. Ich gebe Ihnen ein Beispiel aus dem »Dschungelcamp«. Da habe ich mich in einen Sarg gelegt und mit dreißigtausend Kakerlaken überschütten lassen. Die meisten Menschen würden dabei Ekel empfinden, rausspringen und abbrechen. Ich habe die Situation aber als wunderbare Massage erlebt. Denn ich weiß, dass alles, was ich erlebe, nur geistige Hervorbringungen sind. Also ist es mir möglich, das auch physisch anders zu erleben.

Warum lassen Sie sich dann überhaupt noch auf körperliche Berührungen ein?

Ich habe eine ganze Weile völlig zölibatär im klassischen Sinne gelebt, es lief also gar nichts mehr in der Richtung. Das reichte mir dann doch nicht, weil ich damit einen Energiefluss abgeschnitten habe. Ich brauche aber meine gesamte Energie für dieses geistigere Leben.

Was genau meinen Sie mit diesem »geistigeren Leben«?

Heute nennt man das Minimalist oder Asket. Oder ökologisch. Ich versuche, das Materielle stark zu reduzieren und dafür möglichst viel Geist zu leben. Der wahre Künstler, der wirkliche Ekstatiker oder Mystiker, wird seine Aufmerksamkeit von den Dingen und dem Körper abziehen. Er wird »arm« sein. Geld verhindert das geistige Sein.

Um uns zu zeigen, wie asketisch er lebt, und weil es im Biocafé etwas lauter geworden ist, lädt Rainer Langhans uns zu sich nach Hause ein. Vor dem Mehrfamilienhaus steht sein rostiges Damenfahrrad. Auch von den fünfzigtausend Euro Gage, die er von RTL für seinen Ausflug in den Dschungel bekommen haben soll, will er sich kein neues kaufen. Vor den Wohnungstüren im ersten und zweiten Stock stehen Kinderschuhe, an einer Tür hat jemand den Familiennamen mit bunten Holzbuchstaben festgeklebt. Der Rebell lebt also inmitten von Spießbürgern.

Langhans wohnt im dritten Stock. Auf den ersten Blick lässt sich in seiner Einzimmerwohnung nichts entdecken, was den Anforderungen eines fünfköpfigen Harems gerecht werden könnte. Die Wände sind weiß und kahl. Hier denkt man an Kühlschrank, nicht an Kamasutra. Möbel hat Langhans nicht. Seine fünf Leinengewänder, die er im Wechsel trägt, hängen an einem Haken hinter der Wohnungstür. Vergeblich suchen wir das Bett. In der Mitte des Raumes liegt nur eine Matratze, auf der sich der Hausherr jetzt ausstreckt. Wir nehmen neben ihm auf dem Fußboden Platz. Und dann nennt Langhans den Ort, den wir uns als spirituellen Tempel, als legendäres Liebesnest ausgemalt hatten, auch noch seine »Mönchszelle«.

Wie finden es denn Ihre Frauen, »keinen« Sex mit Ihnen zu haben?

»Du bist nicht richtig leidenschaftlich. Du empfindest ja gar nichts«, sagen sie. Denn ich dringe ja in die Frau ein, bleibe aber dabei außerhalb des Körpers. Weder suche ich die Lust, die dadurch möglich ist, weil natürlich die Nerven funken, noch suche ich eine Zeugung. Ich halte also den Samen zurück. Das kann man alles trainieren. Auch gegen nächtliche Ergüsse gibt es Übungen. Letztlich ist es eine Art Tantrismus: Mein Weg ist eine Suche, die ganz bewusst durch den Körper in den Geist führt.

Gehen Sie diesen Weg mit allen fünf Frauen, sind Sie mit allen gleich eng liiert?

Meine Beziehungen mit den Frauen bemessen sich daran, wie viel sie von dieser Suche, von dieser Konsequenz jeden Tag leben wollen. Sie fragen sich: »Will ich mich heute mehr mit dieser Suche beschäftigen oder weniger?« Und dann nehmen sie mit mir Kontakt auf.

Heißt das, Sie wohnen gar nicht alle zusammen? Wäre ja auch etwas eng hier …

Wir wollen wohl nicht physisch zusammen sein. Die Frauen wohnen alle drei, vier Schritte entfernt.

Warum ziehen Sie denn nicht zusammen, wie damals in der Kommune 1?

Es klingt paradox, aber würden wir zusammenziehen, dann würden wir das Trennende, das Lieblose verstärken.

Jetzt müssen Sie uns auf die Sprünge helfen!

Indem man die Körper getrennt hält, kann man viel leichter diesen geistigen Zusammenhang herstellen. Das funktioniert übrigens sehr gut im Internet. Das Internet ist eine Vorstufe zur völlig entmaterialisierten, geistigen Kommunikation. Wir konditionieren uns im Grunde genommen zu einer Art Telepathie, zu Fernliebe, zu dieser großen Art von Verschmolzenheit, die wir eigentlich schon immer hatten.

Heißt das, Sie scharen nie alle fünf Frauen gleichzeitig um sich?

Natürlich setzen wir uns viel zusammen. Sehr intensiv war das nach meiner Rückkehr aus dem Dschungelcamp. Da haben wir unsere Erfahrungen, die auch die Frauen sehr geteilt haben, besprochen. Denn sie haben die Sendung ja nicht nur im Fernsehen angesehen, sie haben auch einen täglichen Blog geschrieben, eine Facebook-Gruppe gegründet und in der *taz* jeden zweiten Tag etwas dazu veröffentlicht. Eine der Frauen hat mich nach Australien begleitet, Interviews gegeben und mit den Münchner Frauen täglich Kontakt gehalten.

Welches Ziel stand hinter diesen Aktivitäten?

Die Frauen wollten darüber mit anderen Leuten kommunizieren. Was ist denn die höchste Stufe von Kommunikation? Liebe. Und die höchste Stufe von Liebe ist Verschmolzensein.

Kommen manchmal neue Frauen hinzu, die auch mit Ihnen verschmelzen wollen?

Klar. Kürzlich kam wieder eine Frau zu uns, also zu mir zunächst. »Ich möchte unbedingt mit dir zusammen sein, das habe ich mir immer gewünscht!« Sie ist Psychologin, steht im Beruf. Dann gab es sofort Riesenprobleme. Die anderen Frauen fragten: »Was will die?« Und sie hatte einen Hund, der zum Hauptproblem wurde.

Ein Hund als Hürde für den Harem?

Ja! Wir haben sie gefragt: »Warum liebst du den Hund mehr als irgendeinen Menschen?«

Aber sollte man denn nicht alle Lebewesen lieben dürfen?

Einen Hund zu lieben ist bloß eine kleine Form der Liebe. Die meisten Menschen lieben ja nur deswegen Tiere, weil sie Menschen nicht lieben können. Und die größere Liebe ist natürlich die zu dem geistigen Wesen, wie du es selbst bist. Da kannst du deine Liebe auch mehr entwickeln. Es geht eben immer um diese größere Möglichkeit, zu lieben.

Kommen denn öfter Frauen, die sich sozusagen bewerben und mit dabei sein wollen?

Ja, es kommen immer wieder welche. Es kommen auch Jüngere, die sagen, sie wollen wie Hippies leben. Die wollen dann irgendwie beitreten, und wir sagen ihnen, dass das nicht so einfach ist.

Ihre fünf Frauen scheinen ja auch in gewisser Weise eifersüchtig zu sein. Gibt es manchmal Streit?

Wir streiten uns nicht mehr jeden Tag. Viele Konflikte hängen mit der sogenannten Beziehungsfähigkeit der Frauen zusammen. Aus biologischen Gründen wollen sie eine sichere Bindung an einen Mann. Der ist dann für ihr Leben verantwortlich: »Du bist schuld, dass ich unglücklich bin.« Sie versuchen daher, ihn zu verändern. Diese Bindungen aber hindern einen daran, sein Leben richtig, also selbstverantwortlich, zu führen.

Wie lösen Sie solche Konflikte?

Wir treffen uns dann meinetwegen ein, zwei, drei, vier Stunden am Tag. Wir kommunizieren sonst aber auch über Medien, also Telefon und Internet. Letztlich lebt jeder physisch für sich allein, nur im Geistigen sind wir sehr verbunden.

Mit dem Sex, Drugs und Rock 'n' Roll der Kommune 1, mit dem viele Menschen Sie noch heute verbinden, hat das rein gar nichts mehr zu tun, oder?

Doch! In der Anfangszeit der Kommune 1 hatten wir zwar keine Drogen, praktisch keinen Sex, keine Musik. Wir hatten viel mehr: Wir waren ein Jahr lang auf einem Supertrip, wir lebten nicht in unseren normalen, materiellen Körpern, sondern waren immer »oben«. Weil wir plötzlich wussten, was Liebe ist. Was wirklich ist. Wir lebten!

Was ist denn Liebe?

Liebe ist Kommune. Und Kommune ist: Menschen verändern, in Liebe, zu besseren Menschen. Ein liebender Mensch ist immer ein spiritueller Mensch. Ein materialistischer Mensch kann nie lieben. Wer materialistisch versucht zu lieben – übrigens auch über Sexualität –, der wird nie weiter kommen als bis zu einer zeitweiligen Liebe, die aber irgendwann wieder in materiellen Kämpfen verkommt.

Woran machen Sie das fest?

Wenn die Menschen heiraten und wirklich auf Dauer materialistisch leben, geht es nie! Die wahre Liebe ist hier gar nicht möglich. Nicht in unserer Materie. Deswegen sterben die großen Liebenden – sie können es gar nicht leben: Romeo und Julia und so weiter. Große Liebe geht nicht in der Materie.

Nur wer auf alles Materielle verzichtet, kann die große Liebe erhalten?

Genau. Liebe ist immer etwas Geistiges, etwas Nichtmaterielles. Und damals haben wir zum Glück erkannt: Kommune ist es. In der Kommune lebt man zusammen, es gibt keinen Besitz, keine Zweierbeziehungen. Was sind Zweierbeziehungen? Das sind materielle Zusammenlebens- oder Überlebensvereinbarungen, die die Leute dann vielleicht materiell gut leben lassen, aber es ist keine Liebe in ihnen möglich.

Wie haben Sie die Liebe in der Kommune 1 in der Zeit gelebt, als es noch keine Drogen und keinen wilden Sex gab? Was haben Sie den ganzen Tag gemacht?

Im Gegensatz zu Leuten wie Rudi Dutschke, der 1966 Gretchen Klotz heiratete, haben wir vierundzwanzig Stunden lang die »Revolutionierung des Alltags« vorangetrieben. Zu Rudi haben wir nach seiner Heirat oft gesagt: »Rudi, was machst du denn? Das ist 'ne Spießerehe – und du willst ein Revolutionär sein?« Da hatten wir alle schon von Mao gehört, von der »Revolutionierung der Revolutionäre«, von der »permanenten Revolution«.

Die Liebe hat Rudi Dutschke also als halbherzigen Revolutionär enttarnt?

Man kann nicht bloß die Revolution fordern, sondern muss sie auch machen: zunächst bei sich selbst. Er sagte nur: »Ich kann nicht anders, wir haben jetzt ein Kind, das geht nicht, und ich hab Gretchen gesagt…« Und wir haben geantwortet: »Rudi, das geht nicht, wenn du ein Revolutionär sein willst!« Er fand aber, das ginge doch. Und ich finde, es ist typisch, was dann passiert ist. Er hat – wie Gretchen schrieb – irgendwann ganz spät noch »unsere kleine sexuelle Revolution« versucht und ist dann zum Märtyrer geworden.

Wie sah Dutschkes »kleine sexuelle Revolution« denn aus?

Er war der normale Spießer wie wir alle. Und der hat natürlich auch mit anderen Frauen geschlafen. Aber das durfte Gretchen nicht wissen. Jedenfalls haben wir gesagt, dass das ganz anders geht, und haben das auch jeden Tag in der Kommune miteinander gelebt. Er hat wohl erst nach seiner Genesung vom Attentat mit Gretchen etwas versucht. Einzelheiten hat sie nicht beschrieben.

Was war Ihr Ziel in Bezug auf die Liebe?

Wir wollten herausfinden, wo wir nicht liebesfähig sind. Diesen Teil in uns wollten wir ausbauen und stattdessen einen anderen Teil in uns finden, der so liebesfähig war, wie es unserem sogenannten 68er-Gefühl nach möglich oder nötig war.

Das klingt wie eine extreme Psychoanalyse, wo man sich ständig mit sich selbst auseinandersetzt ...

Ja, allerdings sehr extrem. Denn Psychoanalyse passt einen ja nur an die bestehende Gesellschaft an. Wir aber wollten eine neue Gesellschaft erfinden. Wir wollten den neuen Menschen in uns finden. Wir meinten, dass es notwendig sei, die ganze Welt zu erneuern, denn sonst würde sie untergehen. Die Menschen würden sich immer wieder gegenseitig umbringen, wie in den beiden Weltkriegen. Das durfte nie wieder sein.

Warum hat sich Ihr Modell der Kommune nicht im großen Stil durchgesetzt?

Weil selbst Revolutionäre wie Rudi es nicht gelebt haben. Sie meinten, man müsste nur das große Ganze verändern, das System. Das Sein bestimme das Bewusstsein. Wir aber sagten: »Schaut doch die DDR an! Die haben den Kapitalismus abgeschafft, aber der Mensch ist noch immer der alte und schafft deswegen einen Staatskapitalismus. Genau die gleiche Scheiße!«

Aber nicht nur in der Praxis der DDR hat das Modell des Alles-Teilens nicht funktioniert, sondern auch in Ihrem Mikrokosmos Kommune. Was war die Ursache des Scheiterns?

Eine Zeit lang hat es bei uns durchaus wunderbar funktioniert. Die Probleme begannen, als wir aus unserer Hochekstase wieder in unsere alten Körper zurückrutschten, als das Materielle wieder ins Spiel kam: der Sex, die Drogen, der Krieg. Wir waren dieses eine Jahr auf diesem super Liebestrip gewesen, ohne Drogen und andere Hilfsmittel, und dann verließ uns diese unglaubliche ekstatische Verfassung plötzlich. Wir wussten nicht, woher sie gekommen – und wohin sie gegangen war.

Und um diese ekstatische Verfassung zurückzugewinnen, griffen Sie zu »Hilfsmitteln«?

Genau. In dem Augenblick, wo du aus dieser Superekstase wieder herausfällst, willst du nie wieder zurück in das alte Leben. Du tust alles, um wieder dorthin zu kommen. Wir merkten, wie wir uns immer weniger mochten. Was machst du also? Du greifst zu den klassischen, bürgerlichen Ekstasetechniken: Drogen, Musik, Sex. Manche eben auch zu Krieg wie die RAF oder zu Kaderparteien wie die K-Gruppen. Wir probierten alles aus. Damals gab es diese neuen Drogen, vor allem LSD. Wir haben den Sex ausprobiert, ich vor allem. Sexuelle Revolution, Uschi Obermaier.

Wette gewonnen. Vor dem Gespräch hatten wir uns fest vorgenommen, nicht von uns aus auf Uschi Obermaier zu sprechen zu kommen. Wir wollten testen, ob sie Langhans wirklich so egal ist, dass er ihren Namen nicht mehr in den Mund nimmt. Seit Obermaier ihre Biografie »Das wilde Leben« veröffentlichte, die 2007 auch verfilmt wurde, sind die beiden zerstritten. Im Vorfeld des Films hatte Obermaier in Interviews Langhans als verklemmten Typen dargestellt und der Nation via Bild von angeblichen Orgasmusproblemen ihres Exfreundes berichtet. Für Langhans ein Stich ins Herz – und eine Etage tiefer.

Aber hängt er nicht doch noch an ihr? Lebt er vielleicht sogar in München, weil er mit ihr hierhingezogen war, als die Kommune 1 im Streit auseinanderbrach? Das Gespräch wird spannend.

Hat Uschi Obermaier es geschafft, Sie zurück auf den Supertrip zu bringen?

Ich kann nur eines sagen: All diese Ekstasetechniken haben nicht wieder dahin geführt. Eine Weile hab ich es versucht. Dann sagte ich zu Uschi: »Es stellt mich nicht zufrieden, weil es nicht dahin führt.« Aber sie verstand mich nicht – sie hatte ja diese Erfahrung nicht mitgemacht.

Wie hat sie reagiert, als Sie ihr eröffneten, dass sie als Ekstasetechnik nicht funktioniert?

Sie ist bis heute entsetzt darüber und schreibt mich als verklemmt ab, weil ich damals gesagt habe: »Das ist nicht gut genug.« Sie macht heute daraus: »Er war ein Brett im Bett, er wollte keinen Orgasmus haben, er wollte es nicht genießen.«

Reduziert sich Ihre Beziehung also nur auf eine sexuelle Ebene?

Nein, es war eine ganz große Liebe, eine wunderbare Liebesgeschichte. Aber mit dieser 68er-Erfahrung im Hintergrund, die gerade von uns gewichen war, kannst du das nicht mehr so toll finden. Sie, die diese Erfahrung nicht gemacht hatte, konnte das so toll finden, dass sie bis heute behauptet, das wär's. Obwohl sie in letzter Zeit doch ein bisschen selbstkritischer wird.

Wie kommen Sie darauf? Sie haben doch gar keinen Kontakt mehr zu ihr.

Ich habe gerade ein neues Interview mit ihr gelesen, in einer Frauenzeitschrift. Da hat sie auch noch mal Fotos gemacht. Erstens sagt sie, sie sei in Therapie. Aus meiner Sicht spät zwar, aber immerhin. Und zweitens: »Sex ohne Liebe geht nicht.« Das war aber bisher ihr Ding. Jetzt kommt also plötzlich doch noch die Liebe dazu, von der sie wenig wusste. Sie meinte dazu: »Was soll das? Ist doch schön, was wir hier machen! Was willst du eigentlich?« Später hat Bockhorn das kaputt gemacht.

Sie meinen, wenn der Mensch, den Sie lieben, nicht liebesfähig ist?

Genau. Dieter Bockhorn, der Hamburger Kiezmensch, ist in der Beziehung mit Uschi total depressiv geworden, obwohl sie immer gesagt hat: »Wir leben das schönste Leben der Welt.« Und er hat sich dann umgebracht. Das hat sie nie verstanden. »Depressiv? Kenn ich gar nicht.« Jetzt endlich kommt sie dazu und sagt: »Ich habe auch dunkle Seiten in mir, ich habe es immer geleugnet, aber jetzt muss ich sie mir doch mal angucken.« So materialistisch oder so fixiert auf diese Sexgeschichte ist sie gewesen, dass sie bis heute jede Depression abgestritten hat.

Sie ist also rein hedonistisch motiviert gewesen und hat den tieferen Sinn der sexuellen Revolution nie verstanden?

Sie wäre am liebsten ein Panther oder eine Schwarze gewesen, denn die sind so sinnlich. Sie hat diese regressiven Vorstellungen. Das ist alles die materialistische Form von Liebe. Aber schon Sex findet eigentlich nicht zwischen den Beinen statt, sondern zwischen den Ohren. An Uschi kann man gut sehen, dass das Materielle nicht reicht. Sie war aber eine von den hartnäckigsten und, wenn man so will, brutalsten Verfechterinnen oder Praktizierenden dieses hedonistischen, materiellen Modells. Ohne Liebe, ohne den geistigen Aspekt.

Dann waren Sie beide eigentlich ja völlig inkompatibel. Wie konnten Sie Uschi trotzdem so sehr lieben?

Ich habe sie damals gesehen und war einfach erschlagen davon, dass eine Frau genauso aussieht wie ein Bild, das ich in mir habe. Das konnte ich gar nicht fassen. Es hat mich fasziniert. Und dann fand unsere Liebe in dem Geist von '68 statt, als wir uns plötzlich jenseits der Schranken von Bildung und so weiter wahrnahmen. Ich glaube, wenn dieser Geist nicht gewesen wäre, dann wäre ich mit so einer Frau überhaupt nicht zusammengekommen.

Sie kam offensichtlich in die Kommune 1, um ihre kleinbürgerlichen Konventionen zu überwinden. Wie hat sie sich integriert?

Sie ist fast rückwärts wieder rausgefallen aus der Kommune: »Was, keine Intimsphäre? Das geht ja gar nicht. Orgien? Ich werde immer eifersüchtig sein.« Für jemanden, der die andere Erfahrung gemacht hat, ist diese Haltung irre.

Aber es war wohl auch der Konflikt, der das Ganze interessant gemacht hat ...

Zunächst waren wir wirklich verliebt, sie vor allem. Ich wollte dieses andere Leben, und sie wollte auch nicht diese enge Spießerliebe, die so besitzorientiert ist. Ich fand das völlig in Ordnung. Sollte sie doch mit Jimi Hendrix schlafen. Klar, verstand ich ja. Unheimlich gut sogar.

Sagten Sie nicht gerade, dass am Anfang eher Sie polygam aufgestellt waren und Uschi das durchaus schwerfiel? Vielleicht hat sie ja auch erst angefangen, mit anderen zu schlafen, um sich an Ihnen zu rächen.

Sie war am Anfang tatsächlich monogam eingestellt und immer eifersüchtig. Schauen Sie mal: Wenn Sie einmal eine gute sexuelle Erfahrung machen – ich weiß nicht, ob Ihnen das je begegnet ist –, was haben Sie für ein Gefühl danach? Ich hatte damals bei Uschi, aber auch mit anderen Frauen, das Gefühl, dass ich die ganze Welt umarmen könnte. Ich liebte alles und alle. Und dann kommt die Frau und sagt: »Nur mich! Wehe ...!«, und ich sage, dass ich das nicht kann. Das ist für mich verrückt. Wenn man mehr Menschen liebt, dann wird die Liebe größer – und nicht weniger für sie, wie sie meinte.

Wie hat Uschi darauf reagiert?

Sie schlief mit anderen, um mich eifersüchtig zu machen, und hat es als Übereinkunft bezeichnet: »Du darfst mit anderen schlafen, ich aber auch.« Sie hat dann mit Mick Jagger geschlafen und so weiter. Dabei wollte sie immer die Number one bleiben, die Queen. Das ist eine erweiterte Form der kleinen Liebe, würde ich sagen.

Aber andererseits haben Sie doch auch versucht, ein Stück weit Treue von ihr einzufordern, oder?

Ja, Treue zu sich selbst – und wirkliche Liebe, nicht körperliche. Ich habe sie ja zu Mick hingefahren, wenn sie mit ihm schlafen wollte.

Hat Ihnen das nicht trotzdem wehgetan?

Es gab noch einen alten Teil in mir, der Zweifel hatte. Aber ich habe es trotzdem getan und gesehen: Es geht! Sie kommt wieder, sie ist bereichert, und ich habe dann selbst etwas von dieser Bereicherung, von ihrer Erfahrung mit einem anderen Mann.

Woran ist Ihre Liebe zerbrochen?

Sie konnte nicht begreifen, dass mir irgendwann die Schönheit, die sie mir vorgelebt und angeboten hat, nicht genügte. Dabei hat sie alles versucht. Aber irgendwann war mir das zuwider, dass sie dauernd ankam: »Komm ins Bett.« Fürchterlich wurde das dann, grauenhaft.

Fürchterlich? Grauenhaft? Die Frau war doch ein Model, gesegnet mit Charme und Ausstrahlung…

Sie war die schönste Frau der Welt, sagten einige zu der Zeit – die sinnlichste, die sexuellste Frau, die es überhaupt gibt. Der Traum jedes Mannes, könnte man sagen. Und gerade die Konservativen, die Reichen konnten es gar nicht fassen, dass diese Frau sich ausgerechnet einen Mann aussuchte, der sie nicht kaufen konnte. Sonst kauften sie ja die schönen Frauen ...

Millionen beneideten Sie um Uschi, und Sie schubsten sie von der Bettkante?

Damals war mir das alles nicht klar. Ich wurde nicht nur mit ihr immer unglücklicher, wusste irgendwann überhaupt nicht weiter. Ich wollte auf keinen Fall zurück in das alte Leben, aber genau das drängte sich jetzt immer mehr auf. Die Bewegung war zerfallen, meine Freunde waren weg, ich musste wieder als Einzelner versuchen zu kommunizieren. Das fiel mir extrem schwer. Ich war am Ende, wurde körperlich krank und wäre fast an dieser Krankheit gestorben. Und dann bin ich auf etwas gestoßen, das mir wie die Erleuchtung erschien.

Die Erleuchtung?

Ja, ich fand einen spirituellen Weg, den Kontakt zu einem lebenden Meister ... Ich ging zu Uschi und erklärte ihr: »Jetzt weiß ich, was mir gefehlt hat. Wir haben uns nicht wirklich geliebt. Wir haben nur materielle Tauschgeschäfte getätigt, und das hat mir nicht gereicht. Komm doch mit mir zu dem Meister, um richtig lieben zu lernen.«

»Wo du hingehst, da will auch ich hingehen; wo du bleibst, da bleibe auch ich «, so lautet ein Bibelvers, der häufig als Trauspruch verwendet wird. Aber sie wollte nicht mitgehen?

Uschi ist zwar mitgegangen und hat sich den Meister angeguckt, hat dann aber gesagt: »Du willst sterben.« Und sie hatte ja recht, ich wollte sterben. Man lernt vom Meister zu sterben. Also auf

Deutsch, den Körper zu verlassen und damit den Geist kennenzulernen, der wir in meinen Augen eigentlich sind. Wir sind nicht
bloß diese körperlichen, sinnlichen oder sexuellen Tiere. Uschi aber
wollte im Sand liegen, alles Schöne dieser Welt haben und eine
Prinzessin sein, auch auf Kosten von anderen Leuten. Sie sagte:
»Du willst sterben. Dann muss ich mir einen Neuen suchen.«

Was haben Sie bei der Trennung gefühlt?

Wir haben zum Abschied noch schön miteinander gegessen und
uns freigegeben. Dann habe ich natürlich doch noch zehn Jahre
rumgeheult, klar. Ich wollte unsere Liebe weiterentwickeln und
habe furchtbar getrauert.

Er trauert immer noch. Man muss nicht Psychologie studiert haben,
um das zu erkennen. Sein Blick ist so traurig, dass man ihn am liebs-
ten in den Arm nehmen möchte. »Mensch, Rainer, Kopf hoch. Man
kann eben nicht alles haben. Immerhin hattest du das Glück, ein paar
Jahre mit dieser Wahnsinnsfrau zusammen zu sein. Andere erleben
das nur im Kino.« So etwas in der Art möchte man ihm sagen.
Man nimmt ihm jetzt nicht mehr ab, dass er mit sich im Reinen ist.
In diesem Moment wirkt er auf uns wie ein einsamer alter Mann, der
vor einiger Zeit Witwer geworden ist, und nicht wie der große Guru,
der uns die Welt erklärt. Seine Traurigkeit ist ansteckend. Versuchen
wir, optimistisch zu sein.

Glauben Sie, dass Uschi im Alter doch noch erkennt, was
Sie mit Liebe meinten?

Noch bis vor Kurzem ist ihr diese Liebe wohl verborgen geblieben.
Früher hat sie nur über ihren Körper kommuniziert. Sie konnte
nie etwas mit Menschen anfangen, und zwar aus einem einfachen
Grund. »Ich kann das nicht«, hat sie immer gesagt. »Und weißt du,
warum? Eigentlich bin ich völlig langweilig, im Grunde genommen
ein Nichts.« Jetzt wird sie aber selber alt und muss ihre Sexualität

langsam zurückfahren, weil sie sich nicht mehr so attraktiv fühlt. Früher sagte sie, sie sei ein Glückskind. Jetzt erst merkt sie, dass das nicht stimmt.

Wenn jetzt bei ihr diese Erkenntnis eintritt, könnten Sie sich dann nicht versöhnen? Glauben Sie noch an die Liebe?

Ich habe sie ja nie abgelehnt. Ich habe nur immer gesagt, dass ich diese Dinge anders sehe.

Was würden Sie Ihrer großen Liebe jetzt gerne sagen, wenn Sie die Chance dazu hätten?

Wenn du älter wirst, wirst du einen neuen Weg finden. Ich wünsche dir, dass du auch dahin findest, wohin ich gehe.

MICHEL FRIEDMAN

»Es wird Sie glücklicher machen,
Ihre Bedürfnisse zu leben, auch wenn
die Gesellschaft Sie stigmatisiert«

Das Telefon klingelt. »Hier ist Monsieur Friedman«, sagt eine Stimme,
»Sie hatten mir eine E-Mail geschickt. Wir können dieses Interview
machen, Ihnen sollte nur klar sein, dass ich keine Auskunft über mein
Privatleben gebe.«

Das ist er also. Monsieur Friedman, der Moderator, der Politiker
ohne Amt, der Mann, dessen Privatleben vor einigen Jahren in aller
Öffentlichkeit besprochen wurde. Die Staatsanwaltschaft war bei Er-
mittlungen im Rotlichtmilieu auf einen Frankfurter Anwalt gestoßen,
der unter dem Pseudonym Paolo Pinkas ukrainische Zwangsprostitu-
ierte für Sex bezahlt und mit ihnen Kokain geschnupft hatte. Michel
Friedman war Paolo Pinkas. In einer Pressekonferenz am 8. Juli 2003
verkündete Friedman seinen Rücktritt als Vizepräsident des Zentral-
rats der Juden und bat seine Lebensgefährtin Bärbel Schäfer – »die ich
über alles liebe« – um Verzeihung. »Menschen machen Fehler, Men-
schen irren sich. Auch ich habe Fehler gemacht, auch ich habe mich ge-
irrt«, sagte Friedman. Ausgerechnet Friedman, sagten damals viele,
der Moralist, der oberste Ankläger unserer Fernsehrepublik, ausge-
rechnet der: selbst ein Schuldiger, ein Angeklagter.

Friedman, der Monsieur, will also nicht mehr über den Paolo
Pinkas von damals reden. Später, als wir ihn dennoch auf das Thema
Ehebruch ansprechen, wird er unsere Gesellschaft dafür kritisieren,
dass sie betrogene Ehefrauen zur Scheidung anstiftet. Bevor wir zu
diesem Thema kommen, beginnen wir das Gespräch mit einem Kom-
pliment.

Herr Friedman, wir möchten Ihnen ein Kompliment machen.

Komplimente sollte man nicht überbewerten.

Wir müssen vorausschicken, dass wir, anders als Sie, sehr schlecht sind im Komplimentemachen.

Sie sind dann schlecht im Komplimentemachen, wenn Sie die Komplimente nicht wirklich so meinen. Ich meine Komplimente wirklich so, deshalb habe ich kein großes Problem damit. Komplimente sind schadlos. Wenn ich sagen würde: Sie stellen sehr interessante Fragen, dann ist das schadlos. Es sei denn, Sie sind so narzisstisch verblendet, dass Sie mir mein Kompliment wirklich glauben. Würde ich das merken, und wir würden trotzdem so weitermachen, und wir wären ein Liebespaar, dann hätten wir ein Problem zu besprechen. Ansonsten: Es tut doch nicht weh, ein Kompliment zu machen, da bin ich Franzose.

Unser Kompliment an Sie war, dass wir ein wenig neidisch sind auf Ihre Wortgewandtheit. Wären wir so eloquent wie Sie, es würde uns das Kennenlernen von Frauen unheimlich erleichtern.

Dieses Kompliment sagt etwas über Sie aus, nicht über mich. Es zeigt außerdem, dass Sie mich nicht kennen.

Wir kennen Sie nur aus dem Fernsehen, aus Ihren Sendungen. Sie können ein bissiger Journalist sein, aber auch ein Meister des Charmanten. Wir hingegen sind früher nicht selten ins Stottern geraten, wenn es darum ging, eine Frau galant zu unterhalten.

Aber natürlich. Was denn auch sonst? Wem geht das nicht so? In tief emotionalen Momenten ist die Sprache immer hilflos.

Man kann sich gar nicht vorstellen, dass Sie sprachlos wären.

Natürlich weiß man immer, was man sagen kann, aber das ist nicht der entscheidende Impuls in Situationen, in denen man nicht weiß, was man sagen soll. Ich war immer ein schüchterner Mensch.

Sie – schüchtern? Wir hätten Ihnen zugetraut, dass Sie schon mit siebzehn so wortgewandt waren, dass Sie jede Frau auf einer Party hätten ansprechen können.

Wortgewandt war ich!

Aber?

Zurückhaltend. Ich bin nicht derjenige, der glaubt, er sei der Mittelpunkt der Welt, und wohin er kommt, hätten alle auf ihn gewartet, im Gegenteil!

Aber, Herr Friedman, mit Verlaub, Sie wirken nun nicht gerade zerfressen von Selbstzweifeln.

Sie verwechseln da gerade zwei Dinge. Ich bin nicht schüchtern, was mein Denken und meine Sprache angeht. Daran arbeite ich seit meinem sechsten Lebensjahr. Aber ich bin emotional schüchtern.

Gilt das auch für Ihre Liebe zu Frauen, zu Freunden, zu Ihrer Familie?

Das gilt für alle Menschen. Bevor ich mich einem Menschen nähere, ist da immer ein sehr großer, respektvoller Abstand. Du weißt nicht, wie der andere gerade drauf ist, dem du begegnest. Gehe nicht hoppladihopp vor. Die anderen wissen auch nicht, was mit dir ist. Das ist etwas, das ich selbst in langjährigen Beziehungen noch lebe.

Was ist das Gegenteil von hoppladihopp?

Das ist ganz einfach. Wenn ich meine guten Freunde nächste Woche treffe, nehme ich nicht an, dass alles so sein wird wie in der Woche zuvor, als wir uns das letzte Mal gesehen haben. Ich bin immer noch zurückhaltend und neugierig, und ich respektiere Menschen außerordentlich. Und das führt, wenn Sie so wollen, zu einer gewissen Zurückhaltung.

Würden Sie sich von Ihren Mitmenschen diese Zurückhaltung auch einmal wünschen? Es gibt ja bisweilen durchaus kritische Worte über Sie.

Gerade weil ich in meinem Leben erlebt habe, dass alle mich bewerten, ist mir bewusst, wie viel Schüchternheit und Zurückhaltung notwendig ist, um die anderen nicht genauso zu bewerten. Die Menschen projizieren die verschiedensten Dinge auf mich. Wenn Sie alles über mich lesen, was so geschrieben wird, dann bin ich ein Klo, das die Wissenschaft nie herstellen könnte.

Ihre Sendung »Vorsicht Friedman!« lebte doch gerade von Ihrer meisterhaften Art, Menschen ins Gebet zu nehmen – wenn man so will, sie journalistisch zu verhören.

Nein. Mir wurde immer unterstellt, ich sei Moralist, doch das bin ich nie gewesen. Ich habe in meinen Sendungen und Artikeln nie moralisierende Bemerkungen über Menschen gemacht.

Aber Sie haben politische Bemerkungen gemacht, die moralisch interpretierbar sind.

Das ist ja auch erlaubt.

Ist diese Liebe zur Zurückhaltung bei Ihnen eigentlich eine neue Entwicklung?

Nein, ich war immer schüchtern. Das habe ich doch gerade gesagt.

Schon einmal hatten wir Michel Friedman nach seinem Rücktritt getroffen, im Jahr 2006. Er saß im Polohemd an einem Konferenztisch in seiner Frankfurter Anwaltskanzlei und rauchte mit müden Augen eine Zigarre. Anlass für das Gespräch war, dass Friedman, der nach dem Verlust seiner Aufgaben viel Freizeit hatte, an einer philosophischen Doktorarbeit über den Schuldbegriff arbeitete. Wieder konnte man sagen: Ausgerechnet Friedman, der nun Schuldbehaftete, philosophierte über den Schuldbegriff – und relativierte ihn sogar.

Seine Arbeit handelte von der Frage, ob die Behauptung von Hirnforschern, der menschliche Wille sei nicht frei, unseren Begriff von Verantwortung und Schuld aufhebe. »Wir müssen den Schuldparagrafen des Strafrechts überdenken«, sagte er damals. »Laut der Neurobiologie ist der freie Wille eine Illusion. Mir stellt sich deshalb die Frage: Welche Konsequenzen hat das für Schuld und Moral? Sind moralische Kategorien dann noch verbindlich?«

Damals war das abstrakte Gespräch über den Schuldbegriff der Philosophie ein Weg gewesen, mehr über den Menschen Michel Friedman zu erfahren. Ebenso viele Parallelen zu seinem Privatleben enthält das abstrakte Gespräch über den Liebesbegriff mit Friedman heute.

Herr Friedman, wenn wir Sie als Philosophen fragen – was ist dann Ihre wichtigste Erkenntnis über die Liebe?

Dass es keine gibt.

Was macht die Liebe denn so schwer zu durchdringen?

Dass der Mensch nicht in der Lage scheint, die verschiedenen Aspekte der Liebe auseinanderzuhalten. Es gibt einen kulturellen Aspekt, einen sexuellen, einen neurobiologischen.

Was ist das Schwierige an diesen verschiedenen Aspekten?

Dass sie sich widersprechen. Einerseits brauchen wir eine romantisierte Metaebene in der Liebe, um uns als Menschen über die anderen Säugetiere zu erheben. Andererseits ist die Liebe für Hirnforscher nur ein Stoffwechselprozess, bei dem Hormone wie Serotonin und Dopamin ausgeschüttet werden, die uns für eine gewisse Zeit in einen Rauschzustand versetzen und, wie bei allen Rauschzuständen, die länger dauern, schließlich in eine Art Suchtzustand. Und wie alle Süchtigen empfinden wir den Anlass der Ausschüttung als Belohnung. Der Alkoholiker ist in der Erwartung, zu trinken, auch der Meinung, dass das ganz großartig sei.

Liebende haben also etwas mit Alkoholikern gemeinsam?

Das habe ich nicht gesagt. Ich habe bloß gesagt, es gibt einen Widerspruch verschiedener Aspekte. Der rein neurobiologischen Interpretation von Liebe steht unser romantisiertes Weltbild gegenüber, in dem es gerade nicht nur um solche Körperlichkeiten gehen darf.

Das ist wahr. Man kann bei einem Treffen mit einer Frau eben nicht sagen: Ich habe ein neurobiologisches Bedürfnis, das ich mit dir befriedigen will.

Aber Sie können sagen: »Ich begehre dich.« Der ganze Körper schreit in diesem Augenblick nach einem Partner.

Dennoch ist der körperliche Aspekt der Liebe in der romantisierten Gesellschaft verpönt.

Ich denke manchmal, dass dies vielleicht nur eine Phase ist, in der wir leben. Die Romantik liegt als Epoche gerade mal zweihundert Jahre zurück. Man erzählt dem Partner eine Geschichte, die aber in der Regel nicht erfüllbar ist. Man verspricht ewige Treue und gleichbleibende Gefühle, ohne zu realisieren, dass man diese Dinge nicht beeinflussen kann.

Wieso? Man kann sich doch entscheiden, mit jemandem zusammenzubleiben!

Das schon. Das Zusammenbleiben ist ja auch eine Handlung, kein Gefühl. Schauen Sie sich um: Sie sitzen bei mir in einem Anwaltsbüro. Hier kann man ein Versprechen in Bezug auf Handlungen abgeben und mit einer hohen Wahrscheinlichkeit davon ausgehen, dass der Versprechende das Versprechen erfüllt. Aber Sie können keine Gefühle versprechen. Sie können nicht versprechen, jemanden in zehn Jahren noch zu lieben.

Haben Sie also ein Problem mit der Romantik?

Sicher nicht. Ich habe meinen Freundinnen früher auch gerne Liebesgedichte geschickt. Ein Romantiker zu sein, ohne blind an die Romantik zu glauben, ist ein sehr angenehmer Zustand.

Wenn ewige Treue immer ein schwieriges Versprechen ist – darf ich dann meiner Frau überhaupt böse sein, wenn sie sich in einen anderen Mann verliebt?

Sie können traurig sein. Aber böse? Ich weiß nicht. Mich interessiert diese Frage in einem viel größeren Kontext: Ist abweichendes Verhalten wirklich etwas, das objektiv falsch ist? Und: Wie reagiert eine Gruppe bei abweichendem Verhalten? Der Ehebruch zum Beispiel ist etwas, das mit der Liebesfrage eigentlich gar nicht mehr verbunden ist.

Würde ich meine Frau betrügen, würde sie das sehr wohl mit der Frage in Verbindung bringen, ob ich sie noch liebe.

Das meine ich nicht. Ich meine, dass jemand, der die Ehe gebrochen hat, nicht gefragt wird, ob er seinen Partner liebt. Das Gebot der Treue ist unabhängig von der Frage, ob man denjenigen liebt, dem man angeblich zur Treue verpflichtet ist. Sagt ein Ehebrecher, er liebe seine Frau nicht, und er habe sie deshalb mit einer anderen Frau betrogen, dann wird das von der Gesellschaft nicht als Entschuldigung anerkannt. Sondern es wird gesagt: Die Ehe an sich ist heilig.

Finden Sie es pervers, dass die Gesellschaft auch solche Menschen zur Treue verpflichtet, die sich gar nicht lieben?

Ich weiß nicht, ob es pervers ist. Sie sind sehr schnell! Ich stelle nur fest, dass der Begriff der Liebe sich in der moralischen Debatte verselbstständigt. Das kann man gerade beim Ehebruch sehen. Bis vor weniger Zeit konnte man sich in Italien nicht scheiden lassen. Der Vatikan wollte das nicht. Und die Begründung der Partner »Wir lieben uns nicht mehr« führt nicht zu einer Entlassung aus der Ehe. Das wiederum ist ein krasser Widerspruch zu der Art, wie die Partnerschaft bei der Eheschließung begründet wird. Man sagt: Es ist die große Liebe, und sie führt zum heiligen Bund der Ehe. Beachten Sie diese Worte: heiliger Bund der Ehe. Und wenn in diesem heiligen Bund einer sagt: »Ich liebe nicht mehr A, sondern B«, und begeht Ehebruch, dann ist das Todsünde.

Vielleicht haben Sie, rational gesehen, recht. Aber kein Paar möchte heiraten und sagen: Ich will dich lieben und ehren – bis ich es mir vielleicht anders überlege. Der Ewigkeitsanspruch ist also nichts, was Paaren von der Gesellschaft aufgezwungen wird.

Die Frage ist doch nicht, ob Sie sich diesen Schwur wünschen, sondern wie ernst Sie ihn nehmen. Und zweitens, welche Sanktionen

Sie zu erwarten haben, wenn Sie den Schwur brechen. Auch da ist der gesellschaftliche Zwang so stark, dass viele Ehebrüche wahrscheinlich nicht zur Scheidung führen würden, wenn die Gesellschaft uns nicht beibringen würde, damit so umzugehen. Vielleicht wären viele Paare ohne die Einmischung der Gesellschaft langfristig glücklicher. Vielleicht. Ich weiß das alles nicht. Ich weiß nur, dass die Absolutheitsansprüche immer sehr problematisch sind.

Michel Friedman und das Fremdgehen. Auch er hat es getan, und auch seine Frau Bärbel Schäfer hat ihm verziehen. Indem Friedman, der Philosoph, zu bedenken gibt, dass Paare trotz eines Ehebruchs glücklich sein können, wenn sie dem Drängen der Gesellschaft, sich zu trennen, widerstehen, erzählt er seine eigene Geschichte, ohne sie beim Namen zu nennen. Denn das war die Bedingung für das Gespräch mit einem, dessen Liebesleben die Boulevardpresse einst über Wochen beschäftigte: keine Fragen nach seinem Privatleben, keine Gefühlsduselei, kein Boulevard.

Friedman sitzt in seinem Anwaltsbüro, in Hemd und Stoffhose, die Beine übereinandergeschlagen, und doziert über die Liebe wie ein Dozent der Philosophie über den kategorischen Imperativ von Immanuel Kant. Und vielleicht ist das die Schüchternheit, die er sich selbst zuschreibt, der verständliche Versuch, die eigenen Gefühle in geordnete Bahnen des Denkens zu überführen. Was Friedman über den Ehebruch gesagt hat, macht uns neugierig, und wir wollen ihn in der ihm eigenen, philosophischen Art nach seinem Gewissen fragen.

Herr Friedman, der Schwur, den Eheleute ablegen, impliziert, dass sie frei wählen können, ob sie sich an ihn halten. Die Liebe scheint nur dann etwas wert zu sein, wenn man so tut, als hätte man sich frei entschieden – wenn man dem Partner gegenüber also begründen kann, warum man ausgerechnet ihn liebt. Stimmen Sie zu?

Nein, das ist ein romantischer Ansatz. Warum reicht es nicht einfach, zu sagen: »Ich bin verrückt nach dir! Ich möchte mit dir zusammen sein.« Ist das nicht eigentlich die absoluteste und ehrlichste Liebeserklärung? Das ist, was man in Frankreich unter Amour fou versteht.

Amour fou?

Das ist der französische Begriff für die leidenschaftliche, verrückte Liebe. Die bedeutet überhaupt nicht: »Ich will ein ganzes Leben mit dir zusammen sein, eine Familie gründen, und hoffentlich bekommen wir später Enkelkinder.« Amour fou bedeutet nur: »Jetzt, heute und alles in diesem Augenblick, und nur mit dir.«

Ihre Doktorarbeit handelt von der Frage, wie sich der Determinismus auf unser Strafrecht auswirkt. Wie ist das in der Liebe, wenn jemand nicht frei entscheiden kann, wen er liebt, dafür aber verantwortlich gemacht wird?

Die Frage, ob jemand einen freien Willen hat, hat keinen Einfluss darauf, ob ich ihn zur Verantwortung ziehen darf. Jemanden zur Verantwortung zu ziehen, ist ein Akt der Gesellschaft gegenüber dem Individuum. Ein Beispiel: Nehmen wir an, wir als Dreiergruppe würden uns darauf einigen, dass niemand mehr mit Kugelschreiber schreibt, sondern nur noch mit Filzstift, und nehmen wir an, wir hätten uns untereinander geeinigt, dass derjenige, der mit einem Kugelschreiber schreibt, fünf Euro in die Kasse werfen muss. In dem Fall ist das völlig unabhängig davon, ob Sie mir erzählen, Sie könnten aber nicht anders, weil Sie determiniert seien. Sie haben es getan, und Sie sind das Lebewesen, das wir dafür zur Verantwortung ziehen.

Aber das ist doch ungerecht, wenn ich nicht anders kann!

Ist es denn gerechter, jemanden zu verurteilen, der hätte anders können, der aber am Ende gar nicht anders kann? Niemand kann anders wollen, als er will. Das ist der Kernsatz. Ich kann nicht

nicht wollen, was ich will. Wir sagen immer: Ich will es nicht mehr machen. Aber ich kann es nicht nicht wollen. Also tue ich es.

Zum Beispiel?

Nehmen wir an, der eine Partner in einer Beziehung würde vom anderen grundsätzlich verlangen, er solle den Müll runtertragen. Wenn die Handlung »Müll runtertragen« bei diesem Partner aber negativ belegt ist, wird er es nicht tun *wollen*, es aber tun *müssen*. Also tut er es und redet sich immer ein, dass er es auch tun will. Mit ziemlicher Sicherheit wird das Thema Müll früher oder später die Beziehung vergiften.

Soll man also immer nur tun, worauf man Lust hat?

Ich kann Ihnen nur raten: Seien Sie autonom! Sie werden nicht glücklicher, wenn Sie Ihre Bedürfnisse unterdrücken und dafür von der Gesellschaft hoch geschätzt werden. Es wird Sie glücklicher machen, Ihre Bedürfnisse zu leben, auch wenn die Gesellschaft Sie stigmatisiert. Sie kennen das, wenn alte Leute irgendwann sagen: »Ach, hätte ich in meinem Leben doch dieses oder jenes getan.« Ja, warum haben sie es denn nicht getan?

Glauben Sie, dass wir keine Wahl haben in der Liebe? Sind Sie Determinist?

Generell bin ich Determinist. Aber ich glaube nicht an so etwas wie Schicksal und Vorbestimmung. Ich glaube aber auch nicht, dass man sein Leben bewusst vorplanen kann. Du lebst, und was in deinem Leben passiert, das weißt du nicht.

Kann man sich aussuchen, in wen man sich verliebt?

Nein. Wenn Sie mir sagen würden: Ich liebe meine Verlobte aus den und den Gründen, und Sie nennen mir zehn Gründe, dann kann es sein, dass acht dieser zehn Gründe für mich Grund wären, diesen Menschen nicht einmal in mein Vorzimmer zu lassen.

Was, wenn ein Vierzigjähriger sich in ein neunzehn Jahre altes Mädchen verliebt?

Wen Sie lieben, der ist für Sie der Richtige. Es gibt eine wunderbare Szene in dem Film »Cabaret« mit Liza Minnelli, in der der Conférencier mit einem Affen tanzt und dabei singt: »If you could see her through my eyes.« Damit ist alles gesagt. Dass viele Leute sagen würden: »Das ist ein Affe, der ist hässlich, doof«, und was weiß ich alles, ist doch kein Kriterium! Wenn der Conférencier sagt: »If you could see her through my eyes«, und er ist dabei zutiefst glücklich, dann ist das in Ordnung. Und wenn diese Liebe irgendwann doch zerbricht, sollten die Freunde das nicht einfach mit einem: »Das haben wir dir immer schon gesagt!« kommentieren, sondern ihm erklären, dass das Glück, das er in dem Augenblick ja wirklich erlebt hat, nicht durch die Trümmer, zu denen die Beziehung am Ende zerfallen ist, entwertet werden darf. Denn irgendwann gab es ja Glück …

… und das war echt?

Was immer es war! Wenn Freunde sich getrennt haben und der eine anschließend anfing, über den anderen abzulästern, habe ich immer gesagt: »Ihr beleidigt euch doch gerade selbst, du warst doch mit diesem Menschen zusammen und hast mir noch vor drei Jahren vorgeschwärmt, wie toll das ist. Wenn du das jetzt so beschreibst, dann beleidigst du dich selbst, nicht die Person. Du hast es irgendwann mal anders empfunden.« Und dann sollte man sich um die Frage kümmern, was man *selbst* falsch gemacht hat, nicht die andere Person. Denn ich wandere weiter, die andere Person ist schon weg. Man neigt aber dazu, die Verantwortung beim anderen zu sehen, damit man sich nicht mit sich selbst auseinandersetzen muss. Das ist nicht nur in der Liebe so.

Muss man die Liebe eigentlich immer so ernst nehmen, wie wir das in diesem Gespräch tun, oder ist sie einfach nur ein Spiel?

Nein, tut mir leid. Die Liebe ist kein Spiel.

Sondern?

Sie ist brutale Realität!

Herr Friedman, eine Frage zum Schluss: Sie sagten vorhin, sie hätten gerne Liebesgedichte an Ihre Freundin verschickt. Lesen Sie heute noch gerne Liebesgedichte?

Ja, und ich schmunzele auch relativ debil dabei.

Verraten Sie uns zum Abschied Ihr Lieblingsgedicht?

Es ist von Bertolt Brecht, aus »Der gute Mensch von Sezuan«:
Ich habe ihn nachts die Backen aufblasen sehen,
im Schlaf: sie waren böse.
Und in der Frühe hielt ich seinen Rock gegen
das Licht: da sah ich die Wand durch.
Wenn ich sein schlaues Lachen sah,
bekam ich Furcht, aber
Wenn ich seine löchrigen Schuhe sah, liebte ich ihn sehr.

URSULA VON DER LEYEN

»Die Liebe zu Kindern ist anders als jede andere Form der Beziehung«

Das sanfte Lächeln, mit dem Ursula von der Leyen in der Öffentlichkeit auftritt, kann einem Angst machen. Wie groß muss die Selbstdisziplin einer Frau sein, der es gelingt, sieben Kinder zu erziehen und gleichzeitig als Bundesministerin in Berlin zu arbeiten? Ursula von der Leyen ist eine schlanke Frau, es sind ihr Lächeln und ihre Zierlichkeit, die gespannte Körperhaltung, die Selbstbeherrschung in jedem Satz, den sie von sich gibt, um derentwegen sie in der Wahrnehmung vieler Menschen eine gewisse Übermenschlichkeit ausstrahlt. Es wirkt, als wolle sich Ursula von der Leyen zu ihrer ohnehin großen Anspannung noch die Bürde von Leichtigkeit auferlegen.

Sie empfängt uns in ihren Osterferien, im Gästehaus der niedersächsischen Landesregierung. Es ist eine herrschaftliche Villa in Hannover, mit stoffbespannten Wänden und einer Sammlung alter Ölgemälde. Mit kleinen Schritten kommt die Arbeitsministerin über die Holztreppe in den ersten Stock gelaufen, kerzengerade, lächelnd. Sie hat ihre Pressesprecherin aus Berlin mitgebracht, vielleicht in der Sorge, ein so persönliches Gespräch wie das über die Liebe könnte für ein Mitglied der Bundesregierung peinlich enden.

In einem Besprechungszimmer nimmt Ursula von der Leyen auf einem grauen Sofa Platz. Ihre Sprecherin serviert ihr Kaffee.

Frau von der Leyen, wir möchten Sie ganz unverblümt fragen: Wie kommt man auf die verrückte Idee, sieben Kinder zu bekommen?

Wieso? Das ist doch wunderbar, es gibt nichts Schöneres!

Es ist aber auch eine Heidenarbeit.

Ich hatte selbst sechs Geschwister, das hat mich sehr geprägt. Wir haben das immer als ausgesprochen schön empfunden. Entweder man liebt es, oder man hasst es. Dazwischen gibt es wenig.

Was ist das Schöne an einer Großfamilie? Man muss die Liebe der Eltern doch mit vielen Konkurrenten teilen.

Nein, Liebe kommt ja nicht in abgezählten Portionen daher, sondern wächst, je mehr man davon gibt. Großfamilie ist das Gefühl der Geborgenheit. Man lebt wie auf einer Insel, das merke ich bei meinen Kindern auch. Wir sind uns selbst immer genug. An Ostern zum Beispiel sind wir zu neunt, mit meinem Vater zehn, und es ist unglaublich viel Trubel. Die Kinder haben eine bestimmte Tonart untereinander, wie Witze oder Geschichten erzählt werden. Wenn man viele Geschwister hat, ist immer jemand da, auf den man sich verlassen kann. Das habe ich in schwierigen Zeiten, zum Beispiel, als mein Vater krank wurde, als sehr hilfreich empfunden. Wir haben uns die Aufgaben geteilt.

Viele Eltern empfinden schon ein Kind als anstrengend. Das Siebenfache dieser Anstrengung erfordert vermutlich viel Selbstdisziplin.

Am anstrengendsten war für mich die Umstellung nach der Geburt des ersten Kindes. Ich hatte das Gefühl, von der völligen Freiheit in eine Situation zu geraten, in der man keine Sekunde des Tages mehr für sich hat. Ich habe mich panisch gefragt: »Wird das jemals anders?« Und es wird anders! Es ist irgendwann nicht mehr kraftraubend, sondern durch das, was die Kinder an Liebe zurückgeben, eher kraftspendend.

Bekommt man mit jedem Kind mehr Routine?

Absolut. Mein Mann und ich haben uns riesig über jedes Kind gefreut. Am glücklichsten waren wir aber, als sich das siebte eingeschlichen hat. Wir konnten es nicht fassen, dass uns überhaupt noch einmal ein Kind geschenkt wird. Man wird in vielen Dingen auch geschickter. Beim ersten Kind war ich gestresst, erschöpft, mit meinen Nerven am Ende. Ich dachte: »Das kann doch wohl nicht wahr sein!« Aber es wird immer besser. Beim zweiten, dritten, vierten, fünften und sechsten Kind weiß man, was auf einen zukommt. Beim siebten Kind war es eigentlich nur noch ein Geschenk. Dieser magische Moment, wenn es da ist, sich bewegt und atmet. Man freut sich dann schon darauf, wenn es anfängt, sich selbst auf den Bauch zu drehen, weil man diese Dinge bereits kennt.

Wenn Ihr siebtes Kind sich »eingeschlichen« hat, hatten Sie offenbar nicht geplant, so viele Kinder zu bekommen?

Die Zahl ist ein fast schon unheimlicher Zufall. Meine Großmutter hatte sieben Kinder, meine Mutter hatte sieben Kinder, ich habe sieben Kinder. Sogar die Mischung der Geschlechter ist gleich, nur zum Teil umgekehrt. Meine Großmutter hatte zwei Söhne und fünf Töchter, meine Mutter hatte fünf Söhne und zwei Töchter, und wir haben wieder zwei Söhne und fünf Töchter. Das ist eine nette Koinzidenz, gewünscht haben mein Mann und ich uns einfach viele Kinder. Wobei ich glaube, dass mein Mann unter »vielen Kindern« etwas weniger verstanden hat.

Nämlich?

Er hat drei Geschwister, vielleicht in der Größenordnung. Man kann so etwas überhaupt nicht planen. Ich habe viele Freundinnen, die sich mehr Kinder gewünscht haben, bei denen aber die Ehe nach dem ersten oder zweiten Kind in die Brüche ging. Manche haben dann mit vierzig wieder geheiratet und gesagt: »Ich hätte gerne mehr Kinder gehabt.« Bei manchen geht es aus medizinischen Gründen nicht. Man weiß auch nie, ob ein Kind nicht vielleicht schwerbehindert ist, das kostet Kraft und Mut. Dass es bei uns sieben geworden sind, ist wunderbar. Und dass dabei Zwillinge sind, haben wir immer wie ein Sahnehäubchen empfunden, das Mutter Natur uns geschenkt hat.

Die Liebe der Eltern zu ihren Kindern wird oft genug strapaziert. Manche Säuglinge schreien alle zwanzig Minuten aus Langeweile. Kann das die Liebe erschöpfen?

Das ist doch eine kluge Art, die notwendige Zuwendung der Eltern zu erzwingen. Das Baby braucht dann einfach Zuwendung, will spielen. Das sind alles Dinge, die wichtig sind. Irgendwann gibt es sicher den Punkt, dass Vater und Mutter mit den Nerven am Ende sind. Dann muss man sich sagen: »Jetzt gehe ich in ein anderes Zimmer und mache die Tür zu. Du schreist zwar, aber ich muss schlafen.« Kinder brauchen es auch, dass jemand sagt: »Ruhe! Jetzt wird geschlafen!« Es ist völlig legitim, da auf sein Bauchgefühl zu hören.

Es heißt, die Liebe zu den eigenen Kindern sei bedingungslos. Stimmt das überhaupt?

Ich glaube, keine Liebe ist völlig bedingungslos. Sonst hätte sie etwas von Selbstaufgabe. Die Liebe zu Kindern ist natürlich anders als jede andere Form der Beziehung. Stellen Sie sich nur mal eine Sekunde lang vor, Ihnen würde jemand Ihr Kind wegnehmen. Sie würden Amok laufen. Das ist das Wunderbare an der Eltern-Kind-Liebe, dass man sagt: »Komme, was wolle, ich werde dich lieben.«

Haben Sie die Liebe Ihrer Eltern auch strapaziert?

Das haben wir alle. Ich erinnere mich, dass einer meiner Brüder, der keinen Führerschein hatte, jeden Abend fragte, ob er das Auto vom Fußweg in die Garage fahren dürfe. Meine Eltern haben das immer erlaubt, bis er eines Tages mit der Polizei vor der Tür stand. Das Auto hatte einen Totalschaden, mein Bruder war an einem Baum gelandet und hatte eine große Platzwunde am Kopf. Statt vom Fußweg in die Garage zu fahren, hatte er einen Umweg über drei Dörfer gemacht, alles ohne Führerschein, und die Kontrolle verloren. Das war für meinen Vater natürlich heikel, er war damals Ministerpräsident von Niedersachsen. Ich erinnere mich noch, wie die Polizisten vor meinem Vater standen. Wir alle schauten ihn an und warteten ab, wie er reagieren würde. Sein erster Satz war: »Gott sei Dank ist dir nichts passiert! Das war zwar gequirlter Mist, den du da gemacht hast, aber Gott sei Dank, du lebst noch!« Und dann: »Jetzt haben wir ein Problem, und vor allem du hast ein Problem mit der Polizei.« Das, finde ich, muss eine Grundhaltung der Eltern sein. Jugendliche, die beim Klauen erwischt werden, die schwanger werden oder ein Auto zu Schrott fahren, dürfen nie denken: »Lieber gehe ich in den Fluss oder springe aus dem Fenster, weil ich solche Angst vor meinen Eltern habe.« Sondern sie müssen denken: »Unterm Strich helfen mir meine Eltern, egal, was ich Blödes anstelle.«

Wurde Ihr Bruder dafür bestraft?

Nein. Mein Vater sagte nur irgendwann: »Dieses Auto ziehe ich dir vom Erbe ab.« Für meinen Bruder waren die Platzwunde, die genäht werden musste, und das Entsetzen eine schlimmere Strafe. Er war danach der zivilste, geordnetste und denkbar beste Fahranfänger von allen Geschwistern.

Vielleicht lieben fast alle Eltern ihre Kinder, aber manche Eltern sind darüber hinaus mit ihren Kindern befreundet. Kennen Sie das?

Ich bin nicht der Kumpel meiner Kinder. Das sind ihre gleichaltrigen Freunde. Aber das schließt nicht aus, dass wir viele gute Gespräche wie Freunde führen. Diese Gespräche hätten mir auch Freude gemacht, wenn es nicht meine Kinder gewesen wären. Ich freue mich einfach über spannende Gespräche mit aufgeweckten Menschen.

Was ist mit dem Zorn auf die Kinder, der Enttäuschung? Gibt es das, oder ist alles rosarot?

Natürlich gibt es das. Meine Kinder können mich an den Rand meiner Fassung bringen und richtig zornig machen.

Und das mitunter mit Absicht.

O ja. Es ist ja auch wichtig, Zorn, Enttäuschung, Trauer und Glück mitzuteilen. Eltern dürfen solche Gefühle haben, Kinder genauso. Und beide dürfen das gegenüber dem anderen äußern. Kinder müssen ja auch lernen, wann sie zu weit gegangen sind.

Suchen Kinder bewusst solche Grenzen in der Provokation?

Ich erinnere mich, dass ich als kleines Mädchen große Lust hatte, meine Eltern so lange zu provozieren, bis sie wütend wurden, weil ich diese Grenze spüren wollte.

Was haben Sie gemacht?

Es waren einfach freche Worte. Ich wusste, dass ich zu weit ging. Wenn mein Vater dann explodierte, war Schluss. Die Kunst für

Eltern von pubertierenden Kindern besteht darin, diese Grenze immer weiter zu verschieben. Einem vierzehn Jahre alten Kind müssen Sie sagen, wann es zu Hause sein soll. Einem sechzehn Jahre alten Kind müssen Sie sagen: »Wein in Maßen ja, Schnaps nein.« Und wenn die Kinder volljährig sind, dürfen Sie im Grunde gar nichts mehr sagen. Ich tu's natürlich trotzdem, und die Kinder machen mit dem Rat, was sie wollen.

Sind Sie Ihren Kindern manchmal peinlich?

Natürlich kenne ich das. »Mama, wenn wir da hingehen, kannst du die und die Hose anziehen, und kannst du dir noch mal die Haare kämmen?« Aber da ist ja etwas Rührendes dahinter.

Sie sorgen sich eben, dass die Mutter sich blamieren könnte.

Genau, und sie möchten vor ihren Freunden bestehen. Das ist aber auch eine Form der Liebeserklärung. Sie sagen damit: »Ich möchte, dass du angemessen rüberkommst, weil du mir wichtig bist.«

Sind Sie eine strenge Mutter?

Es geht. Wenn es Winter ist und bitterkalt, und meine damals vier Jahre alte Tochter will unbedingt ohne Handschuhe und Mütze raus und macht ein Affentheater, dann sage ich: »Gut, dann gehst du jetzt mal raus ohne Mütze und Handschuhe.« Schlimmstenfalls erkältet sie sich, doch vorher wird sie jämmerlich frieren und schnell einlenken. Wenn es aber darum geht, an einer Straße zu spielen, wo Autos fahren, ist Schluss. Keine Diskussion! Da werde ich autoritär und knallhart.

Können Sie es nachvollziehen, wenn Eltern ihre Kinder schlagen oder verwahrlosen lassen?

Überhaupt nicht.

Warum passiert das trotzdem, wenn die Liebe so natürlich ist, wie Sie sagen?

Eigentlich hat man als Vater oder Mutter einen tiefsitzenden Instinkt, der einen vor solchen Taten schützt. Die Bindungsforschung zeigt, dass gewalttätige Eltern oft selbst Schreckliches erlebt und nie erfahren haben, wie sich liebevolle Eltern verhalten. Es gibt Therapieansätze, die den jungen, gefährdeten Eltern mühsam beibringen, wie man sein Kind liebt und seinen Zorn kanalisiert. Ich habe als Mutter viel von dem imitiert, was ich selbst als Kind erlebt und als gut empfunden habe. Ich nehme an, dass auch meine Kinder viel in die nächste Generation weitertragen werden.

Können Sie sich vorstellen, dass die Liebe zu Ihren Kindern eines Tages verschwinden könnte?

Nein, das kann ich nicht. Ich kann mir theoretisch vorstellen, dass Verletzung und Enttäuschung alles überdecken. Das habe ich schon bei Freunden erlebt.

Die meisten Morde passieren innerhalb der Familie.

Wo tief geliebt wird, kann wohl auch tief gehasst werden. Aber das hat wahrscheinlich eher mit der Liebe zwischen Mann und Frau zu tun. Wenn Kinder kriminell werden, spiegeln sie oft, was sie über die Beziehung gelernt haben, die die Eltern geführt haben. Wenn einer von beiden herabsetzend ist, zynisch, spöttisch gegenüber dem anderen, dann ist es in der Familie gewissermaßen legitim, dass man so miteinander umgeht. Die Kinder lernen, wie man den anderen fertigmacht, und es ist nur eine Frage der Zeit, bis diese Mechanismen von der nächsten Generation übernommen werden.

In der romantischen Liebe heißt es oft, der Schmerz gehöre dazu, der Liebeskummer, die Eifersucht, der Zorn.

In der romantischen Liebe ist das sicher so, aber nicht in der Liebe zum Kind. Zur Liebe zum Kind gehört eher die Sorge, die Kleinen könnten krank werden, es könne ihnen schlecht ergehen, sie finden keine Freunde. Meine Kinder sind 24, 22, 20, 18, 14 und 12 Jahre alt. Rückblickend weiß ich jetzt, was alles gut gegangen ist. Das entspannt. Pubertät ist anstrengend, aber sie kann mich nicht mehr wirklich erschüttern.

Waren Sie schon einmal eifersüchtig?

Ich kenne sehr wohl Eifersucht, aber nicht auf meine Kinder.

Aber Ihre Söhne hatten doch schon Freundinnen, oder?

Das schon, aber das waren alles nette, unkomplizierte Mädchen. Die Hoffnung oder Sorge, dass die Kinder glücklich heiraten, ist aber immer da. Denn ich weiß, dass das mehr als vieles andere ihr Leben beeinflussen wird.

Ist die Pubertät eine besonders schwierige Zeit gewesen?

Ja, und jedes Kind ist anders. Meine Kinder waren oder sind dann wirklich verletzend und grenzen sich ab. Aber das muss sein. Sie müssen sich ja abnabeln. Ich bin mittlerweile bei den Jüngeren entspannter, weil ich weiß, dass das dazugehört. Wenn meine Tochter in Bruchteilen von Sekunden zwischen hinreißend und unerträglich schwankt und ich Unverschämtheiten und Zärtlichkeiten um die Ohren geknallt bekomme, dann weiß ich aus Erfahrung, dass sich das alles wieder legt. Beim ersten Kind habe ich noch versucht zu argumentieren, dabei lohnte diese Mühe gar nicht. In der nächsten Sekunde sind sie meistens schon wieder hinreißend.

Sie sind mit der Zeit also entspannter geworden?

Ja, weil ich weiß, dass es in der Pubertät auf ganz andere Sachen ankommt, damit es gut geht. Man muss den Kontakt zu den Kindern halten, ganz egal, wie unverschämt sie sind, damit die innere Bindung bleibt und nicht das große Schweigen losgeht. Spätestens, wenn sie aus dem Haus sind, kommen sie als aufmerksame, freundliche Menschen zurück, und man denkt: »Mensch, bist du klasse geworden.«

Ist Ihre Leidenschaft für die Familie schon einmal in Konflikt geraten mit Ihrem Ehrgeiz, in der Politik Karriere zu machen?

Ich bin aus zwei Gründen immer berufstätig geblieben. Erstens, weil ich meinen Beruf liebe und ich weiß, dass ich eine ausgeglichenere Mutter bin, wenn ich diesen Teil auch in meinem Leben habe. Und zweitens, weil ich nicht wollte, dass mein Mann und ich irgendwann sagen müssten: »Das dritte und vierte Kind können wir uns nicht mehr leisten.« Den Gedanken fand ich schrecklich.

Sie arbeiten nur, um sich diese Familie leisten zu können?

Das ist zumindest eine Motivation. Ich habe mal an einer medizinischen Hochschule gearbeitet, und mein Chef fragte mich, was mein Antrieb sei. Ich sagte: »Der Lebensunterhalt für meine Kinder.« Der Chef war vollkommen konsterniert. Er hatte wohl gedacht, ich würde etwas sagen wie: »Weil mich die Forschung über das C-reaktive Protein beim vorzeitigen Blasensprung so fasziniert.«

Bei anderen Politikern geht es eher darum, das Privatleben an die Karriere anzupassen. Bei Ihnen ist es offenbar umgekehrt.

Ich arbeite, weil ich meinen Intellekt ausschöpfen will im Leben. Aber das ist nicht wichtiger als die Familie. Ich wäre keine bessere Mutter, wenn ich nicht arbeiten würde. Dann wäre ich, glaube ich, sehr dominant. Ich bin jetzt schon dominant genug. Ich habe selbst sehr starke Eltern gehabt und fand es immer gut, dass sie irgendwann den Überblickt verloren haben und wir uns in der Masse der Geschwister verstecken konnten. Starke Eltern sollten viele Kinder haben, das erschöpft sie.

Kann man seine Kinder auch zu viel lieben?

Bestimmt kann man seine Kinder auch erdrücken.

In China dürfen Eltern nur ein Kind haben. Bei den Aufnahmeprüfungen für die Hochschulen stehen die Kinder deshalb unter einem riesigen Erwartungsdruck. Ist es deshalb gut, viele Kinder zu haben?

Ja, meine Geschwister haben auch viele Kinder, ich habe also eine Menge Nichten und Neffen. In unserer Familie gibt es alles, von brillant bis Psychiatrie. Diese Erfahrung ist, glaube ich, für zu viel Erwartungshaltung ganz heilsam.

Kann man gar nicht so viel beeinflussen?

Es gibt doch die alte Weisheit: Kinder brauchen Liebe und Vorbild. Wenn man ihnen das nicht gibt, haben sie es sehr schwer. Aber wenn sie davon genug haben, gehen sie ihren Weg schon allein.

In der Öffentlichkeit treten Sie immer sehr jovial auf, sehr erklärend. Reden Sie mit Ihren Kindern ähnlich, oder sind Sie dort ganz anders?

Ich habe wohl eine gewisse pädagogische Ader. Das kann aber auch zu viel werden. Deshalb ist es für meine Kinder manchmal gut, dass ich den Überblick über die vielen verschiedenen Klassen verloren habe. Anfangs haben mein Mann und ich versucht, das Üben für Klassenarbeiten zu begleiten. Inzwischen sind die Kinder selbstständiger und kommen, wenn sie Hilfe brauchen. Bei uns gibt es eine stehende Regel: Wenn wir geübt haben, und es geht daneben, dann sagen wir uns: »Na ja, wir haben es wenigstens versucht.«

Legen Ihre Kinder Ihnen die Hausaufgaben vor, so wie Referenten ihre Entwürfe auf den Tisch der Ministerin?

Die Großen sind schon lange unabhängig, die Kleinen wollen noch Hilfe haben. Aber ich gehe nicht zu sehr ins Detail. Ob über der Hausaufgabe ein Datum steht, ist mir zum Beispiel wurscht. Es ist die Aufgabe der Lehrer, das zu kontrollieren.

Lernen Sie mit Ihren Kindern?

Nein. Spätestens mit etwa fünfzehn Jahren haben die Kinder gelernt, sich selbst zu organisieren. Manchmal werde ich gebeten: »Mama, kannst du mich mal Vokabeln abfragen?« Dann setze ich mich hin und frage die Vokabeln ab. Das kann ich noch gerade. Bei Mathe wird's schon eng.

Gibt es eigentlich einen Unterschied zwischen der Liebe zu Kindern und der romantischen Liebe?

Aber natürlich! Das ist etwas völlig anderes.

Bei der Liebe zu Ihrem Mann können Sie wahrscheinlich sagen, warum Sie ihn lieben, welche Eigenschaften es sind, die dieses Gefühl auslösen.

Unsere Liebe ist in den gemeinsamen neunundzwanzig Jahren vielleicht nicht größer, aber tiefer geworden. Bei allen Höhen und Tiefen, die man als Eltern mit sieben Kindern so erlebt, konnten wir uns immer aufeinander verlassen. Aber darüber hinaus gibt es etwas, das ich nicht in Worte fassen will. Das gehört nur uns beiden.

Gab es manchmal Streit mit Ihrem Mann, wer sich wann um Ihre vielen Kinder kümmert?

Streit nicht, es sind ja unsere gemeinsamen Kinder, und wir haben beide die Verantwortung. Aber es gehört seit nunmehr vierundzwanzig Jahren zu unserem Alltag, darüber zu sprechen, wie der nächste Tag, die nächste Woche geht.

Bei den eigenen Kindern kann man vermutlich nicht sagen, warum man sie liebt, man tut es einfach. Richtig?

Das stimmt, ich könnte nicht sagen, warum ich meine Kinder liebe, weil es einfach tue, von ihrem ersten Tag an. Alle meine Kinder haben Stärken und Schwächen, unterschiedlich verteilt. Es gibt auch unterschiedliche Phasen. In manchen ist das Kind bombig stark, in anderen ist es nur noch am Weinen, weil es sich die banalsten Sachen nicht zutraut. Dann hat man drei bis vier Anrufe am Tag von weinenden Kindern, die sagen: »Ich schaffe das nicht.« Und ich antworte immer: »Du kannst das, ich weiß es.«

Können Ihre Kinder tatsächlich schnell mal die Arbeitsministerin anrufen?

Ja, das muss sein, gerade wenn ein Kind in Not ist. Ich sehe ja im Display, welches Kind anruft. Dann weiß ich genau: Dieses Kind hat Angst vor einer Klausur und muss jetzt mit mir reden, damit es sich wieder beruhigt.

Aber Sie können doch nicht telefonieren, wenn Sie am Tisch mit der Kanzlerin im Kabinett sitzen!

Dann schreibe ich eine SMS: »Ich sitze im Kabinett, ich kann jetzt nicht anrufen. Melde mich in einer halben Stunde.«

Schaut die Bundeskanzlerin nicht zuweilen irritiert, wenn ihre Arbeitsministerin in einer Kabinettssitzung Nachrichten verschickt?

Alle Minister simsen, und es erfährt ja niemand, ob ich gerade an meinen Staatssekretär schreibe: »Ich brauche dringend die Vorlage zu dem oder dem«, oder ob ich schreibe: »Hast du schon den Pferden Heu gegeben?« Meine Kinder bekommen oft SMS von mir wie: »Ich sitze gleich im Flieger und bin die nächsten zwei Stunden nicht erreichbar«, damit ich nicht nach dem Flug zehn SMS auf dem Handy habe: »Mama, geh verdammt noch mal an dein Handy!« Für mich ist dieser ständige Kontakt schön. Das gibt den anstrengenden und absurden Dingen, die ich im Politikalltag erlebe, eine Sinnhaftigkeit, weil ich immer weiß, warum ich das überhaupt mache.

Für die Familie.

Ja.

Eine Machtpolitikerin, die eigentlich nur ihre Familie ernähren will? Vielleicht hätte die kinderlose Angela Merkel bei dieser Antwort einen ähnlich ungläubigen Gesichtsausdruck wie von der Leyens ehemaliger Vorgesetzter an der medizinischen Hochschule. Es ist spät geworden in Hannover, doch die Ministerin redet seit einer Stunde unermüdlich, die Beine übereinandergeschlagen, den Oberkörper leicht nach vorne

geneigt, mit den Armen gestikulierend. Ihre Sprecherin schaut demons-
trativ auf die Armbanduhr und räuspert sich. Unsere Zeit mit der Mi-
nisterin ist fast um, es bleibt nur noch eine Frage.

Frau von der Leyen, Sie wirken immer so souverän. Macht Ihnen die Verantwortung für sieben Kinder manchmal auch Angst?

Nicht mehr. Ich fand als junge Mutter den Gedanken, dass ich alles an diesem Kind forme, beängstigend, weil es so viel Verantwortung bedeutet. Deshalb bin ich heute erleichtert über die Erfahrung, dass ich zwar großen Einfluss und Verantwortung habe, dass das Kind im Grundsatz aber von Anfang an ein eigenständiger Mensch ist. Ich begleite es nur.

ECKART WITZIGMANN

»Das Kochen war mir immer wichtiger als die Liebe«

Eigentlich würden wir Eckart Witzigmann gerne zaubern sehen, etwa, wie er einen Seeteufel auf Basmatireis bettet und dazu eine Hummer-sauce mit Estragon parfümiert. Wir, zwei Legastheniker am Herd, möchten gemeinsam mit dem Großmeister kochen und uns von ihm in die Geheimnisse der aphrodisischen Küche einführen lassen. Wir stellen uns vor, dass wir ein bis zwei Gerichte lernen, mit denen wir unsere Partnerinnen am heimischen Herd beeindrucken und vielleicht sogar dauerhaft bei Laune halten können. Aber bei der Arbeit unter-hält Eckart Witzigmann sich nur höchst ungern, nicht einmal ein Fuß-ballspiel darf im Hintergrund laufen, weil es seine Konzentration stö-ren würde. Also gerät unsere Idee zu einer Theoriestunde, er empfängt uns in seinem Münchner Büro.

Wir wollen wissen, wie man am Herd ein Herz erobert. Und wer könnte uns das besser erklären als der »Koch des Jahrhunderts«? Mit diesem besonderen Titel hat der »Gault-Millau« den Österreicher Eckart Witzigmann unsterblich gemacht. Vor Witzigmann war nur den beiden französischen Meistern Paul Bocuse und Joel Robuchon sowie dem Schweizer Frédy Girardet diese Auszeichnung zuteil ge-worden.

Der in Bad Gastein geborene Witzigmann war es, der die Edel-küche in die deutsche Einöde von Kohl und Kartoffeln brachte. Er war der erste Koch der Republik, der sich drei Sterne erarbeitete. Sein Münchner Restaurant »Aubergine« erlangte mit vierzig Mitarbei-tern für fünfundvierzig Gäste Kultstatus, und viele Köche wie Alfons Schuhbeck, Harald Wohlfahrt oder Johann Lafer bauten ihre Karrie-ren auf dem Etikett »Witzigmann-Schüler« auf. Ganz nebenbei avan-cierte Witzigmann auch zum exklusivsten Catering-Service der Welt: Den königlichen Gaumen von Elizabeth II. verzückte er mit Variatio-

nen von Steinbutt und Lamm, zu Hause bei Kanzler Schröder servierte er Chapon de Bresse, im Volksmund Kapaun genannt.

Witzigmann erntete nicht nur die Anerkennung mächtiger und gekrönter Häupter, auch rein privat konnte er von seiner Kochkunst profitieren. So verrät er uns, dass er durch das Kochen schon mancher Frau sehr nahegekommen ist. Allerdings brachte ihn eine eifersüchtige Dame in Verbindung mit einem weißen Pulver schließlich fast um seine Existenz, aber dazu später.

»Liebe geht durch den Magen«, sagt der Volksmund. Das ist doch eigentlich nur eine blöde Floskel, oder?

Überhaupt nicht! Nicht nur Einkommen und sexuelle Ausgeglichenheit sind wichtige Parameter in einer Partnerschaft, sondern auch die Fähigkeit, mit der eigenen Kochkunst den geliebten Menschen an sich zu binden. Zwar bin ich sicherlich der ungeeignetste Ratgeber, was perfekte Beziehungen anbelangt, aber eines kann ich Ihnen uneingeschränkt versichern: Ein heimeliges Diner in richtiger Atmosphäre hat häufig eine stärkere Wirkung als Blumensträuße, Parfüm oder Lyrikbändchen. Das perfekte Gericht ist der kürzeste Weg zum Herzen, auch wenn das bekanntlich seitlich links, leicht über dem so oft strapazierten Magen liegt.

Es heißt, als junger Koch hätten Sie an jeder Ihrer Wirkungsstätten eine oder gleich mehrere Damen verzückt.

Ja, das ergibt sich automatisch.

Automatisch?

In der Gastronomie lernt man viele verschiedene Menschen kennen, man ist viel unterwegs. Da ist es normal, dass man sich ein bisschen nach schönen Mädchen umdreht. Andererseits ist der Kochberuf in Liebesdingen leider nicht optimal, weil man sehr wenig Zeit hat. Und früher, vor dem Kochshow-Hype im Fernsehen, war dieser Beruf auch nicht besonders angesehen. In Schweden zum Beispiel konnte ich damit keine Frau beeindrucken.

Aber dafür in Frankreich umso mehr, oder?

In Frankreich war man als guter Koch schon etwas Besonderes. Die Frauen interessierten sich sehr für den Beruf. Mich haben die Französinnen ohnehin immer am meisten angesprochen, mit ihrer Lebensart, mit ihrer Mentalität. Ich war in Frankreich in den frühen Jahren oft verliebt. Manchmal habe ich mir mit den Frauen sogar noch Briefe geschrieben, als ich längst weitergezogen war. Ich erinnere mich beispielsweise an meine Lehrzeit bei Paul Bocuse in Lyon. Der Oberkellner dort hatte eine sehr hübsche Tochter.

Welche Rolle spielte die sprachliche Barriere bei Ihrem Anbahnungsprozess?

Die spielte schon eine Rolle, aber ich konnte mit meinem kulinarischen Wissen und Können einiges kompensieren. Und wie heißt es so schön? Eine Sprache lernt man am besten auf dem Kopfkissen.

Haben Sie sich der Dame angenähert, indem Sie mit ihr über die französische Küche gesprochen haben, oder sind Sie direkt zur Tat übergegangen und haben für sie gekocht?

Es war gar nicht so einfach, für sie zu kochen. Damals war ich Anfang zwanzig und hatte kaum Gelegenheiten, denn ich musste mir mit mehreren Lehrlingen ein Zimmer teilen. Also habe ich in der Nähe von Grenoble eine Hütte gemietet und bei dem Bauern Kaninchen und Hühnchen besorgt. Dann haben wir gekocht und Wein getrunken.

Kann die Küche ein erotischer Ort für Sie sein?

Sie meinen, ob ich dort schon mal Liebe gemacht habe?

Haben Sie?

Der Gentleman schweigt und genießt. Nur so viel: Während meiner Lehrzeit gab es schon die eine oder andere Situation, in der sich ein Mädchen zu mir in die Küche verirrt hat.

Kann man denn mit Kochkunst das Herz einer Frau erobern?

Aber sicher. Liebe geschieht ja nicht immer auf den ersten Blick. Es geht ums Umwerben, Umgarnen. Frauen lassen sich gerne von bestimmten Fähigkeiten begeistern. Wenn eine Frau gerne isst, hat man als Koch schon mehr Möglichkeiten, sie für sich zu gewinnen.

Gibt es ein bestimmtes »Verführungsmenü«, das Sie immer wieder gekocht haben im Laufe Ihrer Karriere?

Nein, es kommt auf die Situation an, in der man sich gerade befindet – ist man in einer Hütte, ist man am Strand?

Was passt denn in der Hütte am besten?

Auf der Hütte habe ich oft ein Currygericht gemacht, das ist immer gut angekommen.

Kochen Sie anders für eine Frau als für einen Gast im Restaurant?

Das ist schon ein Unterschied. Privat koche ich oft einfachere Dinge, aber mit sehr guten Zutaten. Und dann kommt es ja noch darauf an, ob man eine Frau gerade erst kennenlernt.

Wie sah denn früher ein klassisches »Witzigmann-Eroberungsmenü« aus?

Am Anfang habe ich versucht, Eindruck zu schinden. Da habe ich richtig aufgefahren mit Vorspeise, Suppe, Fisch, Fleisch, Dessert. Und vorher hatte ich natürlich dementsprechend Weine getestet, auch Champagner durfte nicht fehlen. Aber solch ein Menü gab es nicht immer, mit der Zeit lässt alles nach.

Verraten Sie uns trotzdem noch ein paar Details. Was genau haben Sie denn serviert?

Ich habe gerne Krustentiere gemacht, Trüffelgerichte oder ein schönes Lammfilet.

Und Sie haben immer die gewünschte Wirkung erzielt?

Ja, es hat lange Zeit gut funktioniert. Das waren sehr schöne Erlebnisse, aber damals war trotzdem vor allem Arbeit angesagt. Machen Sie sich also kein falsches Bild von mir. Ich habe zwar immer ein Auge für schöne Mädchen gehabt, aber ich wäre nie deswegen an einem Ort hängen geblieben.

Wenn Witzigmann von den »Mädchen« erzählt, dann funkeln seine mandelförmigen Augen. Von Fotos kannten wir ihn nur in blütenweißer Kochkluft, jetzt sitzt er ganz im Stile eines Lebemanns vor uns. Die obersten beiden Knöpfe seines hellblauen Hemdes sind lässig geöffnet, um den Hals baumelt ein Lederband mit einem Ring – Schmuck, wie man ihn auch an einem alternden Rockstar sehen könnte. Die grauen Haare hat er akkurat Richtung Süden gekämmt. Auch mit über siebzig ist er noch ein attraktiver Mann. An den Wänden seines Büros geben allerlei Urkunden und gerahmte Fotos Auskunft über die Stationen seines Lebens. Neben Bildern mit Prince Charles oder Gérard Depardieu hängt eine große Landkarte Frankreichs. Es waren Witzigmanns Wanderjahre, die ihn in die Lage ver-

setzten, die deutsche Küche zu revolutionieren und die französische Nouvelle Cuisine in Deutschland Fuß fassen zu lassen. Nachdem er in seinem Heimatort Bad Gastein im »Hotel Straubinger« gegen den Willen seiner Eltern eine Kochlehre absolviert hatte, erweiterte er seinen Horizont in Bad Reichenhall, Pontresina, Königswinter, Villars, Davos und Bad Ragaz. Schon mit neunzehn war er stellvertretender Pâtissier eines großen Schweizer Hotels, und 1964 gelang es ihm als erstem Ausländer – quasi als Schwarzarbeiter –, im elsässischen Illhaeusern bei den Gebrüdern Haeberlin zu arbeiten. Hier erfolgte seine entschiedene Hinwendung zur Nouvelle Cuisine. Obwohl Witzigmann schon längst ein Meister am Herd war, setzte er seine Lehrjahre fort und machte Station bei weltbekannten Köchen in Lyon, Stockholm, Ettlingen, London, Brüssel und Washington.

An Ihren Wirkungsstätten ließen Sie vermutlich etliche gebrochene Herzen zurück. Haben Sie jemals wirklich geliebt?

Natürlich war ich des Öfteren richtig verliebt, und es hat sehr wehgetan, wenn ich morgens um fünf mit dem Zug davonfuhr.

Standen die Herzdamen dann am Bahnhof und haben gewunken?

Das war unterschiedlich. Manchmal haben sie mit dem Taschentuch gewunken, manchmal sind wir im Streit auseinandergegangen.

Gab es keine einzige Frau, für die Sie das Kochen zurückgestellt hätten?

Nein, die Liebe zu einer Frau war nie so stark.

Warum war Ihnen das Kochen immer wichtiger als die Liebe?

Weil ich das Kochen liebe. Ich habe immer diesen Trieb gehabt.

Welchen Trieb?

Ich wollte unbedingt ein hervorragender Koch werden. Und ich habe sehr früh gespürt, dass mir das mit viel Einsatz gelingen könnte. Meine Arbeit bei den Gebrüdern Haeberlin war dann für mich das Sprungbrett in die Welt der großen Köche. Sie haben mich überallhin empfohlen, auch zu Paul Bocuse. In Frankreich fand ich genau das, was ich immer gesucht hatte. Ich durfte alle erdenklichen Menüs zubereiten und hatte dafür die besten Produkte, die wichtigen Gäste und das fantastischste Ambiente. An freien Tagen bin ich freiwillig in den Betrieb gegangen, ich wollte gar nicht freihaben. Ich wollte mitarbeiten, lernen, immer weiterkommen.

Woher kam diese Besessenheit? Sie haben mal erzählt, dass schon Ihre Mutter eine große Liebe zum Kochen hatte und Ihr Vater ein sehr anspruchsvoller Esser war. Er war regelrecht beleidigt, wenn ein Gericht nicht perfekt gelungen war. Hatte Ihr Ziel, der beste Koch der Welt zu werden, auch mit dem Wunsch zu tun, anerkannt und geliebt zu werden?

Das mag schon eine gewisse Rolle gespielt haben. Und natürlich habe ich es zum Beispiel als riesige Anerkennung empfunden, für die Königin von England zu kochen oder für den US-Präsidenten George W. Bush. Durch meinen Beruf habe ich so viele interessante Leute kennengelernt, die ich im »normalen« Leben niemals getroffen hätte. Aber mir bedeutet das Lob all meiner Gäste wahnsinnig viel, nicht nur das der ganz berühmten. Ich koche aus Liebe zu den Menschen. Ich möchte die Leute beglücken mit meinem

Essen. Es geht ja nicht nur um Sättigung, sondern auch um die Endorphine, die das Gehirn im Moment des Genusses freisetzt. Es ist wirklich spannend, zu beobachten, wie beseelt die Gäste aufstehen, wenn es ihnen geschmeckt hat. All das erklärt mein extrem ausgeprägtes Streben nach Perfektion. Ich wollte gut werden, bekannt werden, groß werden.

Und dabei haben Sie sich nie von einer Frau ablenken lassen?

Doch, ein einziges Mal. Ich hatte den ersten Liebeskummer meines Lebens und musste erfahren, dass die Liebe nicht nur durch den Magen geht, sondern auch durch den Kopf. Meine Gesellenprüfung stand bevor, und mein Ausbilder hatte mir gesagt: »Du bist mein bester Lehrling, alles andere als eine 1,0 ist eine Enttäuschung.« Doch ich hatte mit meiner lieben Freundin Streit und konnte mich einfach nicht konzentrieren.

Worum ging es in dem Streit?

Um Eifersucht.

Wer war denn eifersüchtig?

Sie.

Sind Sie etwa durchgefallen?

Ja, ich war unkonzentriert und habe mich zu allem Überfluss noch mit dem Prüfer über gespickten Rehrücken gestritten. Dass ich die Prüfung verhauen habe, war für mich schrecklich. Ich wollte im Erdboden versinken und meinen Eltern diese Enttäuschung ersparen. Ich habe mich schrecklich geschämt und habe mich nicht mehr auf die Straße getraut.

Was haben Sie sich abends gekocht, um den Kummer zu bewältigen?

Ich konnte keinen Bissen mehr essen, der Appetit war mir vergangen.

Sie haben sich daraufhin zum Glück nicht komplett von den Frauen abgewandt, sondern irgendwann sogar geheiratet. Was hat Sie sicher gemacht, dass diese Frau »die Richtige« ist?

Meine Frau hatte grundsätzlich Verständnis für meine andere Liebe, meine Liebe zum Beruf. Es gab zwar immer wieder schwierige Situationen und Streitfragen. Zum Beispiel hatten wir ein wunderschönes Haus in Virginia, doch beruflich ging es für mich in den USA nicht voran. Ich wollte zurück nach München, meine Frau wäre lieber in Virginia geblieben, doch am Ende des Tages hat sie dann nachgegeben. Sie hat mich immer großartig unterstützt, sie ist einfach eine tolle Frau. Sie hat mir zwei wunderbare Kinder geboren, und mittlerweile bin ich dreifacher Opa.

Trotzdem ist Ihre Ehe irgendwann in die Brüche gegangen. Warum?

Kochen ist nicht nur ein Traumberuf, sondern auch eine Rundum-die-Uhr-Qual unter extremem Druck. Es gibt keine Acht-Stunden-Tage. Man wälzt sich morgens um fünf aus dem Bett, um auf den Markt zu gehen, und kommt oft spät nach Mitternacht nach Hause. Als ich noch Eigentümer des »Aubergine« in München war, musste ich natürlich auch bei den Gästen präsent sein und mich nach dem Essen zum Smalltalk dazusetzen. Kurzum: Ich war eigentlich mit meinem Beruf verheiratet. Irgendwann hat meine Frau mich aus dem Haus geworfen.

Diese Trennung riss Witzigmann den Boden unter den Füßen weg. Wenn er nach sechzehn Stunden Arbeit die Küche seines Münchner Drei-Sterne-Restaurants »Aubergine« verließ, hatte er zu Hause niemanden mehr, der ihn erwartete, der ihm Halt gab. Er suchte Zerstreuung in Diskotheken. Und wer Witzigmanns verschmitztes Lächeln einmal erlebt hat, der kann sich vorstellen, dass es ihm damals nicht allzu schwergefallen sein dürfte, auf seiner Suche nach Trost eine ganze Reihe von Frauen zu finden, die sich für ihn begeisterten.

Doch wo gleich mehrere Frauen um nur einen Mann kreisen, ist die Eifersucht nicht weit. Und der Verrat. Eines Morgens um fünf stürmte ein Sondereinsatzkommando der Polizei das Haus des Starkochs, durchsuchte die Zimmer und fand ein Tütchen mit weißem Pulver, das ihm in dieser Lebensphase Anfang der Neunzigerjahre ein treuer Begleiter, Wachmacher und Ego-Booster geworden war. Wohl auch, weil im Kampf gegen Rauschgift ein Exempel statuiert werden sollte, wurde der prominente Koch zur höchsten Freiheitsstrafe verurteilt, die gerade noch zur Bewährung ausgesetzt werden konnte: zu zwei Jahren. Witzigmann wanderte zwar nicht in den Knast, aber trotzdem endete für ihn der Prozess mit der persönlichen Höchststrafe: Weil er sich vor Gericht weigerte, seine Kontakte in die Szene offenzulegen (»Ich verrate keine Freunde«), folgerte die kommunale Politik, Witzigmann sei entweder »erpressbar«, oder er offenbare damit eine Charakterschwäche, die in Bezug auf Paragraf vier des Gaststättengesetzes einen »Unzuverlässigkeitstatbestand« darstellte. Witzigmann verlor, wofür er alles geopfert hatte: die Konzession für das »Aubergine«.

Sie wurden von einer Frau verraten, aus Eifersucht. Hat das Ihre Einstellung zur Liebe beeinflusst?

Nein, ich bin ja selbst daran schuld gewesen.

Weil Sie der falschen Person vertraut haben?

Ja, und weil ich etwas unterschätzt habe: die zerstörerische Kraft der Liebe.

Wusste diese Frau, was sie Ihnen antat?

Schwer zu sagen. Natürlich war es für mich eine bittere Pille. Aber unabhängig von der Frau ist es natürlich mein Fehler gewesen, dass ich mein Lebenswerk für so einen Mist in den Sand gesetzt habe. Das war eine sehr schwierige Phase, auch für meine darauf folgende Liebesbeziehung. Denn ich war einfach nur depressiv und unglücklich.

Wie lange hat es gedauert, bis Sie sich davon erholt hatten?

Das hat eine ganze Weile gedauert. Neben meinen persönlichen, emotionalen Problemen hatte das Ganze ja auch geschäftliche Ausmaße. Die Prozesse haben viel Geld gekostet, ich habe all meine Werbeverträge verloren. Zwei Jahre lang musste ich meinen Führerschein abgeben.

Sie haben mal gesagt, diese Erfahrung habe Sie ein bisschen »verbittert«. War das bezogen auf die Liebe oder auf die politische und gesellschaftliche Dimension, die der Prozess hatte?

Eher politisch und gesellschaftlich. An mir wurde wohl ein Exempel statuiert. Und ich habe über den Verrat dieser bestimmten Frau hinaus noch eine eigene Theorie, die ich aber nicht beweisen kann. Ich bin davon überzeugt, dass auch andere ein bisschen nachgeschoben haben. Aber das ist alles eine Vermutung, eine Hypothese. Das einzig wirklich Wichtige ist, dass ich es geschafft habe, von diesem Gift wegzukommen.

Eine Sucht hat auch immer eine Ursache. Welche war das bei Ihnen?

Durch meine Scheidung hatte sich mein Lebensrhythmus sehr verändert. Dadurch, dass ich kein Eheleben mehr führte, war ich zwar frei unterwegs, aber auch sehr haltlos. Und am Anfang glaubte ich, mit dem Gift könne ich länger wach sein, noch härter arbeiten oder noch stärker inspiriert sein. Aber das war ein totaler Trugschluss. Ich kann nur sagen: Hände weg davon!

Die einzige »Droge«, die Eckart Witzigmann heute noch lustvoll zu sich nimmt, ist feinperlig und trägt sogar seinen Namen. Gemeinsam mit dem Kellermeister Nicolas Klym des Traditionshauses Ayala hat er eine eigene Champagner-Cuvée kreiert. Als wir ihn fragen, zu welcher Uhrzeit des Tages oder Abends er für gewöhnlich das erste Glas an die Lippen setzt, schaut er auf die Uhr und antwortet schmunzelnd: »Ehrlich gesagt genau jetzt.« Also setzen wir das Gespräch in der Nachmittagssonne auf der Terrasse der französischen Brasserie »L'Atelier« fort, wo Witzigmann mit seiner Lebensgefährtin Niki offenbar manchen Feierabend einläutet. Denn auf der Glatze des Wirtes glänzen keine frischen Schweißtröpfchen, als der Jahrhundertkoch sich niederlässt und die Karte aufschlägt. Und scheinbar unaufgefordert schwebt ein Kühler mit einer Flasche Champagner herbei – natürlich trägt sie den Namen des prominenten Gastes.

Witzigmann selbst pflegt um diese Uhrzeit keine Zwischenmahlzeit einzunehmen, aber er scheint seinen Besuchern angesehen zu haben, dass sie auf ein Mittagessen im Bordrestaurant des ICE verzichtet haben, und bestellt gleich mehrere Kompositionen französischer Pasteten und feiner Würste, dazu Käse und Brot. Fürsorglich nimmt er ein Stück Baguette aus dem Bastkörbchen, um Konsistenz und Frische zu überprüfen. Seine Hände muss er mit großem Geschick vor Schnittverletzungen bewahrt haben, sie sind nicht vernarbt wie die eines Metzgers, sondern weich und filigran wie die eines Dirigenten.

»Er fasst die Zutaten so an, wie eine Frau von einem Mann angefasst werden will«, hat Paula Bosch, die Sommelière des Sterne-Restaurants »Tantris«, über Sie gesagt.

Das kann man so sagen. Der Star in der Küche ist das Produkt. Das war für mich immer ein Leitspruch, den ich auch meinen Köchen weitergegeben habe. Wenn wir zum Beispiel einen wunderschönen Zander oder Hecht aus dem Starnberger See hatten, habe ich gesagt: »Schau dir das Tier erst mal an, bevor du es frittierst oder filetierst oder was auch immer. Schau, wie es gezeichnet ist. Dann hast du viel mehr Respekt und viel mehr Freude, dieses Produkt entsprechend zu bearbeiten.«

Kann man ein Stück Fleisch schön finden?

Sie sind keine Vegetarier, oder?

Nein, überhaupt nicht. Aber kann eine Maserung wirklich schön sein?

Ja, absolut. Ein aufgespreizter Ochse taugt sogar als Motiv für ein Gemälde, oder ein Gockel, ein Steinbutt im Ofen. Das können Sie beispielsweise alles im Unterlinden-Museum in Colmar sehen. Und nicht umsonst gibt es Ausdrücke wie »vernaschen«, eine »süße Figur« oder eine »scharfe Frau« – alles Adjektive, die man eigentlich für Essen benutzt.

Wenn Sie so darüber sprechen, könnte man das Kochen fast als erotischen Prozess begreifen. Was halten Sie denn von aphrodisischer Küche?

Man muss wohl daran glauben. Aber nicht allein was, sondern wie jemand etwas isst, kann schon sehr anregend sein. Es ist schön, einer Frau zuzuschauen, wenn sie Spargel isst, wenn sie den Mund leicht öffnet, wenn sie eine schöne Handbewegung hat. Ich finde es auch schön, wenn eine Frau eine Kirsche isst. Auch die Muschel hat etwas Erotisches. Wenn man eine Muschel öffnet, denkt man automatisch an eine Frau. Dazu gehört ein passendes Ambiente, das passende Licht, die passende Musik. Dann kann das funktionieren.

Wir können ja leider überhaupt nicht kochen. Wie könnten wir denn unsere Frauen mit einfachen Mitteln begeistern?

Mit Spargel kann man nur Gutes machen, auch Trüffel bieten sich immer an. Mit Datteln kann man ebenfalls etwas Erotisches machen, oder Sie könnten sich an einer exotischen Tomatensuppe versuchen. Chili kann eine Wirkung entfalten, Gewürze im Allgemeinen. Spontan fallen mir noch Erdbeeren ein, Feigen, Pfirsich, Schokolade, Champagnergelee.

Für uns als blutige Anfänger klingt das schon ganz schön anspruchsvoll. Haben Sie nicht etwas Unkomplizierteres im Programm?

Ich gebe Ihnen einen Tipp: Kaufen Sie sich ein Kinderkochbuch, damit Sie sich ein bisschen ins Kochen reindenken können. Anschließend machen Sie ein schönes Tatar vom Rind oder vom Lachs. Sie müssen sehr frisches Fleisch nehmen, dann schaut das gut aus. Ein Carpaccio könnten Sie auch machen. Nudelgerichte kommen natürlich ebenfalls immer gut an.

Angenommen, wir wollen doch kein Risiko eingehen. Worauf sollte man bei einer Einladung ins Restaurant achten?

Es kommt natürlich ein bisschen auf Ihren Geldbeutel an, und dann müssen Sie sich vortasten. Welche Beziehung hat die Dame zum Essen, welche Richtung schlägt sie ein, ist sie Vegetarierin? Und man sollte nicht direkt beim ersten Rendezvous ins beste Restaurant gehen, wenn man jung ist, denn damit legt man die Latte sehr hoch.

Das verpflichtet dann für den nächsten Besuch.

Ja, genau, und das kann auf Dauer sehr teuer werden. Übrigens muss man sich als Koch auch bewusst sein, dass die Gäste vielleicht noch etwas vorhaben nach dem Essen. Man muss sich fragen: Wie gehe ich mit einem Zwiebelgericht um, wie gehe ich mit Knoblauch um? Wenn ein Mann mit einer Frau ausgeht und vielleicht auch noch etwas anderes im Hinterkopf herumträgt, dann soll das Essen dementsprechend elegant sein, es soll schon von der Optik her anmachen, und es soll nicht belastend sein, damit man noch etwas rumhüpfen kann.

Warum nehmen eigentlich die meisten Paare zu, sobald sie zusammenziehen?

Weil Liebe nicht nur durch den Magen geht, sondern auch auf die Hüften. Als Mann bist du in freier Wildbahn ein Kampfhahn, bist viel unterwegs, und dann irgendwann, wenn du verheiratet bist, wirst du träge.

Sorgen manche Frauen vielleicht sogar absichtlich mit guter Küche für diese Trägheit, damit der Hahn im heimischen Stall bleibt?

Vielleicht schon, manche Köchinnen sind perfider, als man denkt. *(Lacht.)*

Wir sprachen vorhin schon einmal kurz über Liebeskummer. Haben Sie ein Rezept dagegen?

Liebeskummer kommt und geht. Die Liebe kommt, die Liebe geht. Heute bist du die große Liebe, morgen ist der andere die große Liebe.

In welcher Phase sind Sie gerade?

Ich habe Niki, wir sind sehr verliebt. Es ist schön, jemanden an seiner Seite zu haben. Ich bin jetzt nicht mehr so ein Springbock wie früher.

Wie verwöhnen Sie denn Ihre Niki im Alltag?

Zwei bis drei Gänge mache ich ehrlich gesagt eher an Weihnachten oder Ostern. Aber wenn ich in München bin, koche ich jeden Tag selbst. Ich versuche, sie mit einfachen Dingen zu begeistern. Erst mal kaufe ich jeden Tag frische Blumen. Und ich kaufe auf dem Markt immer Zutaten für ein schönes Gericht ein – Spargel, Gemüse, Fisch, immer nur die beste Qualität. Aber ich stelle mich in der Regel nicht jeden Tag zwei bis drei Stunden in die Küche.

Und was kochen Sie heute Abend?

Heute Abend muss ich erst mal auf den Markt gehen. Gestern habe ich Spargel und Lachs gekocht, heute muss ich mal ein bisschen Gemüse machen. Keinen Brokkoli, aber einen Romanesco, der ist wunderschön von der Optik her.

FRANZISKA KNUPPE

»Wir machen aus der Liebe keine Philosophie – vielleicht ist das unser Erfolgsgeheimnis«

Wir betreten das Café Heider in Potsdam. Hier sind wir mit einer der schönsten Frauen Deutschlands verabredet: Franziska Knuppe. Das Model ziert Titelseiten von Magazinen wie Elle und Vogue, wird von Starfotografen wie Peter Lindbergh abgelichtet und läuft für große Designer wie Thierry Mugler oder Vivienne Westwood. Außerdem ist sie das Gesicht der Unterwäschemarke Triumph und dürfte durch ihren verführerischen Blick von Großflächenplakaten an Hauswänden und Litfaßsäulen schon manchen Auffahrunfall verursacht haben.

Die meisten Topmodels in der Liga von Franziska Knuppe machen mit einem ausschweifenden Liebesleben Schlagzeilen. Heidi Klum etwa lieferte sich einen Rosenkrieg mit Sänger Seal, vorher war sie mit illustren Männern wie dem Frontman der Red Hot Chili Peppers, Anthony Kiedis, und dem Formel-1-Manager Flavio Briatore liiert, der auch eine Beziehung mit Klum-Kollegin Naomi Campbell hatte. Franziska Knuppe ist im Vergleich dazu die personifizierte Biederkeit. Sie ist seit 1999 mit dem Bauunternehmer Christian Möstl verheiratet und lebt mit ihm und der gemeinsamen Tochter Mathilda vor den Toren Potsdams in einem Haus mit riesigem Garten, über den der pommersche Zwergspitz Woody wacht.

Doch hinter dem Gartenzaun wartet immer wieder eine andere Welt auf Franziska Knuppe: der Modejetset in New York, Paris und Tokio, wo nichts so sehr zählt wie der schöne Schein. Wie überlebt die Liebe im Wechsel zwischen diesen beiden Welten, wie widersteht sie den flüchtigen Versuchungen des Glamours? Darüber werden wir mit ihr im Café Heider sprechen, dem Ort, an dem sie die beiden Männer kennenlernte, die ihr Leben veränderten. Hier kellnerte Franziska Knuppe, als sie von ihrem späteren Mann angesprochen wurde, und hier wurde sie nur einen Monat später von dem Designer Wolf-

gang Joop als Model entdeckt. Heute ist sie einer der prominentesten Stammgäste des Cafés, das vielen als »Wohnzimmer« Potsdams gilt.

Franziska Knuppe erwartet uns bereits, sie hat einen Tisch in der hintersten Ecke des Cafés ausgewählt.

Frau Knuppe, glauben Sie an die Liebe auf den ersten Blick?

Im Grunde ja. Mein Mann ist mir auf jeden Fall sofort aufgefallen, als ich ihn hier zum ersten Mal sah.

Was genau ist Ihnen denn an ihm aufgefallen?

Er war groß und sah rebellisch aus. Er hatte lange Haare und trug eine Lederhose.

Hat er Sie sofort angesprochen oder erst »gelauert«?

Erst mal hat er mich überhaupt nicht angesprochen. Er war mehrfach mit einem Kumpel hier, und wir hatten Blickkontakt. Am Vatertag, also an Christi Himmelfahrt, fand hier ein Jazzkonzert statt. Das Café war total überfüllt, eigentlich gab es keinen einzigen Platz mehr, aber ich habe ihm und seinem Freund noch eine Ecke direkt neben der Band frei gemacht. Dort war es so laut, dass sich die beiden kaum unterhalten konnten, sodass sie recht früh gingen. Doch plötzlich stand Christian mitten in der Nacht wieder hier im Lokal und fragte mich ohne große Umschweife, ob er mich mal zum Essen einladen dürfe.

Haben Sie sofort Ja gesagt?

Na klar.

So leicht bekommt man ein Rendezvous mit einem Top-model?

Damals war ich ja noch kein Model. Und ich hatte ihn schließlich vorher länger beobachtet und fand ihn interessant.

Bis dahin hatten Sie ja nur einen optischen Eindruck von ihm. Wie hat er bei dem Abendessen Ihr Herz erobert?

Mich hat vor allem seine offene und ehrliche Art fasziniert. Christian ist sehr meinungsfreudig und sagt immer, was er denkt, auch wenn er manchmal damit aneckt. Das hat mir imponiert. Und er hat eine wahnsinnig gute Menschenkenntnis, er kann eine Person sofort einschätzen und beurteilen. Das hat mich schon bei unserem ersten Rendezvous fasziniert. Und nach zwei Monaten bin ich bei ihm eingezogen.

Sie müssen sich Ihrer Sache ja ganz schön sicher gewesen sein!

Eigentlich bin ich »gezwungenermaßen« bei ihm eingezogen. Christian stammt zwar auch aus Potsdam, lebte aber damals in Hamburg. Wegen eines Bauprojektes pendelte er zwischen beiden Städten. Einen Monat nach unserem Kennenlernen wurde ich hier von Wolfgang Joop entdeckt. Er brachte mich mit meiner Agentur Model Management Hamburg zusammen, die sich kurz nach dieser Begegnung bei mir meldete: »Wir haben deine Fotos gesehen, du musst sofort morgen nach Hamburg kommen!« Also habe ich Christian angerufen und ihn gefragt, ob ich bei ihm übernachten könnte. Die Agentur sagte mir anschließend, sie wollten sofort mit mir arbeiten. Das stellte mich vor eine schwere Entscheidung, denn ich hatte zu diesem Zeitpunkt bereits eine Ausbildung als Hotelkauffrau absolviert, studierte BWL und kellnerte hier im Café. Aber ich bekam innerhalb von einer Woche die ersten Aufträge für Fotoshootings. Außerdem berichtete die Presse, dass Wolfgang jemanden entdeckt habe. Es ging also alles relativ schnell, und ich musste in Hamburg vor Ort sein. So bin ich komplett bei Christian eingezogen.

Nicht jeder Mann ist auf Anhieb begeistert, wenn eine Frau bei ihm einziehen will ...

Als ich ihn fragte, sagte er nur: »Ja, gut, mach mal. Schauen wir mal, wie das läuft.« Vor mir hatte er immer Fernbeziehungen gehabt, doch das war ihm auf Dauer zu anstrengend geworden. Insofern fand er es nicht ganz so schlimm, dass ich zu ihm nach Hamburg kam. (*Lacht.*)

Ein Jahr später hat Ihr Mann Ihnen einen Heiratsantrag gemacht. Eigentlich heißt es ja immer: »Drum prüfe, wer sich ewig bindet.« Was hat Sie so schnell so sicher gemacht, dass Sie den Mann fürs Leben gefunden haben?

Ich wusste es einfach. Der Mann, mit dem ich vorher zwei Jahre lang zusammen war, hatte auch manchmal übers Heiraten gesprochen, aber ich bin nie darauf eingegangen. Ich spürte, dass er wahrscheinlich doch nicht der Richtige war. Man muss da ganz ehrlich sein zu sich selbst. Als mein Mann mir die entscheidende Frage stellte, habe ich sofort Ja gesagt und gar nicht darüber nachdenken müssen.

Resultiert das Wissen, dass es »der Richtige« ist, aus einem Bauchgefühl, oder ist es das Ergebnis eines rationalen Abwägungsprozesses?

Beides. Um sich auf einen Partner einzulassen, müssen Bauch und Kopf mitspielen. Aber ich wusste relativ schnell, dass er »der Richtige« war. Wir kannten uns immerhin schon ein Jahr, als Christian mir den Antrag machte, und bis zur Hochzeit verging ein weiteres Jahr, das Fest musste ja in Ruhe geplant werden. Bis unser Kind kam, vergingen dann noch mal acht Jahre.

Empfinden Sie die Liebe als Dauerzustand oder als Summe von besonders intensiven emotionalen Momenten?

Für mich ist die Liebe schon eine Art Dauerzustand, du fühlst dich deinem Partner ja immer, zu jedem Zeitpunkt deines Lebens, verbunden. Aber natürlich gibt es auch diese besonderen Momente, in denen man die Liebe besonders stark spürt. Ein Beispiel: Wenn man sich länger nicht gesehen hat, freut man sich umso mehr aufeinander.

Sie und Ihr Mann haben sich in einer Phase kennengelernt, die in Ihrem Leben einen großen Umbruch bedeutete: Sie stiegen schlagartig von der Studentin zum Topmodel auf. Hat das Ihre Liebe auch vor Herausforderungen gestellt, etwa, wenn Sie plötzlich häufig zu Fotoshootings reisen mussten?

Natürlich war das am Anfang nicht immer leicht. Aber selbst wenn ein Partner mal über die Abwesenheit des anderen meckert, bedeutet das ja nicht gleich ein grundlegendes Problem. Christian und ich sind gemeinsam in diesen Job hineingewachsen, deshalb hat er sehr viel Verständnis für meine Arbeit.

Wird dieses Verständnis manchmal auch auf die Probe gestellt? Wir könnten uns vorstellen, dass es für einen Ehemann manchmal nicht ganz einfach ist, wenn die Frau bei einem Shooting für eine Unterwäschemarke am Set in Dessous vor einer Horde männlicher Fotografen herumspringt.

Für meinen Mann ist das mittlerweile ganz normal. Wenn ich mit den Fotos nach Hause komme, betrachtet er sie sogar mit echtem Profiblick und ist mein größter Kritiker. Er prüft ganz genau die Posen und bemängelt zum Beispiel, wenn ich zu oft denselben Blick aufsetze. Denn ich muss dem Fotografen ja ein sehr breites Spektrum an Mimik bieten.

Flirten Sie für ein gutes Bild auch ein bisschen mit dem Fotografen?

Natürlich möchte ich, dass der Fotograf mich mag, dass die Chemie zwischen uns stimmt. Und natürlich spornt dich ein Fotograf auch an, schließlich will er ja ein gutes Produkt abgeben. Wenn ich mit einer lustlosen Miene über das Set laufe, ist das natürlich nicht im Sinne des Produkts. Aber von einem echten Flirt kann nicht die Rede sein. Ich nehme echt nur die Kamera wahr. Ich spiele mit ihr und glaube nicht, dass der Fotograf sich da als Person angesprochen fühlt.

Sie posieren in Reizwäsche und glauben ernsthaft, dass der Fotograf nur die Schärfe seiner Kamera im Sinn hat?

Ich hüpfe den halben Tag lang halb nackt vor den Fotografen herum, und meine Posen sind tatsächlich sehr verführerisch. Aber solch ein Fotoshooting steht zu neunundneunzig Prozent auf einer professionellen Basis, und für ein gutes Produkt muss ich den Kollegen auch vertrauen können.

Was genau meinen Sie mit Vertrauen?

Ich muss das Gefühl haben, dass der Fotograf mich in diesem intimen Moment als Model betrachtet und nicht als Frau. Und ich glaube, die meisten Fotografen sind ziemlich abgehärtet. (*Lacht.*)

Sie sagten vorhin, für Ihren Mann sei Ihre Arbeit schon ganz normal. War er wirklich noch nie eifersüchtig?

Ganz am Anfang wollte er schon gerne alles ziemlich genau wissen, wenn ich gemeinsam mit männlichen Models Fotos gemacht habe. Aber gleichzeitig wusste er immer, dass er ohnehin nichts dagegen machen konnte, weil es nun mal mein Job ist. Und im Grunde ist es auch egal, ob ich in Südafrika mit Männern zusammenarbeite oder nebenan – wenn ich wollte, könnte ich ihn jetzt auch in einem Café um die Ecke betrügen. Davon abgesehen – jeder Mensch arbeitet in seinem Job mit anderen Leuten zusammen.

Aber in der Modebranche arbeitet man mit den Schönen, Kreativen und Reichen zusammen. Sind die Verführungen da nicht ungleich größer?

Das mag sein, aber ich weiß ja, was ich an meinem Mann habe, und er weiß, was er an mir hat. Außerdem hat er mich am Anfang meiner Karriere oft begleitet und viele Leute kennengelernt, mit denen ich zusammenarbeite. Er weiß deshalb, dass es an einem Set wahnsinnig professionell zugeht. Und mein Mann weiß, dass die meisten männlichen Models nicht besonders verführerisch sind.

Die Models, mit denen Sie zusammenarbeiten, werden als die schönsten Männer der Welt gefeiert. Und Sie finden sie nicht besonders verführerisch?

Genau. Die meisten männlichen Models sind Waschlappen. Sie beschäftigen sich den ganzen Tag nur mit ihrem Aussehen und damit, welche Fotos sie in ihrem Portfolio haben. Als ich in Paris, Mailand und New York lebte, habe ich viele auch privat kennengelernt. Mit den meisten kannst du dich gar nicht richtig unterhalten, weil sie immer nur das Thema Modeln draufhaben. Solch einen Mann würde ich nie haben wollen.

Wie zum Beweis, dass sie in dieser Glitzerwelt nur eine Besucherin ist, die dort ihrem Broterwerb nachgeht und nicht mitspielt auf dem Jahrmarkt der Eitelkeiten und der Magermodels, bestellt Franziska Knuppe ein Wiener Schnitzel mit lauwarmem Kartoffel-Gurken-Salat und Preiselbeeren. Und tatsächlich möchte man ihr auf Anhieb abnehmen, dass sie das gemütliche Café Heider mit seinen goldgefassten Spiegeln, Bordürentapeten und großen Samtsofas im Zweifel einem coolen Schickimickirestaurant in New York jederzeit vorziehen würde und dass sie das verkörpert, was in der Modebranche als Schimpfwort gilt: Bodenständigkeit.

Lässt es Sie wirklich völlig kalt, wenn Sie bei einer international beachteten Gala über den roten Teppich flanieren?

Natürlich ist das verführerisch, wenn du über den roten Teppich läufst, und fünfzig Fotografen schreien hinter dir her, weil sie ein Foto von dir wollen. Diese Aufmerksamkeit, diese Bewunderung gibt dir schon einen Adrenalinstoß, und du fühlst dich wohl dabei, das gebe ich gerne zu. Man muss also vorsichtig damit umgehen, weil man sonst abhebt. Es gibt ja einige, die aufgrund dieses Ruhmes ein bisschen austicken.

Wie verhindern Sie, dass Sie selbst »austicken«?

Mein Mann und ich ziehen uns gegenseitig rechtzeitig runter, im positiven Sinne. Ich habe im Grunde zwei Leben: Ich habe mein öffentliches Leben, meinen Job, durch den ich mich vor Fotografen und auf Veranstaltungen bewege und im Fernsehen auftrete. Dieses Leben ist sehr anstrengend. Nach ein paar Wochen New York kriege ich zum Beispiel einen Knall. Ich bin ja ohnehin schon ein sehr hektischer Mensch, ich rede viel, ich muss mich immer bewegen, ich kann selten ruhig sitzen. Wenn du dann noch in so einer Stadt wie New York bist, drehst du irgendwann durch. Ich brauche also einen Ruhepol, um wieder runterzukommen, um wieder Luft reinzulassen, aufzutanken. Und dieser Ruhepol ist mein privates Leben mit meinem Mann und meiner Tochter.

Wo liegt dieser Ruhepol geografisch?

Wir leben auf dem Land, nicht mitten in der Großstadt Berlin, wo du eigentlich gar nicht mehr wirklich rauskommst aus dem Beruf und aus der Schickimickiszene. Ich stehe sozusagen außerhalb dieses Sogs der Branche mit all ihren Events und Partys.

Fällt es Ihnen nicht schwer, ständig zwischen diesen beiden Leben umzuschalten?

Nein, sobald ich aus dem Flugzeug steige und im Taxi sitze, ist das, als hätte jemand einen Schalter umgelegt. Dann bin ich zu Hause. Hier komme ich sehr schnell wieder runter, denn ich liebe es, für meinen Mann da zu sein und für meine Tochter.

Gibt es irgendein Ritual des Um- und Abschaltens, wenn Sie nach Hause kommen?

Ich koche. Nach fünfzehn oder zwanzig Stunden im Flugzeug bin ich zwar relativ müde, aber meistens fahre ich dann noch im Supermarkt vorbei und mache einen Großeinkauf. Zu Hause stelle ich mich dann an den Herd. Wenn ich unterwegs bin, bekommt man meistens nur Hotelessen oder Fast Food, und dann brauche ich dringend wieder was Richtiges. Kochen ist ein guter Ausgleich für mich.

Was kochen Sie denn am liebsten?

Ich habe viel von meinem Vater und meiner Großmutter gelernt, also schon typisch deutsche Küche. Ich kann gut Rouladen, Braten und alles mit Kartoffeln.

Ein Topmodel, das vom Fotoshooting in New York nach Hause kommt und erst mal Rouladen kocht, kann man sich kaum vorstellen.

Das ist aber so. Inzwischen kann ich allerdings nicht mehr stundenlang in der Küche bleiben, denn dann würde meine kleine Tochter mir einen Vogel zeigen. Oder sie steht daneben und sagt: »Mami, ich will mitmachen!«

Erledigen Sie auch andere Hausarbeit?

Na klar. Eigentlich bin ich eine richtige Hausfrau. Wenn ich nicht unterwegs bin, dann koche, wasche und putze ich. Ich habe zwar auch eine Putzfrau, aber die kommt nur einmal die Woche. Eine Haushälterin haben wir nicht. Morgens stehe ich auf und mache Frühstück, bringe meine Tochter in den Kindergarten, gehe einkaufen und koche. – Wie schmeckt Ihnen eigentlich das Schnitzel?

Sehr gut, danke.

Die sind riesig, oder? Boah, bin ich satt!

Franziska Knuppe streicht sich zur Untermauerung gerade mit der Hand über den Bauch, als ein Mann unseren Tisch ansteuert. Er hat mittellange, dunkelbraune Haare, trägt Brille und Bart und stellt sich uns als Christian Möstl vor, Franziska Knuppes Ehemann, der seine Frau abholen möchte. Ein bisschen grimmig und misstrauisch mustert er uns, vielleicht ist das die Art von Blick, den man sich ganz automatisch angewöhnt, wenn man mit einem Topmodel verheiratet ist und überall potenzielle Konkurrenten wittert.

Wir haben vorhin von Ihrer Frau gehört, wie Sie sich kennengelernt haben. Verraten Sie uns Ihre Strategie?

Ich habe sie hier gesehen und bin dann gezielt mehrfach hierhin gegangen. Und, na ja, das Resultat sieht man ja. Hat geklappt.

Wie haben Sie es geschafft, dass diese wunderschöne Frau mit Ihnen essen geht?

Mit meinem unschlagbarem Charme.

Franziska Knuppe: Übrigens haben sich schon Christians Eltern in diesem Café kennengelernt, vor mehr als vierzig Jahren!

Herr Möstl, können Sie uns sagen, was Sie an Ihrer Frau am meisten lieben?

Auweia… Doch, eine große Sache gibt es: Sie erträgt mich. Ich bin ein komplizierter, schwieriger Typ, und trotzdem lässt sie sich nicht aus der Ruhe bringen. Sie weiß perfekt mit mir umzugehen. Jede andere würde viele Dinge ausdiskutieren wollen oder sich daran stoßen, aber Franziska macht das nicht. Wir verstehen uns einfach.

Dass Sie sich auch nach mehr als zehn Ehejahren verstehen, ist heute keine Selbstverständlichkeit. Was ist Ihr Erfolgsgeheimnis in der Liebe?

Christian Möstl: Augen zu und durch.

Franziska Knuppe stößt ihren Mann mit dem Ellbogen an.

Hör auf, ich glaube, du fährst lieber noch mal und kommst später wieder.

Christian Möstl: Warum muss denn immer alles ein Erfolgsgeheimnis haben? Das geht mir gegen den Strich! Es gibt Dinge, die sind so, wie sie sind, weil sie gut sind. Da gibt es kein Erfolgsrezept. Man lebt miteinander und versteht sich, und fertig ist die Laube. Ich glaube, diejenigen, die immer nach einem Rezept für die Liebe suchen, werden sie nicht finden, und die werden auch nie eine lange, gute Beziehung führen, weil sie zu beschäftigt sind mit der Suche. So einfach ist das.

Christian Möstl geht mit dem Mund so nah an unser Diktiergerät heran, dass seine Barthaare es fast berühren.
    Ist das angekommen?

Das ist angekommen, danke! Und trotzdem: Frau Knuppe, gibt es Ihrer Erfahrung nach ein Erfolgsgeheimnis für die Liebe?

Man muss an einer Beziehung arbeiten. Es gibt viele Paare, die sich schon nach der kleinsten Diskussion oder Meinungsverschiedenheit trennen. Ich finde, man muss über alles reden können und dabei auch mal laut werden dürfen. Das Prinzip »schöne heile Welt« funktioniert nicht auf Dauer, man muss auch mal was rausbrüllen, sonst frisst man sein Problem in sich hinein. Probleme gehören zu einer Beziehung dazu, und bei mehr als zehn Jahren Beziehung hast du immer mal irgendein Problem. Genauso wichtig ist es auch, zu wissen, wann man besser den Mund hält, wann man den Partner in Ruhe lassen muss. Insgesamt teile ich aber Christians Auffassung: Wir machen aus der Liebe keine große Philosophie – vielleicht ist das unser Erfolgsgeheimnis.

FERIDUN ZAIMOGLU

»Seid ehrlich und scheißt auf den Haussegen!«

Voller Vorfreude stehen wir in Kiel vor einem Mehrfamilienhaus mit schöner Jugendstilfassade, dem etwas frische Farbe gut stehen würde, und klingeln bei Feridun Zaimoglu. Wer, wenn nicht der Schriftsteller, müsste uns verraten können, ob es sie wirklich gibt, die wahre, die ewige Liebe. Schließlich lebt er nicht nur mit, sondern auch von ihr. Er verdient sein Brot damit, das Rauschhafte der Liebe und ihre Abgründe zu erfassen, das oft Unbeschreibliche in Bücher zu gießen.

Feridun Zaimoglu ist einer der bedeutendsten zeitgenössischen deutschen Schriftsteller. Geboren wird er 1964 im anatolischen Bolu, die Eltern suchen als Metallarbeiter und Putzfrau in Deutschland ihr Glück. Feridun Zaimoglu studiert Medizin in Kiel, bricht nach dem Physikum ab, studiert Kunst und fliegt gleich zweimal von der Akademie, weil er die Bilder der Professoren als »blöde Angestelltenkunst« bezeichnet. Heute malt und zeichnet er selbst wieder viel, seine Werke werden auch ausgestellt. In seinem 2010 erschienenen Roman »Liebesbrand« erzählt er die Geschichte des ehemaligen Börsenmaklers David, der bei einem Busunglück in der Türkei fast ums Leben kommt. Der Autor hat diesen Unfall tatsächlich erlebt. Gerettet wird der Protagonist seines Buches von einer jungen, schönen Frau, die nach der Erstversorgung verschwindet. In David lodert ein Feuer auf, er macht sich auf die Suche nach der engelsgleichen Erscheinung, besessen von der Idee, in ihr seine große Liebe gefunden zu haben.

Wir sind zu spät, die Bahn war wieder mal unpünktlich, aber Feridun Zaimoglu nimmt es uns nicht übel. In seinen Augen sehen wir die Herzlichkeit eines Schamanen, der sich darüber freut, dass zwei junge Männer seinen Rat suchen. »Ich kann euch lösliche Mörderbrühe anbieten. Zucker muss ich gucken.« Wir begnügen uns mit Leitungswasser. Der Schriftsteller führt uns durch seine eher karge Drei-

zimmerwohnung. Auf dem Weg ins Arbeitszimmer sehen wir, dass er neben seinem Bett eine große Wäschespinne aufgeklappt hat, auf der in der hereinziehenden schwülen Sommerluft schwarze T-Shirts und schwarze Socken trocknen.

Sie schreiben preisgekrönte Liebesromane, leben aber offenbar wie ein eingefleischter Junggeselle. Sehnen Sie sich nicht nach einer Frau, die Ihnen ein Nest bereitet, Ihnen bei der Wäsche hilft?

Meine Socken, meine Unterwäsche kann ich selber waschen, ich kann selber aufräumen, ich kann selber für mich sorgen, ich kann selber mein Leben organisieren, ich brauche keinen Mutterersatz, ich brauche keine Lebenskrücke, und ich glaube, das brauchen die wenigsten. Dabei bin ich kein Mensch der Prinzipien. Ich kann nur sehen, was mich frei macht, ich kann nur sehen was mich glücklich macht, und ich kann jetzt, mit siebenundvierzig Jahren, nicht nur sagen, was ich nicht will, sondern, was ich will.

Was wollen Sie denn?

Ich will Frauen lieben, begehren, sie verschlingen, mich nach ihnen verzehren. Ich will nicht das Leben von Daddy und Mummy, ich will ein Leben von Mann und Frau. Wenn ich eine Frau sehe, will ich sie begehren und nicht denken: »O Gott, heute Nacht wieder.« Aber in den meisten Fällen haben wir es mit einem Abgewöhnungsprozess zu tun. Und Abnutzungsscharmützel sind mir ein Gräuel.

Woran spürt man, dass ein »Abgewöhnungsprozess« begonnen hat?

Es fängt damit an, dass eine Frau einen Mann nicht mehr mit diesem ganz bestimmten Blick anschaut, sondern mit einem stumpfen Blick. Plötzlich wird man so angeschaut wie eine Kommode, ein Pantoffel oder ein Paar Turnschuhe. Dann ist der Ofen aus.

Kann ein Mann das nicht verhindern, indem er ständig an sich arbeitet und auf die Bedürfnisse der Frau eingeht?

Ja, aber dann ist man ein domestizierter Pudel. Die Frauen züchten sich diese domestizierten Pudel, der Mann macht es natürlich mit, möchte schnuppern, weiterhin schnuppern. Wir können es nicht fassen, wenn eine Frau sich für uns auszieht, und wir können es nicht fassen, dass schöne, gepflegte Frauen solche Typen wie uns mögen, das ist ja unfassbar. Aber dann stellen wir fest, dass die Beischlaffrequenz, das Liebemachen, immer seltener wird. Deine Frau geht ins Bett und schläft ein. Was soll denn das heißen? Eine schöne Frau im eigenen Bett, ich spüre die Körperwärme, und sie liegt da wie ein erigierter Untoter, und ich habe Fantasien. Das ist doch ganz schlimm!

Ist es nicht normal, dass mit der Zeit der Sex weniger wichtig wird?

Könntet ihr Jungs es ertragen, dass die Frau, die ihr liebt, mit der ihr zusammen seid, sich sehr für andere Jungs interessiert, um es mal vornehm zu sagen, dass sie andere Jungs anschaut – könntet ihr das ertragen?

Nein. Aber dass man nach vielen Jahren Beziehung oder Ehe weniger miteinander schläft, muss ja auch nicht zwangsläufig bedeuten, dass jemand sich dann für andere interessiert. Kann es nicht sein, dass sich dafür aber eine größere Vertrautheit einstellt?

Ist es toll, dass das Liebemachen tatsächlich immer seltener wird? Wenn ihr mir sagt: »Ja, es ist toll, Hauptsache, wir essen immer Chips auf dem Sofa«, oder: »Hauptsache, ich komme nach Hause, und ich höre eine Frauenstimme«, dann sage ich euch, ihr seid echt bekloppt, dann ruft hier die Bequemlichkeit. Ihr könnt nicht alles haben, ihr könnt nicht sagen: »Ich will ein Nest«, und gleichzeitig sagen: »Ich will jede Nacht Liebe machen.«

Warum soll nicht beides gehen?

Das geht nicht, weil Harmonie nichts weiter ist als Langeweile. Es werden erst einmal bestimmte Verhältnisse geschaffen, um sie dann zu bewahren. Dann kommt es ja auch nicht von ungefähr, dass die Jungs, wenn sie in solchen Verhältnissen sind, dicker werden.

Die Frau domestiziert also den Pudel und füttert ihn, er wird dick, und sie beginnt ihn zu verachten. Sollte man sich als Mann also öfter auflehnen, mutig und wild sein?

Man kann die Wildsau abgeben, die durchs Unterholz kracht, oder man kann die Frau in romantischem Sinne erhöhen. Nur kommt irgendwann der Punkt, da hilft gar nichts mehr.

Demzufolge sollte man auch gar nicht heiraten, weil jede Liebe früher oder später erlischt?

Romeo und Julia haben deswegen eine unvergessliche, großartige Liebe gelebt, weil sie nicht geheiratet haben. Romeo und Julia ist ja in Wirklichkeit das obszönste und vulgärste Spiel von Shakespeare, in der deutschen Fassung ist es aber zensierter Stoff. Es gibt viele anzügliche Witze, und Romeo hat natürlich mit Julia geschlafen. Shakespeare ist kein Bänkelsänger, er hat die menschliche Existenz auf vielfältige Weise erfasst und dabei den Körper nie vergessen. Shakespeare ist kein Zyniker, er liebt diese Kinderseele, sein Herz springt wie ein Lämmerschwänzchen im Frühlingsregen, wenn er Romeo und Julia sieht, das fühlt er genauso. Romeo war im Original, so wie Shakespeare ihn gemeint hat, romantisch und säuisch. Und in diesem Sinne bin ich es auch: romantisch und säuisch. Alles andere ist verlogen.

Sie könnten sich also nicht vorstellen zu heiraten?

Die Hochzeit ist die größte Lüge der bürgerlichen Welt. Erst einmal tritt die Frau im Unschuldsweiß auf, das ist ein Mädchentraum, und dann wird man mit Reiskörnern beworfen, und alles ist toll. Ein paar Jahre später ist alles im Arsch. Das Ganze dauert vielleicht idealerweise vier bis fünf Jahre, dann ist aber Schluss. Dann gibt es ein Kind, das Drama eines vaterlosen Kindes. Viele Leute da draußen sind zu feige, sowohl Männer als auch Frauen, bestimmte Dinge auszusprechen. Die Liebe dauert drei Jahre, länger nicht.

Sie glauben also nicht an die ewige Liebe?

Nein, es gibt die großartige stürmische Liebe, es gibt filmreife Geschichten, es gibt ein Verlangen, eine Sucht. Aber es kommt der Moment, wo es nicht mehr um Mann und Frau geht, sondern um Abwicklung, um Arrangement. Dann fängt es an, nach ranziger Socke zu stinken, und dann ist man auch so unehrlich und hält sich nicht etwa die Nase zu. Nein, das tut man nicht. Man parfümiert die ganze Geschichte, mit einem Kind, mit teuren Gegenständen, die man kauft, man parfümiert mit Urlaub. Die Scheiße stinkt, und man sprüht mit einer riesengroßen Sprühflasche den Duft überallhin.

Und was ist die Lösung?

Sage ich euch gleich, erst gebe ich meine Bankverbindung durch, wenn ich euch schon glücklich machen soll. Nein, die Lösung ist: Man muss in verschiedenen Schritten auf die Fresse fallen. Mit der Frau seines Herzens zusammenziehen, heiraten, das ist an sich überhaupt kein Fehler. Oder das andere, was ich liebe, was andere lieben: unbeständig sein. Entweder eine Wochenendbeziehung haben oder immer wieder Affären haben – egal, was man macht, man fällt auf die Fresse.

Aber was ist die Lösung, um nicht auf die Fresse zu fallen?

Die Lösung ist die Abschaffung der Unehrlichkeit. Wir langweilen die Frauen mit unserer Unehrlichkeit. Die Probleme beginnen in dem Moment, in dem man unehrlich ist und denkt, sich zivilisiert verhalten zu müssen. Wir wollen ja nicht Harmonie, wir wollen nicht die völlige Auflösung der Gegensätze. Doch ab diesem Punkt langweilt man sogar die Frau, die zwar sanft und schüchtern ist, aber subtil Signale aussendet, die wir übersehen. Wenn jemand zu uns kommt und sagt: »Du hast so eine blöde Fresse, ich kann dich nicht leiden«, dann verstehen wir das. Dann verstehen wir: »Er mag mich nicht.« Aber wenn eine Frau, mit der wir zusammengezogen sind oder mit der wir uns verlobt haben, sich ab und zu mal nach einem anderen Mann umsieht, dann merken wir das nicht. Wenn ich selber nicht so oft auf die Fresse gefallen wäre, wenn ich mich nicht als ahnungslos ansehen würde, und das ist keine Koketterie, dann könnte ich nicht so frei reden. Aber irgendwann ist Schluss mit der Unehrlichkeit.

Wie genau soll denn die »Abschaffung der Unehrlichkeit« aussehen?

Ich bin, das vorneweg, einer, der keinen Schimmer hat, der keine Regeln aufstellen kann, der rechts und links immer eine gedonnert bekam, der oft auch verlassen worden ist. Aber ich habe es nicht dazu kommen lassen, etwas weiterzumachen, was schon tot war. Ich kann das für mich klar äußern: Ich habe den Verdacht, dass das, was ich für mich äußere aufgrund meiner Betrachtungen und Alltagsbeobachtungen, nicht nur für mich gilt. Es gibt keine allgemeine Regel, aber jeder für sich kann nicht vage, sondern ganz deutlich sagen, was er auf Dauer nicht dulden mag. Der eine mag verschmuste Abende, ich hasse so was. Der eine hasst Beständigkeit, der andere hasst die Unbeständigkeit, aber Gift ist doch die Harmonie. Wenn man sich einrichtet und glaubt, das ginge eine Weile gut, und tatsächlich geht es eine Weile gut, dann wird die Maulschelle, die man irgendwann bekommt, umso heftiger ausfallen. Also, seid ehrlich und scheißt auf den Haussegen.

Aber wer sich nicht hier und da zurücknimmt und Kompromisse eingeht, riskiert einen Dauerstreit. Das kann doch auch nicht das Ziel sein, oder?

Das Ziel ist ja auch nicht die Überwindung der Fremdheit zwischen Mann und Frau. »Wir verstehen uns so toll.« Ja wie? Bin ich der beste Freund? Ich will mich nicht mit einer Frau toll verstehen, was soll denn das? Viele Leute, die mehr als einen Löffel Grips in der Birne zu haben glauben, besuchen eine Universität und wandern dann in alle möglichen Sektoren ab. Nur nehmen sie viel aus der studentischen Kultur mit, unter anderem auch dieses Mann-Frau-Ding. Aber was man an der Uni erlebt ist Mädchen – Junge. Die Mädchen mit ihrer hohen Piepsstimme und die Jungs mit ihrer Ponysträhne in der Fresse wollen immer lange aufbleiben, das macht sie munter. Aber diese Pseudomunterkeit kannst du doch nicht hinüberretten in das Leben und glauben, das Harmonisieren sei toll.

Haben Sie denn irgendwann mal die Harmonie ausprobiert?

Ja, mit einer Frau war ich drei Jährchen zusammen. Morgens war ich aufgeregt wie ein Kind. Wenn ich morgens aufstehe und mich im Spiegel angucke, muss ich schreien vor Angst. Aber wenn sie aufwachte – wie schön sie war, wie heiß war ihr Körper! Ich kann nicht kochen, aber Spiegeleier, irgendetwas habe ich immer gemacht. Ich wollte ihr gefallen. Was habe ich nicht alles gemacht, ich habe Salat gemacht, ich habe ihre Socken gewaschen, ihre

Nylonstrümpfe, ich habe verdammt noch mal ihre Slips mit Menstruationsblut eingeweicht. Es ist nicht so, dass ich der klinische Liebesabenteurer bin. Ich habe staubgesaugt, ich habe die Bettwäsche gewechselt, ich habe ihre Sachen gebügelt, ich habe ihr Kind aus der ersten Ehe mit großgezogen. Es war mehr als die öde Existenz, und ich wollte viel mehr, ich wollte, dass sie glücklich ist.

Warum war dieses Glück nicht von Dauer?

Plötzlich war da nicht mehr das Verlangen, es ging es nur noch darum, den Alltag zu bewältigen. Plötzlich sprach sie in einem bestimmten Ton, wie mit einem Gebrauchsgegenstand. Das Ende war schlimm, das ist jetzt ein paar Jahre her.

Was war der Auslöser für das Ende der Beziehung?

Irgendwann wollte sie keine getrennten Wohnungen mehr, sie wollte, dass wir zusammenziehen, sie wollte, dass es ernster wird, sie wollte noch ein Kind, sie wollte heiraten. Nichts davon wollte ich. Ich habe ihr das gesagt, und sie hat es dann noch eine Weile ausgehalten mit mir.

Also hat sie den Fehler gemacht, nicht ehrlich zu sich selbst zu sein, weil sie es noch mit Ihnen ausgehalten hat?

Ich glaube nicht. Ich sehe die Schuld immer bei mir. Sie war immer klar, ich glaube, die Frauen sind sehr klar. Das sentimentale Geschlecht sind die Männer. Wir schwimmen, wir sind berauscht, wir sind so von all diesen Reizen durchflutet, und wir möchten nicht, dass es vorbeigeht. Wir sind gleichzeitig schweinisch und säuisch, wir möchten der Frau die Fetzen vom Leib reißen, wir möchten über sie herfallen. Die Unehrlichkeit sehe ich bei mir, weil ich geglaubt habe, das über einen längeren Zeitraum verschleppen zu können, das wird schon irgendwie. Das ist ja voll bekloppt. Und das war schmerzhaft für sie.

Warum?

Weil ich dann nicht treu war.

Ist Treue aus Ihrer Sicht also gar nicht möglich?

Monogamie über eine lange Zeit ist eine verdammte Lüge. Es ist nicht so, dass sie nicht klappen kann, aber sie macht die Betreffenden so unglücklich. Ganz unabhängig von mir und anderen idyllenskeptischen Menschen, die trotzdem für sich in Anspruch nehmen, romantisch zu sein. Es klappt objektiv nicht. Monogamie ist eine Lüge, für Mann wie für Frau.

Wie hat Ihre damalige Freundin reagiert?

Sie hat gesagt: »Wie gerne hätte ich das gehabt, dich als Vater meines Kindes zu sehen. Und du hast es nicht zugelassen. Du hast es verunmöglicht.«

War die Trennung auch für Sie schmerzhaft?

Wenn ich so rede, dann rede ich als einer, der geliebt hat, geblüht hat, dann Blut gekotzt hat, und keiner war da, der mir das Tränentüchlein gereicht hätte. Ich habe das kalte Feuer in mir gehabt. Weder das Gewaltschreiben noch das Zeichnen hat mir geholfen, und ich habe still geheult. Jungs sollten in der Öffentlichkeit nicht heulen. Ich dachte wirklich, ich sterbe, ich hatte Herzschmerzen, ich konnte nicht schlafen, ich hatte Albträume, ich hatte keinen Appetit mehr, ich hatte keine Lust mehr, ich habe nicht geschmeckt, was ich gegessen habe, und ich habe mir sogar vorgestellt, dass sie schon den Nächsten hat. Es wurde immer schlimmer.

Wenn Sie so gelitten haben, warum sind Sie dann nicht einfach mit ihr zusammengezogen?

Es hat nichts mit Feigheit zu tun. Mutiger ist es, wegzugehen, auch auf die Gefahr hin, alles zu verlieren. Ich kriege keine Luft, wenn ich mit einer Frau unter einem Dach lebe, das geht nicht.

Was genau würde Sie denn stören? Dass die Frau Ihren Tagesablauf beeinflusst und sagt: »So, jetzt ist es zwanzig Uhr, und wir müssen die Tagesschau sehen«?

Meistens ist es der Mann, der sich aufs Sofa setzt und Fernsehen guckt. Die Frau muss ja auch einiges ertragen. Es betrifft beide.

Aber wovor haben Sie Angst?

Ich habe keine Angst, ich mag es nicht.

Was konkret mögen Sie nicht am Zusammenleben mit einer Frau?

Wisst ihr, wie mein Tag aussieht? Morgens nach dem Aufstehen, noch nicht ganz wach, zeichnen, malen, noch unbewusst, erst einen Kaffee hier trinken, dann los, frühstücken, dann herkommen, zweieinhalb bis viereinhalb Seiten schreiben, vormittags Prosa, nachmittags Theaterstücke, dann wieder zeichnen, dann Gespräche, dann Koffer packen, dann in die Stadt, dann spülen, dann Koffer packen. Oder dann ins Bett gehen, plötzlich fällt mir etwas ein, dann aufstehen, um zwei Uhr, egal, aufschreiben. Es ist eine Sucht, es ist ein Sog.

Er sagt das in einem Ton, als wolle er uns beschwören, als könnte auch uns dieser Sog erfassen und in seine Welt der Schriftstellerei hineinziehen, wenn wir es nur zuließen. Jedes Wort legt er sich mit größter Sorgsamkeit zurecht, und er muss nicht einmal die Lautstärke modu-

lieren, um seinen Worten Gewicht zu verleihen, ihm gelingt das allein durch präzise Artikulation und variantenreiche Betonung. Ihm gelingt das auch durch seinen Blick, über den tiefen, dunklen Rändern strahlen seine Augen besonders kräftig. Aus ihnen spricht diebische Freude, wenn er spürt, dass uns seine Ansichten überraschen oder verunsichern, dass sie uns manchmal sogar Angst machen. Aber es strahlt auch ein feierlicher Ernst aus diesen Augen, wie er sich bei einem großen Bruder beobachten lässt, der gerade etwas mit seinen jüngeren Brüdern teilt, das sie bis ans Ende ihres Lebens nicht vergessen sollen.

Auch wenn Feridun Zaimoglu viele Kraftausdrücke verwendet, klingen seine Ansichten niemals stumpf oder leichtfertig wie die eines Machos. Und trotz ganzer Salven von »Scheiße« und »Arsch« lässt er auch keinen Zweifel daran, dass er ein Meister der Sprache ist, der alte und seltene Begriffe liebt und noch lieber neue Begriffe schafft. Kein »Werbebanner der Brunst« sei er, das Wort »Macho« wäre ihm viel zu profan.

Wir hören ihm von seiner Couch aus zu. Vor uns steht ein Kasten mit bunten Stiften, er ist so groß, dass ein ganzer Kindergarten seine Freude daran hätte. Über unseren Köpfen hängen an der Wand einzelne Podeste, auf denen Gartenzwerge thronen. Ausgerechnet Gartenzwerge! Feridun Zaimoglu verabscheut doch das Bürgertum – und das Spießige sowieso. Aber er versichert uns, dass er diese Zwerge wirklich liebe, seit seinem neunten Lebensjahr. Das Glänzende, das Bunte, dieser Kinderkram mache ihm gute Laune.

Er spricht von seinem Schreibtisch aus zu uns. Während wir in der Couch etwas einsacken, sitzt er auf dem Schreibtischstuhl eine Armlänge höher, was ihm zusätzliche Autorität verleiht. Neben Zaimoglu steht seine weiße AEG Olympia Carrera, die elektrische Schreibmaschine. Er hat keinen Computer und kommuniziert nicht über das Internet. Seine Texte schickt er per Fax an die Verlage. Auch seinen neuen Roman, der zum Zeitpunkt unseres Besuchs noch den Arbeitstitel »Isabel« trägt, hat er auf dieser Schreibmaschine geschrieben.

Ist es nicht es nicht langweilig, alleine zu leben, könnte eine Frau unter diesem Dach Sie nicht auch inspirieren?

Ich langweile mich nicht, ich sehne mich nach Liebe, nach schönen Frauen. Ich liebe sie. Ich liebe es, wie sie gehen, wie sie sprechen, wie sie riechen, ich liebe ihre Unehrlichkeiten, ich liebe all das. Ich bin hundertprozentig für Frauen. Wenn jemand sagen würde: »Er duldet keinen in seinem Leben«, mag sein. Und es mag sein, dass dann jemand kommt und sagt: »Na ja, es ist ja nicht so. Die Frau würde ja auch arbeiten, sie hindert dich doch nicht.« Und da fängt die Unehrlichkeit an, wenn man sagt: »Ja, stimmt eigentlich.« Es stimmt nicht. Ich habe die Vorstellung, entweder mache ich die Scheiße hier ganz oder gar nicht. Ich mache das hier mit Heißhunger und Heißblut und auch mit furchtbarer Melancholie.

Das klingt ein wenig nach einem Leben in der Mönchszelle.

Ich habe keine mönchische Einstellung, dafür liebe ich das Leben und das Saufen und das Schlafen mit Frauen viel zu sehr, es ist wunderbar. Aber was ich um keinen Preis opfern würde, ist, was mich ausmacht: die Bücher, die Bilder, die Zeichnungen. Ich würde verfallen und zerfallen.

Auch wenn diese Frage etwas banal klingt: Lieben Sie Ihre Bücher, Bilder und Zeichnungen stärker, als Sie eine Frau lieben können?

Das muss so sein, sonst würde es mich ja nach anderen Dingen verlangen, nach einer Frau oder einem Kind, es würde mich nach Beständigkeit verlangen. Ich habe schon darauf hingewiesen, dass ich kein grundsätzlicher Befürworter dieser instabilen Verhältnisse bin, ich kann aber für mich nur feststellen, dass ich das, was ich mache, liebe, mit all den Konsequenzen. Meine Arbeit war auch objektiv mehrfach ein Trennungsgrund, denn die jeweilige

Frau war so nett und hat es einige Zeit angeguckt und ausgehalten und dann aber gesagt: »Ich habe keinen Platz in deinem Leben.«

Sie bezeichnen David, den Protagonisten in Ihrem Roman »Liebesbrand«, als Egoistenschwein. Kann es sein, dass Sie selbst etwas egomanisch sind?

Er ist schlimmer, dieser Exbörsenmakler denkt: »Hey, ich habe Feuer gefangen, hey, ich will es wissen, und es geht nach meinem Plan!« Er denkt: »Wenn ich fühle, fühlt sie es bestimmt auch.« Ich hätte das Ende so aufschreiben können, dass sie sagt: »Ja, mein Ritter, du hast jetzt so gelitten, ich gebe mich dir hin.« Aber sie sagt: »Keine Liebe.« Er hatte sich das alles so zurechtgelegt, und das hat er jetzt davon. Ist mir auch passiert.

Warum sind Romane wie »Liebesbrand« oder Stücke wie »Romeo und Julia« so beliebt, obwohl sie nicht das Schöne versprechen, obwohl sie kein glückliches Ende haben?

Weil die Romantischen die Realisten sind, weil sie wissen, dass die Liebe nicht ewig währt, weil sie wissen, dass die Liebe, die sie leben, schmerzdurchdrungen ist. Das scheint die Würze zu sein. Der schönste und beste Moment der Liebe ist diese Bedingungslosigkeit, von der man gleichzeitig weiß, dass sie der Anfang vom Ende ist. Das weiß aber auch die Frau, und doch geben wir uns diesem Feuer hin, weil es solch eine gegenwärtige Glücksverheißung ist.

Das klingt immer noch pessimistisch, was die ewige Liebe betrifft. Dabei haben Sie doch mit der »Abschaffung der Unehrlichkeit« einen Weg aufgezeigt, mit dem sie gelingen kann.

Feridun Zaimoglu zeigt auf eines seiner Bilder, die er vor dem Bücherregal aufgestellt hat. Dabei scheppern die großen Blechringe, die er an den Fingern trägt und die ihn im Zusammenspiel mit der einzelnen Handschelle um sein rechtes Handgelenk und seiner schwarzen Kleidung ein wenig wie einen modernen Piraten aussehen lassen. Das Bild trägt den Titel »Tagung der Realisten«. Darauf sieht man einen Menschenkegel von Männern und Frauen, aus deren entblößten Hinterteilen schlangenartige Exkremente quellen.

»Was für ein hässliches Bild«, kann man jetzt sagen, aber es sind Realisten. Wenn wir schöne Speisen essen wollen, dann müssen wir das, was wir gegessen und verdaut haben, wegkacken. Das sind hässliche Worte. Ich schalte sofort um und spreche jetzt in schönen Worten. Es ist keineswegs schwarzseherisch, wenn man sagte, dass in dieser schönen Liebe von Mann und Frau es beiden besser täte, wenn sie Abstand nehmen könnten von Sicherheiten, und wenn sie sich einließen auf Unwägbarkeiten. Das Unwägbare hat immer etwas damit zu tun, dass man sich seiner Liebe und ihrer Liebe nicht sicher sein kann. Das Unwägbare hat damit zu tun, dass man sich auf der einen Seite so sehr nach einem warmen, heißen Nest sehnt. Es ist ja unser aller Sehnsucht. Aber man tut es um seines eigenen Seelenheils willen, um nicht am Ende als Zyniker dazustehen. Doch ich spreche von all den vielen Bränden und Abkühlungen in einem Leben, Widerwillen zuweilen. Man muss sich also gewissermaßen verabschieden von bestimmten Verhältnissen, wohl wissend, dass man auch von der Frau Abschied nimmt. Ist es wirklich Pessimismus, wenn man sagt: »Dieses Nest, diese ideale Welt hat nur einen ganz kurzen Zeitbestand«, wie übrigens alles links und rechts, alles? Menschen sterben, Dinge vergehen. Ist es wirklich Pessimismus, ist es wirklich ein hässliches Bild, wenn ich Frauen und Männer male, die scheißen, die nämlich das Hässliche ausscheißen, um wieder aufnahmefähig zu sein? In der Liebe ist genau dies nicht verkehrt.

Kann es sein, dass Sie vor allem die Eroberung einer Frau lieben, den ersten Rausch als ideale Zeit empfinden?

Gibt es diese ideale Zeit? Ja, im Anfang. Dann verglüht es, ja. Aber es geht ja nicht um den Rausch, es geht ja nicht darum, dass ich gewissermaßen ein Liebesanfangs-Fetischist wäre. Nur die schönen Seiten. Oft genug habe ich auch die schlimmen Zeiten erlebt. Da wehen dir schon kalte Winde um die Nase, da musst du Einsamkeit ertragen, wenn du eben sie vermeiden willst, die verstunkene Harmonie. Ich bezahle dafür, ich muss vieles ertragen, und trotz alledem will ich nicht wieder in die Situation kommen, dass ich dasitze und die Frau mir sagt, sie habe sich in einen anderen Mann verliebt und wolle trotzdem mit mir zusammen sein.

Klingt ein wenig, als wollten Sie die Frauen verlassen, bevor Sie verlassen werden. Haben Sie Verlustangst?

»Verlustangst!« Wisst ihr, ich glaube, wir würden besser leben und besser denken, wenn wir die Begriffe aus der Psychologie wegließen, wenn wir zurückkehrten zu den schönen alten deutschen Bildern. Damals haben sie ja nicht von Verlustangst gesprochen, damals haben sie davon gesprochen, dass sie sich verzehren, sie haben davon gesprochen, dass sie sich wie ausgeweidet fühlen, sie fühlen sich, als hätte Gott sie verlassen. Das sind die Bilder. Angst, das Psychologische, nein, dieses Verlustgefühl hat man nicht, man möchte sie weiter lieben, man möchte sie weiter ansehen, man möchte, dass sie einen ansieht als ihren Mann. Das ist ja ein ganz bestimmter Blick, den Frauen dann haben. Aber dann kommen die Leute und sagen: »Du bist ein Rausch-Junkie!« Was ist falsch daran? Was ist falsch daran?

»Ich würde immer dazu raten, treu zu sein«

Es muss einem Menschen einen seltsamen Blickwinkel auf die Liebe verschaffen, wenn er als Psychoanalytiker arbeitet. Unentwegt kreisen die Gespräche um jene dunklen Kehrseiten des Eros, die der gewöhnliche, gemäßigt lebende Bürger nur selten erlebt. Da ist der Bäckermeister aus Ingolstadt, der aus blanker Eifersucht seine Frau bei ihrem Kaffeekränzchen mit Freundinnen von einem Privatdetektiv beschatten lässt. Da ist die seit dem Proseminar über die Geschichte des Altertums unglücklich in ihren Professor verliebte Studentin aus Berlin, deren Liebesleben von der Sehnsucht nach ihrem vor zwölf Jahren bei einem Verkehrsunfall ums Leben gekommenen Vater beherrscht wird. Da ist der Unternehmer aus Kirchhörde, der sich nach dreißig Jahren Ehe scheiden lässt und nachts an seinem Computer verschiedene Versionen eines Abschiedsbriefs an die gemeinsamen Kinder schreibt.

Die Couch des Analytikers ist ein Ort, an dem sich die Unglücklichen treffen, jene Menschen, deren Liebesrausch sich in etwas Dunkles, vielleicht sogar Zerstörerisches verwandelt hat. Der Psychoanalytiker sitzt neben dieser Couch, er lauscht solchen Erzählungen von Leid, Eifersucht und Neurosen, er nickt, bietet Tee und Kekse an, fragt nach, und nach einigen Monaten, Jahren vielleicht, muss ihn berühren, was diese Menschen berichten. »Wer mit Ungeheuern kämpft, mag zusehen, dass er nicht dabei zum Ungeheuer wird. Und wenn du lange in einen Abgrund blickst, blickt der Abgrund auch in dich hinein«, schreibt Friedrich Nietzsche in »Jenseits von Gut und Böse«.

Also klingeln wir an dieser Tür aus geriffeltem Glas, irgendwo im noblen Frankfurter Westend, wo die Psychoanalytikerin Margarete Mitscherlich wohnt, und die dünn gewordene Stimme einer mittlerweile vierundneunzig Jahre alten Frau bittet uns über die Gegensprechanlage in den fünften Stock. Frau Mitscherlich öffnet die Tür,

auf einen Rollator gestützt. Jahrzehntelang war sie in der Wahrneh-
mung vieler, gemeinsam mit ihrem vor einiger Zeit verstorbenen Mann
Alexander Mitscherlich, die Stimme der Psychoanalyse in Deutsch-
land. »Mir haben in meinem Leben tausende Patienten ihre Liebes-
geschichten erzählt. Die Menschen sind verlogen, jeden Tag, besonders
zu ihren Partnern. Aber zu ihrem Analytiker sind sie ehrlich, weil sie
dort nichts zu verlieren haben«, sagt sie.

An einem Wohnzimmertisch mit weißen Spitzendeckchen, bei Kek-
sen und Mineralwasser, beginnt unser Gespräch über die Liebe. Viel-
leicht wäre unsere erste Frage eine andere gewesen, wenn wir geahnt
hätten, dass Margarete Mitscherlich nur wenige Monate nach unserem
Treffen, am 12. Juni 2012, sterben würde.

Frau Mitscherlich, wenn wir als Patienten zu Ihnen kom-
men würden …

… dann würde ich Sie auf eine Couch legen und Sie einzeln befra-
gen, denn dann würde es schnell sehr intim.

Sollen wir uns auf diese Liege neben Ihrem Wohnzimmer-
tisch legen? Die sieht sehr freudianisch aus.

Ach, lassen Sie uns lieber am Tisch bleiben, da kann ich besser sitzen in meinem Alter. Das ist übrigens eine Bauhaus-Liege. Freud
hatte eine Couch, die viel tiefer war.

Und was würden Sie uns als Patienten Intimes fragen?

Nicht fragen, ich würde zuerst zuhören. Wenn Sie zu mir kommen, muss es ja etwas geben, das Sie bewegt. Vielleicht lieben Sie
Ihre Lebensgefährtin, sind aber nicht sicher, ob Sie gut genug für
sie sind.

Das Gefühl haben wir wirklich manchmal.

Dann müssen wir darüber sprechen, woher es kommt, dass Sie sich manchmal nicht gut genug finden für diese wunderbare Frau. Wir müssen darüber sprechen, welche Moral Sie in Ihrer Kindheit gelernt haben. Mit welchen Werten Sie großgezogen wurden. Und ob Sie je das Gefühl hatten, diesen Werten zu genügen.

Uns bewegt manchmal eine Frage, die wir noch wichtiger finden. Wir haben natürlich, wie fast alle Menschen, die Hoffnung, dass unsere Partner immer treu sein werden.

Da muss ich Ihnen jede Hoffnung nehmen. Es gibt wahrscheinlich keinen Menschen, der nicht untreu ist, zumindest in der Fantasie. Es ist im Gegenteil so, dass in vielen Beziehungen mit den Jahren eine gewisse Langeweile eintritt, ob man will oder nicht. Auch Ihre Frau wird andere Männer attraktiv finden.

Wir glauben Ihrer Erfahrung. Umso unerhörter ist ein solches Verhalten. Das kann doch nur bedeuten, dass die Frau mich nicht mehr liebt?

Das muss es nicht heißen.

Warum nicht? Ist es naiv, zu denken, dass man jemanden, den man liebt, nicht betrügt?

Schauen Sie, die Triebe sind von Geburt an da, die Moral aber wird den Menschen erst langsam anerzogen. In manchen Teilen der islamischen Welt können Sie fünf Frauen gleichzeitig treu sein. Das ist in keiner Weise unmoralisch. Aber wenn eine dieser Frauen etwas mit einem anderen Mann hat, dann gnade ihr Gott.

Gibt es überhaupt Menschen, die treu sind, das heißt, auch in ihren Gedanken?

Wenn man heiratet, tritt immer eine gewisse Gewöhnung ein, egal, wie stark man sich vorher geliebt hat. Auch Sie werden im Laufe einer langen, glücklichen und treuen Ehe gelegentlich sagen: »Hm, diese Dame da ist wirklich sehr sexy.« Sie werden Lust auf Untreue haben, aber Sie werden sagen: »Nein, ich will meine Frau nicht verletzen.« So ist es bei vielen.

Das klingt schizophren. Man liebt jemanden sehr, sagt aber: »Ich kann nicht treu sein.«

Schizophren ist es nicht. Ich würde sagen, es ist mit einer Neurose verbunden. (*Lacht.*)

Mit Verlaub, das zerstört vollkommen das Ideal der reinen, aufrichtigen Liebe. Stattdessen klingt die Liebe bei Ihnen kompliziert und gebrochen, wie eine Krankheit.

Eine Krankheit? Nun, es gibt Liebeskranke, aber das ist heute eine große Seltenheit. Wenn Sie welche finden, dann steckt dahinter immer eine große Sehnsucht nach der gemeinsamen Zeit mit der Mutter – als Säugling.

Sie sind jetzt vierundneunzig Jahre alt. Erzählen Sie uns davon, wie es ist, wenn die Liebe mit den Jahren aufhört?

Nein, die Liebe hört nicht auf. Aber die Verliebtheit, dieser Rausch der ersten Zeit, der hört auf.

Und was kommt dann? Die Langeweile?

So in etwa. Ich habe gerade wieder in einem Heft geblättert, in dem ich mir früher Notizen über die Entwicklung meiner Patienten gemacht habe. Damals kam ein wohlhabender Oberarzt aus Ungarn zu mir und sagte: »Die Abende sind immer so langweilig. Also gehe ich entweder trinken oder ins Bordell. Und jetzt kann ich keine Frau mehr finden, die mir glaubt, dass ich treu sein kann.«

Und gibt es auch eine optimistischere Anekdote, die weniger entmutigend ist?

Sie wissen nie, was Ihnen in Ihrem Leben passiert. Sie könnten Krebs kriegen oder Kinder bekommen, die von Geburt an krank sind.

Und das ist dann gut?

Natürlich nicht. Aber es schweißt ein Paar zusammen, wenn es schwere Zeiten als Partner gemeinsam meistert. In der Not lernt man sich ganz anders kennen. Was ich sagen will: Sie können sicher einiges dafür tun, dass Ihre Partnerschaft stabil ist, aber nicht alles liegt in Ihren Händen. Viele Dinge passieren einfach.

Warum lohnt es sich, treu zu sein?

Ich würde immer dazu raten, treu zu sein, aber damit würde ich eine Regel brechen. Es ist mir verboten, Ratschläge zu geben. Als Psychoanalytikerin rate ich nicht. Ich muss verstehen, warum jemand untreu sein will, was ihm in der Beziehung fehlt. Das gegenseitige Verstehen ist am wichtigsten. Viele Beziehungen gehen auseinander, nicht, weil jemand untreu war, sondern weil sich beide fremd geworden sind.

Was hilft dagegen?

Die Sexualität ist oft eine große Hilfe, wieder Nähe zu erleben. Überhaupt sollte man die Sexualität nicht unterschätzen. Freud hat einmal gesagt: »Man hat die Sexualität so lange verteufelt, bis der letzte Rest von Göttlichkeit der Verachtung anheimfiel.« Manchmal aber ist die Entfremdung auch für die Sexualität schon zu groß. Viele Männer werden impotent in Beziehungen. Statt untreu zu werden, wollen sie einfach gar nicht mehr.

Kann man sich bewusst dafür entscheiden, treu zu sein?

Natürlich. Trotzdem werden auch Menschen, die eine gute Ehe führen und ihren Partner lieben, Fremden begegnen und sich gegen ihren Willen zu diesem Menschen körperlich stark hingezogen fühlen.

Dann ist Treue generell eine Lüge?

Nein, es ist eine Entscheidung.

Haben Sie den Eindruck, dass die Menschen heute öfter als vor, sagen wir, siebzig Jahren ihre Partner auswechseln, um immer wieder dieses Kribbeln im Bauch zu empfinden?

Das muss ich Ihnen gar nicht beantworten. Dazu müssen Sie sich nur die Scheidungsrate anschauen.

Die liegt in Deutschland derzeit bei neununddreißig Prozent.

Ja, weil die Menschen faul geworden sind. Sie pflegen ihre Beziehungen nicht mehr, sie wechseln sie aus. Dabei haben viele Menschen eine regelrechte Schicksalsneurose. Sie produzieren in allen Beziehungen immer wieder das gleiche Unglück und tauschen trotzdem den Partner aus, obwohl sie selbst schuld sind. Meinen Patienten zeige ich oft, wie sehr sie selbst an ihrem Unglück schuld sind.

Sie sind anscheinend eine strenge Therapeutin.

Vielleicht, aber ich habe recht. Ich habe immer wieder gesehen, wie orientierungslos viele Menschen sind. Sie fallen von einem Unglück ins nächste und kennen die Zusammenhänge nicht. Sie verstehen auch nicht, was schuld ist an dieser Orientierungslosigkeit. Würde man sich aber die Ursachen seiner Verhaltensmuster bewusst machen, die meistens in der Kindheit liegen, würde man sehen, wie unnötig viele Schicksalsschläge sind.

Warum müssen Psychoanalytiker immer alles auf die Kindheit reduzieren?

Weil Sigmund Freud, der Begründer der Psychoanalyse, mit vielen seiner Beobachtungen recht hatte.

Zum Beispiel?

Etwa der, dass sich die Lust am Küssen aus unseren Erfahrungen als Säuglinge herleitet, als unsere Bedürfnisse an der Mutterbrust befriedigt wurden.

Der Mutterkomplex. Wir hatten auf das Thema gewartet, hier in der Wohnung einer bekennenden Freudianerin. Es löst ein gewisses Unbehagen aus, das nur dadurch zu erklären ist, dass Freud entweder eine schmerzhafte Wahrheit formuliert hat oder das Talent besaß, eine eigentlich unschuldige Liebe in etwas zu verwandeln, für das man sich schämen möchte, weil es den Partner, den man liebt, mit Vater und Mutter in Verbindung bringt, und den Sexualtrieb mit Schuldgefühlen wegen vollgekoteter Unterhosen im Alter von drei Jahren belastet.

Von der Schrankwand am anderen Ende des Zimmers, die mit Fachliteratur gefüllt ist, lächelt ein Porträt von Sigmund Freud zu uns herüber, als würde er den Verlauf des Interviews mit einigem Amüsement belauschen. Wir geben uns Mühe, uns im Gespräch mit Frau Mitscherlich eine gewisse Leichtigkeit in der Liebe zu bewahren.

Muss eine Liebesbeziehung immer so anstrengend sein, oder sollte sie nicht mühelos sein? Es funkt, und man liebt einfach?

Jetzt sind Sie wieder fixiert auf den Rausch. Der verfliegt aber! Ja, eine Beziehung muss auch manchmal anstrengend sein.

Woran zerbrechen dann die meisten Beziehungen?

Dass sich die Menschen nicht bemühen, einander wirklich zu verstehen. Sie denken wohl, sie bräuchten das nicht, denn es gibt so viele andere Menschen! Also tauschen sie den Partner aus, anstatt das Problem zu erkennen.

Wenn wir an die Frauen denken, die im 19. Jahrhundert mit seinen rigiden Moralvorstellungen fünfzig Jahre mit einem schrecklichen Mann aushalten mussten, dann ist die Möglichkeit, sich neu zu verlieben, doch etwas sehr Befreiendes.

So gesehen natürlich schon. Früher wurde festgelegt, wen man heiratet. Es war vollkommen wurscht, ob man diese Person liebte. Gefühle waren generell wurscht. Die Liebe war ein Luxusgut.

Angesichts der Scheidungsrate schwelgt unsere Gesellschaft also im Luxus?

Absolut.

Vierzig Minuten im Gespräch mit einer Psychoanalytikerin, und wenig ist übrig geblieben vom Wunschbild der ewigen Liebe! Margarete Mitscherlich reicht noch einmal den Teller mit verschiedenen Keksen über den Wohnzimmertisch. Vielleicht zum Trost. Wir kauen etwas verdattert auf trockenen Butterkeksen herum.

Wären wir als liebeskranke Patienten zu Margarete Mitscherlich gekommen, dies wäre der Zeitpunkt, an dem wir unsere Investition überdenken würden. Es liegt wenig Ermunterung in den Worten der Psychoanalytikerin, wenig von den sanften Worten, die sich gut anfühlen, wenn die Liebe einen umtreibt.

Die Couch der Mitscherlich muss immer ein sehr ungemütlicher Ort gewesen sein. Fragen wir sie also, ob es die bequemen Beziehungen sind, die am Ende scheitern, weil an ihnen nicht gearbeitet wird.

Frau Mitscherlich, man sagt immer: »Gegensätze ziehen sich an.« Aber sind die stabileren Beziehungen nicht meist die zwischen Menschen, die sich ähnlich sind?

Das kann man so nicht sagen. Ich hatte ein junges Ehepaar bei mir in der Praxis, beide Anfang vierzig, sie stammt aus Peru und ist sehr lebhaft. Er ist Deutscher, ein Physiker, sehr intelligent, sehr in sich gekehrt. Die beiden sind völlig gegensätzlich, schon äußerlich, und führen trotzdem eine wunderbare Ehe.

Anders gefragt: Ist es ein Zeichen einer schlechten Beziehung, wenn man viel streitet?

Ich habe mich sehr gerne mit meinem Mann gestritten, und eigentlich hatten wir eine gute Beziehung. Es gab sogar so etwas wie Spaß am Streiten, von beiden Seiten, das gebe ich zu.

Das klingt nicht nach ernsten Streitigkeiten.

O doch. Wir waren gelegentlich wahnsinnig wütend aufeinander. Aber es gibt dieses schöne Lied aus den Zwanzigerjahren: »Denn wir gehören ja doch zusammen.« Das haben wir oft gemeinsam gesungen, wenn der Streit vorbei war.

Kann man mit einem Partner nur streiten, wenn man ihn ernst nimmt, und ist das Streiten so gesehen sogar ein Zeichen einer guten Beziehung?

Das ist es sicher. Ich stelle mir eine Ehe ohne Streit furchtbar langweilig vor. Es sind immer zwei verschiedene Menschen, die aufeinanderprallen, aus verschiedenen Familien und mit verschiedenen Vorstellungen von »Gut« und »Böse«. Für manche ist es schon Untreue, wenn der Mann eine fremde Frau nur anschaut, andere lachen darüber. Wenn die Widersprüche so groß sind, muss man sich irgendwie einig werden, und das geschieht oft im Streit, mehr oder weniger.

Sie sind 1917 geboren. War die Liebe damals auch schon so kompliziert?

Ich sage Ihnen, was die größte Revolution in der Liebe war: die Antibabypille. Das war die Befreiung der Frau. Allerdings hieß das nicht automatisch, dass man seine Sexualität ausleben konnte, wie man wollte. Ich bin in gutbürgerlichen Verhältnissen aufgewachsen, meine Mutter war Lehrerin, mein Vater war Arzt. Bis zum Abitur war es für mich undenkbar, mit einem Jungen zu schlafen, dann wäre ich ein gefallenes Mädchen gewesen. Heute machen Mädchen das ganz selbstverständlich mit fünfzehn Jahren. Die fragen ihre Mutter: »Kannst du mir einen Arzt sagen, der mir die Pille verschreibt?«

Finden Sie das gut?

Ich finde das zu früh. Überhaupt, diese Sexualisierung. Ich habe dieses Buch von Charlotte Roche durchgeblättert, »Feuchtgebiete«. Wenn ich dort lese, wie sie den Finger hier oder da reinsteckt, vergeht mir die Lust, jemals noch Sexualität zu haben.

Es ist eine interessante Frage, ob das Explizite an der Sexualität uns stimuliert oder abstößt. Wahrscheinlich fanden manche Leser das Buch von Frau Roche, anders als Sie, unheimlich aufregend.

Das verstehe ich nicht. Wenn man die Sexualität in Worte fasst, dann ist das eine schleimige, lächerliche und unangenehme Geschichte. Nichts anderes ist es, wenn Sie jemanden beobachten, der Sexualverkehr hat – was soll der Quatsch?

Wie wichtig sind Geheimnisse in der Sexualität?

Sehr wichtig. Als Analytikerin kann ich Ihnen ein Geheimnis verraten. So etwas erzählt man nämlich höchstens dem Analytiker, sonst niemandem auf der Welt. Viele Menschen kommen nur zu einem Orgasmus, wenn sie während des Verkehrs bestimmte Fantasien haben. Oftmals stellen sie sich dabei andere Partner vor als die, mit denen sie tatsächlich gerade schlafen. Und das sollte wirklich jeder möglichst für sich behalten.

Man soll in Beziehungen also lügen?

Wenn Sie Aufrichtigkeit mit Taktlosigkeit gleichsetzen, dann ja, dann sollten Sie lügen. Man sollte einfach nicht jede Fantasie, die man hat, auch äußern. Das kann kein Schwein ertragen.

Umgekehrt wird jeder, der selbst lügt, seinen Partner mit einigem Misstrauen betrachten, etwa mit Eifersucht.

Ach, eifersüchtig ist doch jeder. Also, ich war immer sehr eifersüchtig. Mein Mann hat stets behauptet, er sei gar nicht eifersüchtig, aber als ich dann mal einen Blick auf einen anderen geworfen habe, gnade mir Gott! (*Lacht.*) Manche tun so, als ob sie dieses Gefühl gar nicht kennen. Bei genauem Hinsehen ist das unglaubwürdig.

Hatten Sie Fantasien in Ihrem Leben, die Sie besser niemandem mitgeteilt haben?

Ach, als junges Mädchen vielleicht. Ich lebte in Flensburg in der Nähe einer Marineschule, da gab es die Tanzstunden mit den Fähnrichen, das waren damals die tollen Typen. Ich hatte einen Freund nach dem anderen. Und dann plötzlich, von einem Moment auf den anderen, habe ich mich in meine Lehrerin verliebt. Ich habe nachts unter ihrem Fenster gestanden, um zu sehen, ob bei ihr noch Licht brannte. Ich hatte nie bewusst körperliche Wünsche ihr gegenüber, aber das war auch Erotik.

Sie waren also nicht bisexuell?

Na ja, immerhin war es so, dass mir Männer vollkommen wurscht waren in dieser Phase.

Können Sie uns beschreiben, wie sich die Liebe verändert über die Jahrzehnte?

(*Lacht.*) Ich kann Ihnen nicht einmal beschreiben, wie es mir morgen geht.

Aber Sie können zurückblicken!

Nun, der Körper verändert sich. Der Trieb wird geringer.

Kann man sich in Ihrem Alter noch verlieben?

Warum sollte ich mich mit vierundneunzig Jahren noch verlieben?

Warum denn nicht? Es ist doch schön!

Ich laufe ja nicht mehr herum und sage: »Ich muss mit irgendeinem schlafen, sonst werde ich verrückt!«

Was ist das für ein Gefühl, wenn der Trieb nachlässt, wie müssen sich junge Menschen das vorstellen?

Das geht graduell über die Jahrzehnte. Es wird einfach immer weniger. Wenn Sie gesund bleiben, kann er aber auch erhalten bleiben, bis Sie achtzig oder neunzig sind.

Liegt es also am fehlenden Trieb, dass sich ältere Menschen selten neu verlieben? Ist es immer nur der Trieb, der die Menschen verbindet?

Es ist auch etwas anderes: Die meisten Menschen, die heute so alt wären wie ich, sind schon tot. Oder todkrank. Es ist praktisch niemand mehr übrig, der meine Erfahrungen verstehen kann. Um sich zu verlieben, braucht man aber ein Stück Ähnlichkeit, nicht? Alte Männer sind außerdem oft krank. Es ist sehr mühevoll für eine alte Frau, mit einem kranken alten Mann zu leben. Die Frauen haben dann oft ein Höllenleben, weil sie sich quälen.

Warum suchen sich ältere Frauen dann keine jüngeren Männer?

Das funktioniert nur relativ selten.

Frau Mitscherlich, wir danken Ihnen für diese Analyse. Wenn das ein Patientengespräch gewesen wäre, was würden wir Ihnen jetzt schulden?

(*Lacht.*) Früher wären es achtzig Mark gewesen. Ich war nicht billig!

Wie es das Schicksal wollte, sprach sie in dem letzten Interviews ihres Lebens also über die Liebe. Und wenn wir Margarete Mitscherlich eine letzte Frage stellen könnten, dann die, ob dies nicht das schönste Thema sei für ein letztes Gespräch.

Schlussbemerkung

Eigentlich hätte ein Buch, das in dem verrauchten Taxi von Herrn Mahmoud in Hamburg begonnen hat, auch in diesem enden sollen. Zu gerne hätten wir Herrn Mahmoud von unseren Erlebnissen erzählt; von der Entschlossenheit, mit der Franz Müntefering seinen Rücktritt erklärte, um bei seiner todkranken Frau zu sein; von dem Optimismus, mit dem Claudia Roth noch immer auf einen Mann wartet, der ihr Leben als Politikerin versteht; vielleicht auch von der Entschiedenheit, mit der Hannelore Elsner sagte, sie habe den Glauben an die Liebe nie verloren, auch nicht nach mehreren Beziehungen. Vielleicht hätten wir Herrn Mahmoud auch von dem Aufwand erzählt, den ein solches Buch bedeutet; von dem Unbehagen mehrerer Gesprächspartner, die Interviews könnten der Öffentlichkeit zu intime Einblicke gewähren. Und von der Ablehnung, mit der viele auf unsere Anfragen reagierten, wenn von der Liebe die Rede war. Einer schrieb: »Bitte haben Sie Verständnis, dass ich mich zu solchen Fragen nicht in der Öffentlichkeit äußere.« Wir hätten Herrn Mahmoud von den Nächten erzählt, in denen wir seiner Anregung zu diesen Gesprächen folgten und nach langen Arbeitstagen als Journalisten bei Zeitung und Fernsehen dieses Buch schrieben.

Allein, eine Taxifahrt in Hamburg nach unserem letzten Interview mit dem Schriftsteller Feridun Zaimoglu in Kiel brachte kein Glück. Am Steuer saß nicht Herr Mahmoud, sondern ein blonder Lockenkopf mit polarblauen Augen. Andererseits, was hätten wir Herrn Mahmoud nun auf seine Behauptung antworten können? Er hatte gesagt, das Liebesleben der Prominenten sei keinen Deut besser als sein eigenes, nämlich wie ein Wolkenhimmel über Hamburg, fad und grau. Nun saßen wir auf der Rückbank dieses

Taxis und fragten uns, wer von unseren Gesprächspartnern Herrn Mahmoud wohl am ehesten überzeugt hätte.

»Roger Willemsen?«, fragte Justus Bender.

»Der geschworen hat, niemals zu heiraten?«, fragte Jan Philipp Burgard zurück.

Tatsächlich hatten Roger Willemsen, Feridun Zaimoglu und Sonya Kraus kein Hehl aus ihrer Abneigung gegen das Heiraten gemacht. Und jemand wie Eckart Witzigmann hatte als junger Koch jedes Mal, wenn er von einem Restaurant zum anderen wechselte, eine Freundin zurückgelassen, schlicht, weil ihm seine Kochkunst wichtiger war. Hatte Herr Mahmoud also recht behalten?

»Vielleicht hätte ihn das Gespräch mit Gloria von Thurn und Taxis überzeugt«, sagte Jan Philipp. »Sie hat erklärt, dass es keinen Beweis für die Liebe gibt. Man muss an sie glauben, wie man an Gott glaubt.«

Herr Mahmoud hatte uns, den glücklich Liierten, geraten, ein Leben in Unbeständigkeit zu führen, mit wechselnden Freundinnen. »Rolf Eden, der Playboy, hat dieses Leben geführt und ist am Ende doch wieder da angelangt, wo Herr Mahmoud war, als wir ihn trafen«, sagte Justus. Eden hatte, nach einem langen Leben voll sexueller Freizügigkeit, im Alter von über achtzig Jahren die goldene Regel seines Junggesellendaseins gebrochen und war mit seiner Freundin zusammengezogen.

Nach tausenden Kilometern, die wir durch Deutschland gereist waren, stand eine Antwort auf den Pessimismus von Herrn Mahmoud noch aus. Vielleicht müssten wir ihm sagen, dass er das eine an der Liebe nicht verstanden hat. Dass es nämlich keine Liebe geben kann ohne das Ringen mit ihr. Ob man an Franz Müntefering denkt, wie er am Krankenbett seiner Frau sitzt, an Michel Friedman, wie er Bärbel Schäfer um Vergebung bittet, an Sonya Kraus, wie sie ihrem Freund verbietet, ihr einen Heiratsantrag zu machen, oder an Roger Willemsen, wie er nach wenigen Wochen in einer Straßenbahn mit seiner Freundin Schluss macht. Oder sogar an Herrn Mahmoud selbst, wie er, in sein Handy brüllend, durch Hamburg fährt. Ganz gleich, welche Untiefen unsere Gesprächspartner erlebt haben: Das Wahrste, was sich nach stundenlangen Gesprächen sagen lässt, scheint die glückliche Erkenntnis, dass es in ihrem Leben am Ende immer um das eine ging, und um das allein. Es ging immer um die Liebe.

Vielleicht ist die Liebe kein Paradies, das wir erreichen müssen, sondern sie ist die Sehnsucht, mit der wir nach der Liebe suchen. Und manchmal merken wir auf dieser Reise nicht, dass wir sie schon gefunden haben.

Sollten wir Herrn Mahmoud jemals wieder begegnen, wollen wir ihm sagen, was ein Mann, der so über die Liebe schimpft wie er, uns wirklich gelehrt hat: Dass man jenes hübsche Mädchen aus Marrakesch, mit dem kleinen Leberfleck unter dem rechten Auge, in Wirklichkeit sehr innig lieben muss, um mit so viel Leidenschaft an ihr zu verzweifeln.

Oder nicht, Herr Mahmoud?

Die großen Fragen des Lebens

Wie finde ich die große Liebe?
10 Antworten, die Ihr
Leben verändern
128 Seiten | Gebunden
ISBN 978-3-451-30763-8

Wie finde ich die große Liebe?. Eine Frage, die sich
jeder irgendwann stellt und deren Antwort man immer
schon wissen wollte. Lassen Sie sich überraschen von
der Leichtigkeit des Seins. Tauchen Sie ein in Wahres
und Weises, das kluge Köpfe in langen Nächten und be-
rauschten Stunden zum Thema Liebe von sich gegeben
haben und leben Sie los!